人力资源管理高级教程

（第2版）

周施恩　编著

清华大学出版社
北京

内 容 简 介

本书内容直指人力资源管理的核心领域：工作分析、招聘管理、员工培训、薪酬管理、绩效管理、人力资源规划，此外还增加了许多传统教材所没有的能力素质模型、任职资格体系、高端招聘实训、培训体系建设、人才测评与开发、战略性薪酬管理、战略性绩效管理等内容。

本书摘编了7个较为详细的大案例，其中既包括华为、腾讯、IBM等著名公司，也包括一些正处于改制转型期的中小企业，案例的摘编与正文紧密契合。同时，本书还在正文中引入了若干生动活泼、内容贴切的小案例，内容翔实、丰富，很多经验、技巧可以供读者在实际工作中直接参考。本书力求基础内容更加精炼、实操内容更加充实、研究视角更加开阔、理论探讨更加深入。

本书可作为普通高等院校经济管理、工商管理等专业的教材，也可作为经济管理类学术硕士以及MBA、EMBA等在职或脱产专业硕士的教材，还可作为各类企事业人力资源管理从业者的岗位培训用书。

本书封面贴有清华大学出版社防伪标签，无标签者不得销售。
版权所有，侵权必究。举报：010-62782989，beiqinquan@tup.tsinghua.edu.cn。

图书在版编目(CIP)数据

人力资源管理高级教程/周施恩编著. —2版. —北京：清华大学出版社，2022.5
ISBN 978-7-302-60448-8

Ⅰ.①人… Ⅱ.①周… Ⅲ.①人力资源管理－高等学校－教材 Ⅳ.①F243

中国版本图书馆 CIP 数据核字(2022)第 052829 号

责任编辑：王　定
封面设计：周晓亮
版式设计：思创景点
责任校对：成凤进
责任印制：刘海龙

出版发行：清华大学出版社
网　　址：http://www.tup.com.cn，http://www.wqbook.com
地　　址：北京清华大学学研大厦 A 座
邮　　编：100084
社 总 机：010-83470000
邮　　购：010-62786544
投稿与读者服务：010-62776969，c-service@tup.tsinghua.edu.cn
质 量 反 馈：010-62772015，zhiliang@tup.tsinghua.edu.cn

印 装 者：三河市君旺印务有限公司
经　　销：全国新华书店
开　　本：185mm×260mm　　印　张：15.5　　字　数：303 千字
版　　次：2017 年 4 月第 1 版　2022 年 5 月第 2 版　印　次：2022 年 5 月第 1 次印刷
定　　价：49.80 元

产品编号：096375-01

第2版前言

一、一个很大的意外

本书出版后,笔者一直将其作为经济管理类学术硕士以及 MBA、EMBA 等在职或脱产专业硕士的教材使用,收到了一定的效果。但没想到的是,天津、重庆、西安、郑州、哈尔滨、湘潭、桂林、常州等一些兄弟院校的教师纷纷与我联系,一方面是与我分享在本科教学中的心得,另一方面也征求关于此书用于本科教学的意见和建议。这令我感到非常意外,于是开始了对此问题的思考和实践。

二、此书,本科教学怎么用

大体上说,除了导论部分以外,本书各章的第一节,主要是对基本概念和成熟理论的浓缩,"自由发挥"的地方不多,因此对于本科教学是比较适用的。而从第二节以后,基本为实务方面和战略方面的内容,其中既有指导实操的重要理论,也有基于文献研究、著名企业实践经验和本人带领咨询团队工作经验的总结与归纳。在本科教学中,要注意以下几点。

(1) 将那些重要的成熟理论、工作流程和实用工具用于课堂教学。

(2) 将那些通俗易懂的实操技巧交由学生自学。

(3) 将那些带有创新性质的部分内容,选择性地用于课堂研讨,启发学生批判性地思考,有选择地吸收。

(4) 每章最后关于战略管理的部分和第七章内容,可作为学生的课外读物。

这样一来,学生既能熟练掌握"应知应会"的内容,又能形成较为广泛的阅读知识面,在理解、学习他人观点的同时,在参考著名企业实践经验的基础上,系统掌握成熟理论、流程和工具,并形成自己对有关理论和企业实践的思考与判断。形成较为全面的知识结构、理论体系和具有一定创新性的个人观点,是本书从一开始就追求的学习效果。

三、这一版主要做了哪些修订

本书受到读者认可,这带来了惊喜,也使笔者感觉到更加沉重的责任——一定要以更加开放和严谨的态度,潜心研究,博采众长,小心凝练,不辜负读者的期望。概括起来说,本书第 2 版做了如下修订和完善。

1. 增加了一些补充说明

以小案例的形式,对第 1 版中过于精炼的部分增加了一些补充说明,以增强学生对抽象问题的感性认识,使有关内容更加容易理解和记忆。

2. 增补相对精炼的重要内容

仅从大的模块来看，此版本：

(1) 第二章增补了基于互联网应用的工作分析技巧、战略性工作分析技巧、基于库克曲线的工作再设计。

(2) 第三章增补了根据面试题目和面试程序中的典型特点而对面试类型的划分。

(3) 第四章增补了培训需求分析"经典四问"，基于木桶原理、斜坡木桶原理、长板理论和战略解读的培训需求分析技巧，以及一级销售工程师所需的能力素质要求。

(4) 第五章增补了薪酬盘点、公司治理结构、股权激励，以及总体报酬等相关理论精髓。

(5) 第六章增补了公司目标分解过程、人力资源部在绩效管理的小循环中应肩负的主要职责、针对公司长远目标的指标提取方法，以及基于3P+2M的薪酬设计思路。

(6) 第七章增补了关于人力资源管理三支柱模式的适当解释与案例分析。

3. 启发思考的前沿视点追踪

在部分章节，增补了一些经过充分讨论和思考的最新观点，以使学生能够动态跟踪理论和实践前沿，如关于薪酬管理和绩效管理的"基因双链"理论、不同的报酬要素所发挥的主要作用等。

四、致谢

非常感谢天津、重庆、西安、郑州、哈尔滨、湘潭、桂林、常州等国内同行的积极联系、深入交流与大力支持；同时感谢各学术硕士和专业硕士攻读人员的积极参与、热烈讨论和无私分享；特别感谢首都经济贸易大学劳动经济学院15级人力资源管理班和15级人力资源管理实验班的同学们，以及我的研究生们，对他们的授课使我进一步明确了本书用于本科教学的思路和技巧。

上述三类人员的无私分享，使本书在内容上得到了进一步完善和丰富，也使本书更具理论高度和实践参考价值。在此一并表示真诚感谢！

本书免费提供教学课件、教学大纲、电子教案，读者可扫二维码获取。

教学课件

教学大纲

电子教案

作　者

2022年1月

第1版前言

一、为什么要写这本书

2003年,我开始系统讲授"人力资源管理"这门课。授课班次,既有从本科到博士的全日制教育班级,也有在职研究生、MBA、EMBA乃至享誉国内的著名学府举办的总裁班。至今授课已达2000余学时,所参考的教材达20多本。

各种版本的国内外教材,体例各有不同,内容精彩纷呈,对人力资源管理的教学与实践活动起到了很好的推动作用,但似乎仍有些许遗憾令人难以释怀。比如,国外教材普遍采用欧美国家惯用的叙事手法,内容丰富但条理性不强,国内学生读起来普遍感觉有点"绕",抓不住重点。相对来说,国内教材更符合大家的阅读习惯:先介绍概念、定义,再分析作用、意义,然后推出方法、流程,最后再做一个相对全面的总结。给人的总体印象,国内的一些教材在概念、定义、作用、意义、原则等内容上普遍带有罗列和堆砌之嫌,特别是对于某些概念的起源,必追至先秦诸子而后快。而对于实操部分的介绍又普遍薄弱,使人感觉学不到多少真东西。

二、为什么是"高级教程"

现代人力资源管理理论被引入中国已有30多年的历史,但"人力资源管理"在很多高校是被当作"概论"来讲的,时间基本为1个学期(36~48学时),其内容也相对浅显。同时,工作分析、招聘、培训、薪酬、绩效等内容被拆分成若干独立的课程,内容虽然较深,但对非人力资源管理专业的学生并没有开设。

这就形成了一对矛盾:企业内外环境的持续发展对从业人员提出了更高要求,企业在职人士普遍具备了本科以上的教育背景,对人力资源管理的基本理论已有了一定了解,但他们再就读更高水平的学位时却没有合适的教材。

可以说,市场竞争的加剧和就学人员素质的提高,使得《人力资源管理高级教程》的编写已经具备了充分和必要条件。

三、本书有什么不同之处

相对于面向本科生的人力资源管理概论来说,本书有以下不同的追求。

1. 基础内容更加精炼

本书主要针对的是硕士研究生及以上层次的高学历人士。其中的一个基本假设是,读者已经对人力资源管理理论有一定的了解,或者有一定实践经验上的积累。因此,本书努力避免为了弄清一个"不证自明"的词汇而穷追不舍、广征博引、反复讨论的写作套路,而更多的是直接介绍被普遍接受的理论、观点和思路,以便使读者能够迅速切入到后面的实质内容中去。如果用"包子"来比喻,就是努力追求"皮薄馅大"。

2. 实操内容更加充实

总的来说,本书在每章的第二节即快速进入实操、实务阶段。相对于第一节,本节在内容上更加丰富,在流程上更加清晰,在思路上更加流畅,在操作上更加具体。同时也增加了本人及合作团队在企业咨询过程中所积累的一些经验和技巧性的东西。应该说,这部分内容是本书的重点、难点之所在。但如果读者能够耐下心来认真读懂、读透,基本可以掌握开展实操工作所必备的工具和技巧。

除此之外,本书还摘编了 7 个较为详细的大案例,其中既包括华为、腾讯、IBM、安利等世界著名公司,也包括一些正处于改制、转型中的中小企业,案例的内容完全与每章所讨论的内容紧密契合。其目的,一方面是使读者增加一些感性认识、积累一些实操经验,同时也可以引发读者对每章理论内容的思考。从理论到实践,从实践再到理论(即使读者能够形成一些理论思考),是本书对案例分析环节的基本追求。

除了上述 7 个大案例,本书在正文中还因地制宜引入了 30 个左右生动活泼、内容贴切的小案例。全书共计绘制或引用图 40 张、表 46 张,内容翔实、丰富,很多东西可以供读者在实际工作中直接参考。

3. 研究视角更加开阔

由于授课对象的学识积累不够,更由于授课时间上的限制,大多数面向本科生的人力资源管理教材基本是以"就事论事"的方式编写的。而面向高学历、高水平人才的教材如果还是以这种方式展开,就显得过于狭隘。

因此,本书引进了劳动经济、战略管理、市场营销、决策论、博弈论、应用心理学、组织行为学等方面的理论与知识,希望与读者一起,从多角度分析和看待同一问题,进而为其晋升到人力资源总监乃至更高级别的职位做一些素质和能力上的准备。

4. 理论探讨更加深入

由于主要是面向高学历、高水平人才,因此本书试图避免"自编自演""把事情说明白"的叙事风格,而是希望与读者进行"双向沟通""共同探讨",使大家不仅能够"知其然",更能在"知其所以然"的道路上展开进一步探索。

此外,本书还增加了许多传统教材所没有的"能力素质模型""任职资格体系""高端招聘实训""培训体系建设""人才测评与开发""战略性薪酬管理""战略性绩效管理"等较为实用的高端(相对于本科层次的教学)内容,以及关于战略性人力资源管理思路、内容、流程与相关工具的探讨。

四、本书的写作团队

1. 无形的团队

本书的写作，是以有关专著、教材、期刊文章为基础，结合作者十多年来的咨询经验和教学积累编写而成。其中有前辈研究的理论成果，也有 MBA、EMBA 等脱产或在职专业硕士以及高级研修班、总裁班等许多人士的贡献(笔者在案例研讨中所获得的启发)。可以说，他们构成了本书写作的无形团队。

2. 有形的团队

许爱君、李亚楠、陶佳、陈雪、高燕等参与了主要章节的起草工作；高凡、王思珺、周赫然(本科)参与了部分案例的编辑与整理工作；谢伟、任会青、冯海龙、王颖、吴云(蒙古国)、魏丁、牛丽涛、舒小莉等参与了部分资料的搜集与整理工作。

赫淑彬老师对全书的编辑和校对做出了巨大贡献。首都经济贸易大学劳动经济学院的冯喜良院长(教授、博导)、童玉芬副院长(教授、博导)、范围副院长(副教授、硕士生导师)对本书的写作给予了高度肯定和支持。

谨对上述人士有形和无形的支持表示衷心感谢！

3. 作者的心声

虽然对本书的写作有一些较高的追求，但由于作者本人(不包括上述成员)学识有限，书中难免有许多不当甚至是谬误之处，欢迎大家来电、来函批评指正，同时也欢迎同行们(任课教师、业界人士)索要相关资料(PPT 课件、参考答案等)、开展深入探讨。

作者电子邮箱：1044919121@qq.com

五、本书的适用对象

本书主要适用于以下人群：

(1) 全日制硕士或博士研究生。

(2) 专业硕士或在职硕士生，包括在职研究生(企业管理、工商管理、人力资源管理等专业)、MBA、EMBA 等。

(3) 有着较高个人追求的高年级人力资源管理专业的本科生。

作　者

2017 年 1 月

目　　录

第一章　导论 …………………………………… 1
　第一节　为什么要学习人力资源
　　　　　管理 ……………………………… 1
　　一、德鲁克的观点 ……………………… 2
　　二、当今社会的挑战 …………………… 3
　第二节　人力资源概述 ………………… 4
　　一、宏观视角下的人力资源 …………… 4
　　二、企业视角下的人力资源 …………… 5
　　三、人力资源的特点 …………………… 6
　　四、用好人力资源的基本公式和
　　　　基本目标 …………………………… 7
　第三节　人力资源管理概述 ……… 8
　　一、人力资源管理的定义 ……………… 8
　　二、人力资源管理的六大职能 ………… 9
　　三、人力资源管理的工作内容 ………… 10
　第四节　新形势下的人力资源
　　　　　管理 ……………………………… 11
　　一、未来几年我国企业需要直面的
　　　　发展困境 …………………………… 12
　　二、人力资源管理者需要扮演的
　　　　角色 ………………………………… 13
　　三、对人力资源管理者的能力
　　　　素质要求 …………………………… 14
　本章小结 ………………………………… 14
　复习思考题 ……………………………… 15

第二章　工作分析与任职资格体系
　　　　构建 ……………………………… 20
　第一节　工作分析基础 ………………… 20
　　一、工作分析及其主要成果 …………… 21
　　二、工作分析的主要内容 ……………… 21
　　三、工作分析的相关术语 ……………… 22
　　四、工作分析的重要意义 ……………… 23
　　五、工作分析的原则 …………………… 24
　第二节　工作分析实务 ………………… 25
　　一、工作分析的时机 …………………… 25
　　二、工作分析的流程 …………………… 25
　　三、工作分析的主要方法 ……………… 29
　　四、工作分析的主要成果 ……………… 34
　　五、战略性工作分析 …………………… 35
　　六、工作再设计 ………………………… 35
　第三节　任职资格体系构建 ……… 37
　　一、任职资格体系的定义 ……………… 37
　　二、任职资格体系的重要价值 ………… 38
　　三、任职资格体系的演变及逻辑
　　　　基础 ………………………………… 39
　　四、任职资格体系的构建过程 ………… 40
　　五、任职资格体系的落地实施 ………… 46
　本章小结 ………………………………… 48
　复习思考题 ……………………………… 48

第三章　招聘管理 …………………………… 54
　第一节　招聘管理基础 ………………… 54
　　一、招聘管理系统 ……………………… 55
　　二、招聘的目的分析 …………………… 57
　　三、招聘的作用 ………………………… 58
　　四、招聘中的分工与协作 ……………… 58
　　五、内部招聘和外部招聘的权衡
　　　　与选择 ……………………………… 59
　　六、招聘"金字塔" …………………… 60
　　七、有效招聘的三原则 ………………… 61
　第二节　招聘甄别技术 ………………… 63

一、人员甄别的核心依据…………63
　　二、人员甄别的主要方式…………67
　　三、人员甄别的多元组合…………75
第三节　招聘选拔技巧……………78
　　一、世界著名公司的成功实践……78
　　二、由实践到理论，再到能力……81
第四节　高端招聘技巧……………82
　　一、始终注意摆正心态……………82
　　二、密切关注理念变迁……………83
　　三、精心安排甄选环节……………83
　　四、利用人才聚集效应……………84
　　五、为眼前，更为将来……………84
　　六、给人才一个加盟的理由………85
　　七、要学会和业务经理合作………85
　　八、打造完善的薪酬方案…………85
　　九、培训你的老板…………………86
本章小结………………………………86
复习思考题……………………………87

第四章　员工培训与人才开发………91
第一节　员工培训基础……………91
　　一、深入了解培训…………………92
　　二、有效组织培训…………………94
　　三、培训方法选择…………………100
第二节　员工培训技巧……………102
　　一、各司其职，密切协作…………102
　　二、培训需求分析技巧……………104
　　三、培训实施与组织技巧…………108
　　四、培训效果评估的技巧…………110
　　五、建立培训激励机制的技巧……112
第三节　企业人才管理实践………112
　　一、什么是人才管理………………113
　　二、什么是人才开发………………114
　　三、人才开发的基础………………116
　　四、人才开发的主要方法…………117

第四节　培训体系开发与
　　　　建设…………………………119
　　一、什么是培训体系………………119
　　二、什么是好的培训体系…………120
　　三、怎样建立培训体系……………121
本章小结………………………………124
复习思考题……………………………125

第五章　薪酬管理……………………130
第一节　薪酬管理概述……………130
　　一、全面认识薪酬与福利…………130
　　二、薪酬管理的功能………………133
　　三、薪酬管理的原则………………135
　　四、薪酬体系与薪酬的划分………137
第二节　薪酬管理实务……………141
　　一、薪酬方案设计的前提…………141
　　二、企业薪酬方案设计的
　　　　流程…………………………143
　　三、薪酬方案的运行与完善………150
第三节　战略性薪酬管理…………150
　　一、从经济学角度看薪酬…………151
　　二、从心理学角度看薪酬…………152
　　三、从管理学角度看薪酬…………154
　　四、全面报酬的概念与实践………155
本章小结………………………………157
复习思考题……………………………158

第六章　绩效管理……………………164
第一节　绩效管理概述……………164
　　一、绩效的结构和定义……………164
　　二、绩效的特征及其启示…………166
　　三、绩效管理及其重要价值………168
第二节　绩效管理实务……………170
　　一、绩效计划制订…………………170
　　二、绩效计划实施与辅导…………178
　　三、绩效评估………………………181
　　四、绩效反馈………………………184

第三节　战略性绩效管理 ……… 186
　　一、战略性绩效管理的三重
　　　　境界 …………………… 187
　　二、战略性绩效管理的操作
　　　　思路 …………………… 191
　　三、战略性绩效管理的整体
　　　　架构 …………………… 193
本章小结 ………………………… 194
复习思考题 ……………………… 195

第七章　战略人力资源管理 ………… 205
第一节　人力资源规划 ………… 205
　　一、人力资源规划的定义 …… 206
　　二、人力资源规划的目标 …… 206
　　三、人力资源规划的内容 …… 206
　　四、人力资源规划的基本
　　　　程序 …………………… 208
　　五、人力资源规划的主要
　　　　方法 …………………… 211
第二节　人力资源战略 ………… 213
　　一、人力资源战略的定义 …… 213
　　二、人力资源战略的目标 …… 213
　　三、人力资源战略制定的路径
　　　　选择 …………………… 215
第三节　战略人力资源管理及
　　　　实施 …………………… 216
　　一、战略的定义 ……………… 216
　　二、企业战略的定义 ………… 217
　　三、战略人力资源管理概述 … 218
　　四、战略人力资源管理的运作
　　　　机理 …………………… 220
　　五、HRP、HRMS、SHRM 三者
　　　　之间的关系 …………… 220
　　六、人力资源管理的职能
　　　　转变 …………………… 221
　　七、战略人力资源管理的实施
　　　　条件 …………………… 223
本章小结 ………………………… 225
复习思考题 ……………………… 225

参考文献 ……………………………… 232

第一章

导　论

2000年以前，国内企业的人事部主要是一个办事机构。由于该部门掌握公司的人事信息，与领导接触的机会较多，因此显得神秘而高贵。而且，由于其职责相对固定，工作的技术含量低、比较清闲，因此成为很多人脉广又无一技之长的人员的"栖息地"。2000年以后，这种情况在不知不觉间发生了很大变化。

由于企业规模越来越大，市场竞争越来越残酷，各岗位的工作内容变得越来越复杂，不确定性因素日益增多，传统的人事部门已不再适应企业发展的现实需求，人力资源管理的真实价值逐渐得以显现。但是，即便是已经积累了一定学识和经验的高水平专业人才，仍然对人力资源管理是什么、做什么、有什么用，当前所面临的困境、未来的发展趋势，以及怎样才能成为一名优秀的人力资源管理人员等基本问题有一定的困惑。

本章将对这些基本问题做出回答，也对如何学习这门课程做简单引导。

学习目标
- 掌握人力资源的相关概念群组。
- 理解用好人力资源的基本公式和基本目标。
- 熟练掌握人力资源管理的定义及职能。
- 熟练掌握人力资源管理的主要模块。
- 理解我国企业的主要发展困境。
- 理解新形势下人力资源管理者需要扮演的多重角色。

第一节　为什么要学习人力资源管理

不少人认为，人力资源管理仅仅是人力资源管理人员的工作，而与其他部门的管理者无关，其实这是一种错误的看法。无论是人力资源管理人员还是其他职能经理，都需要在这一看似简单的领域中下一番功夫。特别是在当今企业竞争越来越激烈、内部管理越来越规范的情况下,非人力资源部门的经理更要肩负越来越多的人力资源管理方面的职能。

一、德鲁克的观点

有着"现代管理学之父""大师中的大师"之誉的彼得·德鲁克(Peter F. Drucker)认为,企业雇用的是员工整个的人,而不仅仅是他的任何一个部分(比如手、脚),这说明了"为何改善员工工作成效是提升企业经营绩效的最佳方法",以及"人力资源是所有资源中最有生产力、最多才多艺、最丰富的资源"。当我们谈到管理员工和工作时,我们谈的其实是一个非常复杂的课题。

(一) 必须了解人力资源的特性和人的特质

如果视员工为人力资源,就必须了解这种资源的特性。如果对其特性了解不够,则肯定做不好管理工作。如果我们把重点分别放在"资源"和"人"上,则如何做好人力资源管理工作的答案是截然不同的。

如果把员工视为"资源",就像钢铁或木材一样,那么管理的重点就是尽量利用他们的使用价值;而如果把管理的重点放在"人"上,则必须注重人的特质,设法让工作的设计与安排符合人的特质。

(二) 必须了解企业与员工双方的需求

作为以营利为目的的组织,企业必须完成任务。为了完成任务、实现目标,企业对员工应该有什么要求?而员工作为一个独立的个体,为了自己的生存与发展,对企业又有什么要求?

了解企业与员工双方的需求,并设法找到其中的契合点,是搞好管理之本。

(三) 必须处理好成本与收入的关系

客观地讲,企业既是财富的创造者,也是员工生计的来源。工资,对企业来说是成本,对员工来说则是收入,两者之间存在显而易见的冲突。作为管理者,必须学会如何对成本与收入之间的冲突加以缓和[1]。

虽然德鲁克当初并不是为了说明学习人力资源管理的必要性(事实上,当时还没有"人力资源管理"这门课程)而提及上述观点的,但正是这种"无心插柳"的言谈,才

---

[1] [美]彼得·德鲁克. 管理的实践[M]. 齐若兰,译. 北京:机械工业出版社,2006:218-219.

更有力地说明了学习人力资源管理的必要性。

二、当今社会的挑战

(一) 员工需求的变化

人是一种非常复杂的社会动物,在解决了温饱和安全问题之后,人就会产生多重复杂的需求,而这些需求又随着社会的发展而不断变化。

举个简单的例子:计划经济时期,人们看重公平;改革开放之初,人们追求机会;国企脱困时期实施下岗分流,人们又开始关注职位的稳定性。"70后"员工拥有梦想,"80后"员工强调自我,"90后"员工个性张扬(虽然不一定准确,但这个观点有一定的代表性)。如今,就连当初普遍推崇的"奉献精神",也不得不让位于"工作与生活的平衡"。

人们内在需求的持续变化,无疑给企业的人力资源管理工作带来了新挑战,提出了新要求。

(二) 社会环境的变迁

下面从政治、经济、文化、科技、法制5个方面对社会环境进行PESTL分析。

(1) 政治环境(political environment)。如今,富强、民主、文明、和谐、自由、平等、公正、法治等价值观念逐渐深入人心,最终会转化为人们工作与生活中的重要主张,转化为人们在工作场所中的利益诉求。在这种情况下,如果仍然按照传统观念和方法来管理企业、管理员工,肯定是行不通的。

(2) 经济环境(economical environment)。自改革开放至今,我国的经济环境可以说发生了翻天覆地的变化。最根本的一个变化就是由原来的国有企业"一枝独秀",逐渐演变为今天的国企、民企、外企"三足鼎立"。经济结构的变化不仅意味着我国的经济实体越来越多元化和丰富化,同时也给了人们更多的选择机会。"良禽择木而栖",如果企业的管理理念不够先进,管理方法不够科学,领导方式不够艺术,则留不住真正的人才。

(3) 文化环境(cultural environment)。当今的社会文化可以说正朝着多元化、丰富化、个性化、娱乐化大踏步发展。在这一时代背景下,企业对员工单方面的管理,不得不让位于企业和员工共同管理。具体来说就是企业要管理员工,需要先了解他希望自己被怎样管理。因此,企业只能多使用引领、疏导、激励的方式,而少使用命令、禁止、惩罚的方式来改变员工的行为。

(4) 科技环境(science-technological environment)。当诺基亚(Nokia)公司于20世纪90年代喊出"科技，以人为本！"的营销口号时，它绝对没有想到这句话在今天有什么含义。"科技，以人为本"的原意是，越是高深的科技就越需要从人性出发，替人着想，为人设计，而不是将技术和产品推出后，让用户去学，去适应这个技术和产品[1]。今天，以无所不在的网络和无所不能的智能手机为代表的新科技无意中把人们带入自媒体时代。人们可以随时看到别家公司员工"晒出"的福利待遇，也可以随时把自己的经历上传到网络。在这样的环境下，如果不学好人力资源管理就去管理那些酷爱展示自己又有能力随时展示自己的员工，其后果有多么可怕！

(5) 法制环境(legal environment)。随着政治、经济、文化等社会环境的不断发展，我国的法制环境越来越完善，用于规范企业与员工双方关系的法律法规也越来越全面化、深入化和具体化。如果企业不加强对相关问题的研究，不着力提高人力资源管理的水平，一不小心就有可能触及法律的"红线"。

第二节　人力资源概述

学习人力资源管理之前，首先需要了解人力资源的相关概念、特点，以及用好人力资源的基本公式和基本目标。

一、宏观视角下的人力资源

宏观视角下，人力资源包括四类人群，具体介绍如下。

(一) 人口资源

人口资源是指一个国家或地区所拥有的人口总量，主要表现为人口的数量。

(二) 人力资源

人力资源是指一个社会中具有智力劳动能力和体力劳动能力的人的总和，包括数量和质量两个方面。

---

[1] 周施恩. 企业文化建设中的七大经典败笔[J]. 企业管理，2014 (4)：42-44.

(三) 人才资源

人才资源是指一个国家或地区中具有较多科学知识、较强劳动技能，在价值创造过程中起关键或重要作用的那部分人[1]。人才资源是人力资源的一部分，即优质的人力资源。

(四) 关键人才

关键人才是指在一个国家或地区的综合发展中能起到关键的引领、推动和支撑作用的中高端人才。很显然，这是一个国家或地区社会发展的支柱，是富民强国的价值源泉。

上述四类人群的逻辑关系如图 1-1 所示。

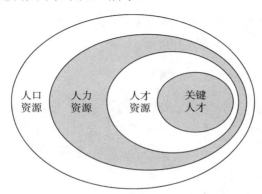

图 1-1　宏观视角下的人力资源

二、企业视角下的人力资源

如果参照宏观视角下的人力资源的概念，将企业视角下的人力资源定义为"本公司雇用的拥有智力和体力劳动能力的人"，就显得过于狭隘。因为根据系统论的观点，现代企业应该是一个开放的系统，需要持续从外部获得资源的输入，然后将这些资源转化为有价值的产品或服务输向社会。同时，企业也需要保持吐故纳新，即不断吸收拥有新思想、新知识和新技能的人员进来，并适度排除那些不能满足企业需要的人，否则就无法维持组织肌体的健康运转。

根据这一理论，我们应该将企业视角下的人力资源定义为：企业目前所雇用的以及现在或将来有可能雇用的，拥有一定智力和体力劳动能力的人。

---

[1] 董克用，叶向峰. 人力资源管理概论[M]. 北京：中国人民大学出版社，2003：4-9.

三、人力资源的特点

与企业生产经营所需的其他资源相比,人力资源具有如下显著特点。

(一) 人力资源最根本的属性是人

正如彼得·德鲁克所说,如果把员工视为"资源",就像钢铁或木材一样,那么管理的重点就是尽量利用他们的使用价值;而如果把管理的重点放在"人"上,则必须注重人的特质,设法让工作的设计与安排符合人的特质。这一点,与其他所有资源的使用都是不同的。举例来说,当一台机器由于超过额定寿命而无法正常工作时,可以按照规定将其进行报废处理,但对员工就不能这样处理。无论是从法律角度来看还是从人性角度来看,企业都需要对员工给予更多的关怀和照顾。比如,对于不能胜任某岗位的员工,应首先安排其转岗或者培训。

(二) 人力资源最原始的特点是动物性

人类虽然是目前地球上最聪明、最高级的物种,但仍然没有摆脱动物的基本属性:有七情六欲,有生理上和心理上的高潮与低谷,当然也会有生老病死。一厢情愿地要求员工时刻保持高昂的士气和超强的战斗力,其实是不科学的,而且也没有这个必要。

再有,所有动物都有追求美好生活的一面,人也一样。作为管理者,可以把它视为挑战,当然也可以把它视为激励员工努力工作时需要考虑的重要因素——给员工制订相应的规划或短期计划,用现在的开动脑筋、鼓足干劲、实现目标,来换取将来更高水平的美好生活。也可以想方设法提高本企业福利,给员工提供舒适的办公空间、放松的休息或娱乐场所,以满足员工追求美好生活的方式留住员工——事实上,谷歌、微软、苹果等世界知名公司都一直在致力于这方面的持续改善。

(三) 人力资源最有价值的特点是具有主观能动性

与其他动物不同的是,人可以有意识、有目的、有计划地反作用于外部世界。人可以斗志昂扬,也随时有可能偷懒耍滑,关键不在于企业想让他成为什么样的人,而在于企业为他提供了怎样的制度和文化环境。

在好的环境下,人们可以变得积极和高尚;而在坏的环境下,最清廉的人也有可能变成贪官。因此,成熟的管理者不会无谓地感叹世风日下,而会想尽办法、改进管理模式,用硬的制度和软的文化来激励员工努力工作、成就未来。

(四) 人力资源最广泛的特点是具有社会属性

人除了有主观能动性以外，还是一种社会性动物，个人的思维方式、工作态度和人际关系处理模式，都会受所在群体的影响，进而表现出与其他群体不同的特点。

举例来说(从群体而非个体的角度来看)，美国人崇尚自由，日本人强调团队，德国人做事严谨，法国人喜欢浪漫；也有人说，江苏人精打细算，浙江人务实肯干，深圳人非常现实，北京人特爱面子。这些都是人的社会属性的一种表现(虽然不一定是准确的)。具体到人力资源管理实践，就是在用人理念、管理制度和具体措施上，要认真体会、合理把握和努力适应人在社会属性方面的差异，而不是"一刀切"。

(五) 人力资源具有复杂性

"人是有差异的"，这称为心理学第一定律，这种差异不仅表现在外表上，而且表现在价值观念、角色定位、自我认识、特质、动机等方面。俗话说"不能以貌取人"，说的就是这个道理。

此外，即便是同一个人，随着年龄的增长、财富的增加以及社会阅历的积累，其外表与价值观念、角色定位、自我认识、特质、动机等也会发生变化，这就使了解一个人、认识一个人、深度把握一个人变得非常之难。

综上，人力资源有非常显著的特点，这些特点无疑给做好人力资源管理工作带来了严峻挑战，同时又使做好人力资源管理工作变得意义非凡！

四、用好人力资源的基本公式和基本目标

由于人力资源具有上述五大特性点，则把人"用好、用活"就成为一项非常复杂的专业技术。

(一) 基本公式

把单个的员工用好，是人力资源管理工作最基本的着眼点，在这个方面可以参考以下基本公式：

用好单个员工＝使员工发挥其所能发挥的最大有效技能
　　　　　　＝MAX(人的劳动技能×适用率×发挥率×有效率)

(1) 适用率。适用率反映的是"是否使用员工所长"，计算公式为"适用的技能÷拥有的技能"，即每个员工都拥有多项技能，企业需要员工发挥哪一项技能？

(2) 发挥率。发挥率反映的是"员工的干劲如何"，计算公式为"所使用的技能÷

适用的技能",即企业给予机会使员工发挥其最擅长的技能,员工能够发挥多少?

(3) 有效率。有效率反映的是"使用效果如何",计算公式为"有效使用的技能÷所使用的技能",即员工是否在正确的方向下使用该技能。比如,某位员工是研发天才,企业让他去搞研发,但他研发的方向是正确的吗?

(二) 基本目标

把人"用好、用活"的基本目标,用人力资源管理的专业术语进行表述就是:把人放在最适合发挥他(她)个人才能的岗位上,并采取相应的培养和激励机制,使他(她)快乐而高效地工作。这句话不难理解,主要是从用好单个员工的角度考虑的,涉及人力资源管理最深刻的本质。

第三节 人力资源管理概述

搞清楚人力资源的相关概念之后,下面进一步对人力资源管理的定义、职能及工作内容进行简要探讨,使大家对"人力资源管理"这门课程有一个基本认识。

一、人力资源管理的定义

所谓人力资源管理(human resource management,HRM),是指遵循某种人才理念(或称管理哲学),综合运用多种技术和方法开展人力资源相关活动,以达成企业目标的过程。

当今社会是一个纷繁复杂的社会,不同的企业所遵循的人才理念可以说千差万别。比如,日本松下公司的人才理念是"以人为本,尊重个性",韩国三星集团的人才理念是"允许优秀人才犯错误",美国通用电气公司的人才理念是"人才的选拔与培养重于一切",美国微软公司的人才理念是"宁缺毋滥,人尽其才"[1]。如果简单地将人才理念定义为"以人为本",显然是不够准确和全面的。

关于企业目标,由于本书是专门针对"企业"这一类型的组织而写,所以并没有用相对普遍的"组织目标"这一表述。如无特别说明,本书以后所有章节均做相同处理。

---

[1] 周施恩. 企业文化理论与实务[M]. 2版. 北京:首都经济贸易大学出版社,2007:130.

二、人力资源管理的六大职能

诺贝尔经济学奖获得者、决策论大师赫伯特·A. 西蒙(Herbert A. Simon)教授认为，如果将实现企业目标作为人力资源管理的最终目的，那么在实现企业目标的过程中，人力资源管理工作就必须实现一些中间目标，或称履行一些必要的职能。人力资源管理有六大职能，具体介绍如下。

(一) 规划

战略管理大师迈克尔·波特(Michael E. Porter)认为，"有效地贯彻任何一种基本战略，通常都需要全力以赴，并辅以一个组织安排"[1]。具体到人力资源管理上，组织安排既包括企业的组织结构设计，也包括对人力资源的整体规划(参见本书第七章"战略人力资源管理")。没有规划的工作，最终会使人陷入手忙脚乱之中。

(二) 获取

人员的获取是人力资源管理最基本的职能，毕竟，再美好的目标也需要人来实现。没有人，就不会有企业，但如果招聘到不合适的员工，将会给企业带来很多麻烦。即使根据法律法规给予被辞退员工相应的补偿，也有可能对其他在职员工的心理造成不良影响。因此，西方著名跨国公司在人员获取上都会采取审慎、严谨的态度，这一点非常值得我国一些企业认真思考和借鉴。

(三) 整合

正如赫伯特·A. 西蒙所说，"管理型组织是合作行为系统"[2]。将人招聘进来以后，下一步就是将他们配置在合适的位置上，并将这些一个个独立的人有机整合在一起，以富有效率的方式去完成工作任务，实现经营目标。

(四) 培养

这里所说的培养，既包括上岗前的培训，也包括后续的在职培训以及对人才的综合开发(参见本书第四章"员工培训与人才开发")。把低水平的人培养成高水平的人，对企业、对员工都是极为有利的。

---

[1] [美]迈克尔 波特. 竞争战略[M]. 陈小悦，译. 北京：华夏出版社，1997：48.

[2] [美]赫伯特 西蒙 A. 管理行为[M]. 4版. 詹正茂，译. 北京：机械工业出版社，2004：75.

(五) 激励

人的主观能动性是可以被调控的，而调控的主要手段就是激励。在企业人力资源管理中，最直接的激励措施就是薪酬与绩效联动的有机系统(参阅本书第五章"薪酬管理"和第六章"绩效管理")。

虽然还有其他非常有效的激励措施，如愿景感召、文化熏陶、领导感化等，但它们更多的是"软性"的东西，需要与具体的人力资源管理措施有机结合起来才能发挥持久的功效。

(六) 保留与辞退

本书前面探讨过，人具有复杂性，有着各种各样的追求。"人往高处走，水往低处流"，可以说是一种常态。为了留住那些优秀的人才，企业就需要动一番脑筋，下一番功夫。同理，有些人与企业的价值理念不合拍，或者无法适应企业的需要，此时就需要将他们排除出企业员工队伍。

保留健康细胞，切除不健康甚至会对人产生危害的细胞，应该被视为一种积极的治疗行为(虽然有时候会很疼)。这一点，对人、对企业都是一样的。

三、人力资源管理的工作内容

为了履行上述六大职能，人力资源管理需要完成以下六大模块的工作内容。需要注意的是，这"六大模块"与上述"六大职能"并非一一对应关系。就像人类需要完成的某个动作(比如呼吸)与主要的脏器(比如肺)并不完全一一对应(完成呼吸动作还需要肌肉和神经系统的支持)一样，人力资源管理的六大模块与六大职能也有各自的拆分组合方式。此外，这六大模块主要指人力资源管理的常规工作，即所有具有一定规模的企业都需要开展的工作。那些管理水平较高的国际企业，所开展的人力资源管理相关工作远不止这些。

(一) 人力资源规划

核心目标：确保企业现在和未来若干年的人员供需平衡。

主要内容：人员需求预测、人员供给预测、人员平衡计划、人力资源管理预算的编制与执行等。

(二) 招聘与配置

核心目标：找到合适的人，并把他们放在合适的位置上。

主要内容：招聘计划的制订与实施、人员的甄别与选拔、新员工入职管理、人员配置与优化等。

(三) 培训与开发

核心目标：把不胜任的员工培养成可以胜任的员工，把有潜力的人员培养成优秀人才。

主要内容：培训需求分析、培训课程设计、培训计划的制订与实施、培训项目评估；人才测评与选拔、人才开发计划的制订与实施、人才梯队建设等。

(四) 薪资福利管理

核心目标：一是在合理控制预算的基础上，使员工感到公平合理、物有所值；二是使员工愿意通过创造更好的业绩来获得更高的报酬(需要与绩效管理相结合)。

主要内容：薪酬策略制定、岗位价值评估、薪酬分岗定级、薪酬结构设计、福利管理等。

(五) 绩效管理

核心目标：给予员工的价值创造活动一个相对客观、全面和准确的评价，进而为其他人力资源管理决策(如价值分配、培训开发、岗位流动等)提供依据。

主要内容：绩效计划制订、绩效计划实施与监控、绩效沟通与辅导、绩效评估。

(六) 员工关系管理

核心目标：规避法律风险，预防和化解雇佣方和被雇佣方之间的矛盾，营造和谐劳动关系。

主要内容：劳动合同签署，劳资谈判与和解，员工冲突管理，员工心理调节，员工退休、离职与解聘管理，劳动纠纷处理等。

由于员工关系管理涉及法律法规、工会社团等非常广泛的内容，并且已开设专门的系列课程，本书不做深入探讨。

第四节 新形势下的人力资源管理

社会环境和经济形势的持续变化给人力资源管理工作提供了发展机会，也给人力资源管理从业者带来了严峻的挑战。直面这些挑战，为公司和员工提供更有价值的创造性服务，也许这正是人力资源管理工作的魅力所在。

一、未来几年我国企业需要直面的发展困境

当今的中国企业，除了要面对本章开头所讲的政治、经济、文化、科技、法律等社会环境变迁方面的挑战，还要面对以下更为直接的发展困境。

(一) 用工成本持续提高

以北京市为例，北京市的最低工资标准从1994年的210元/月，一路上涨到2021年的2320元/月[1]，如果不考虑物价等其他因素，北京市的最低工资标准在27年间上涨了1004.67%。员工工资水平的提高，直接导致企业用工成本增加，从而对企业的成本控制带来较大压力。

(二) 人口结构的巨大变化

人口是人力资源来源的基础。目前，我国人口年龄结构的转变正在加剧，人口的老龄化程度继续提高，人口老龄化的速度明显加快。根据联合国《世界人口展望(2019年修订版)》披露的数据，中国老年人口规模在2050年左右将达4.85亿人，约占中国总人口的34.6%[2]。我国劳动年龄人口的增长速度已经开始减缓，人口红利期已经结束，这是我国企业不得不面对的现实[3]。

(三) 企业竞争的模式升级

企业间的竞争已经从改革开放之初的"游击战"转变为现在的"正规战"，原来靠抓住机遇盈利的经营模式已经让位于战略清晰、理念先进、机制健全、持续优化的"兵团化"经营模式。在当今的信息化时代，机遇对所有的企业(航天、军工、电力等未完全开放的行业除外)来说都是均等的，决定胜负的关键是自身的力量是否强大。

(四) 心理契约的重心转移

在改革开放初期，我国的综合国力是相当贫弱的(1978年，我国的人均GDP为381元[4])，人力资源过剩而产业资本缺乏的现象非常严重。在此背景下，企业与员工在潜

---

[1] 《关于调整北京市2021年最低工资标准的通知》(京人社劳发〔2021〕77号).

[2] 杜鹏，李龙. 新时代中国人口老龄化长期趋势预测[J]. 中国人民大学学报，2021(1)：96-109.

[3] 董克用. 我国人力资源管理面临的新环境与新挑战[J]. 中国人力资源开发，2007(12)：6-10.

[4] 1978年以来我国经济社会发展的巨大变化[OL]. http://www.gov.cn/jrzg/2013-11/06/content_2522445.htm.

意识里所"缔结"的一个无形的心理契约是：资本雇佣劳动，所有的生产经营活动都要以企业为中心。

在今天的中国，资本过剩(2020年，中国的人均GDP为72447元[1]，甚至有人提出了"流动性泛滥"的说法)而高水平的人才奇缺。在此背景下，过去以企业为中心的"资本雇佣劳动"的心理契约正在悄然转变为人才与企业的共赢。有专家甚至断言，"人才雇佣资本"的时代已经来临！

(五) 高端人才的全球化流动

我国加入WTO(世界贸易组织)前，一些企业惊呼"狼来了"，纷纷表示要"与狼共舞"。实际上，对我国企业构成真正威胁的并非任何一家企业，任何一种产品都不可能把我国企业打败。真正能够打败一个企业的，是高端人才的全球化流动。

近年来，我国政府之所以一直强调人才工作的重要性，其实就是为了吸引人才、造就人才、留住人才和用好人才。这一点，与世界优秀企业的思路与做法不谋而合。

二、人力资源管理者需要扮演的角色

在我国政治、经济、文化、科技、法律等社会环境变迁的大背景下，为了同时满足企业与员工不断变化的需求，更好地应对新形势下企业需要直面的发展困境，人力资源管理者需要摆脱完成任务、不出乱子的被动局面，要以更加积极的态度和更加职业化的素质扮演好以下5个方面的重要角色，如表1-1所示。

表1-1 新形势下人力资源管理者需要扮演的多重角色

角色	应采取的行为	期望的结果
公司战略的参与者	提供基于战略的人力资源管理系统解决方案	明确正确的发展方向，提高运营效率，平衡企业的长期和短期利益，推动战略落实
组织变革的推动者	为组织变革(并购与重组、精兵简政、业务流程再造等)提供人力资源管理助力	合理的架构，精确的配置，优化员工队伍，消除变革阻力，持续凝聚人心
知识管理的创新者	建立创新机制，建立共享平台，促进内部推广，预防知识流失	知识创新，知识共享，员工成长，组织发展潜力持续增强
业务单元的好伙伴	运用专业知识和技能开发人力资源管理产品，为各业务单元提供专业化支持	提高各业务单元运行的质量和效率

---

[1]《中华人民共和国2020年国民经济和社会发展统计公报》.

(续表)

角色	应采取的行为	期望的结果
广大员工的贴心人	及时了解员工的需求，为员工提供个性化咨询与专业化支持	帮助员工找到合适的发展方向，增强员工的敬业度，帮助员工找到成就感

三、对人力资源管理者的能力素质要求

人力资源管理不属于高精尖科技，但也并不简单。做好人力资源管理工作，对从业者有着一系列较高的能力素质要求。

根据我国人力资源和社会保障部职业技能鉴定中心的观点，人力资源管理师的胜任特征模型包括知识、技能和工作风格三个主要方面，如表1-2所示。该胜任特征模型虽然被称为模型，其实只是一个胜任力清单。在这一清单上，不同维度和指标的具体要求还需要根据不同层级人力资源管理者的岗位要求详细开发(请参阅本书第二章"工作分析与任职资格体系构建")，但它无疑为将要从事人力资源管理工作的人指出了一个比较可靠的努力方向。

表1-2 人力资源管理师的胜任特征模型[1]

知识		技能		工作风格	
基础要求	专业要求	基础要求	专业要求	基础要求	专业要求
1. 劳动法规 2. HRM 3. 劳动经济学 4. 计算机 5. 统计和调查 6. 写作 7. 组织行为学 8. 研究方法 9. 胜任特征模型	1. 战略与规划 2. 招聘与配置 3. 岗位分析 4. 员工培训 5. 职业生涯规划 6. 绩效管理 7. 薪酬管理 8. 劳动关系管理 9. 工作安全与健康 10. 组织文化与变革	1. 学习能力 2. 协调 3. 沟通 4. 辅导 5. 阅读理解 6. 客户服务 7. 洞察力 8. 调查统计	1. 判断决策 2. 计划 3. 专业知识应用 4. 关系发展	1. 自我控制 2. 分析性思维 3. 独立性 4. 成就动机 5. 应变性 6. 关心他人 7. 可靠性 8. 团队合作 9. 主动性	1. 影响他人 2. 创新 3. 正直诚信 4. 战略性思维

本 章 小 结

第一节，对学习人力资源管理的必要性进行了分析。从彼得·德鲁克的观点，以

---

[1] 陈万思. 不同管理层次人力资源管理人员胜任力比较[J]. 中国人力资源开发，2006(3)：17-20.

及当今社会所带来的挑战的角度,分析了学习人力资源管理的必要性。

第二节,对人口资源、人力资源、人才资源、关键人才等基本概念及其相互关系进行了探讨,帮助读者初步掌握人力资源的基本概念和特点,以及"用好、用活"人力资源的基本公式。

第三节,对人力资源管理的定义、六大职能与主要工作内容进行了介绍,帮助读者初步了解人力资源管理是什么、有什么用、主要做什么等基本问题。

第四节,基于未来几年我国企业需要直面的发展困境,简要探讨了新形势下人力资源管理者需要扮演的角色,以及对人力资源管理者的能力素质要求。

总体来看,本章主要是引导和概述性内容,对问题的探讨并不十分深入,主要目的有两个:一是使读者对人力资源管理形成较为全面的认识;二是对即将学习的章节有初步的了解。

【关键术语】

人口资源　　　人力资源　　　人才资源　　　关键人才　　　人力资源管理
职能　　　　　PESTL 分析　　重要角色　　　能力素质要求

复习思考题

一、简答题

1. 简述人口资源、人力资源、人才资源、关键人才的定义及相互关系。
2. 与其他资源相比,人力资源有哪些主要特点?
3. 从总体上看,人力资源管理需要履行哪些必要的职能?
4. 简述人力资源管理的六大工作模块。
5. 未来几年,我国企业需要直面哪些主要的发展困境?
6. 新形势下,人力资源管理者需要扮演好哪几方面的重要角色?

二、案例分析

微创新背景下的腾讯公司人力资源管理实践[1]

在市场竞争日趋激烈的今天,产品同质化程度非常高,而"创新 3.0"和"工业

---

[1] 刘善仕,周子琛,肖祥伟. 基于微创新能力下的人力资源实践研究——以腾讯为例[J]. 中国人力资源开发,2015(12):77-82.

4.0"又对原有市场造成了巨大冲击。各国实践已反复证明，唯有不断地创新才能使企业获得长期竞争优势，进而在同质化竞争的"红海"中脱颖而出。

然而，企业要在激烈的同质化竞争中寻求突破并非易事。突破式创新的成本高且研发时间长，往往会使企业在发展过程中承担巨大的风险。在这种竞争态势下，基于用户需求的微创新便脱颖而出。动态地、不间断地进行微创新，在避免企业被模仿的同时，还可以使企业在长期的积累过程中进一步突出差异化竞争优势。因此，可以说微创新是高同质化竞争环境的必然结果。

但是，微创新能力的培养无法一蹴而就，它需要企业内部组织架构和人员配置等的全力配合与支持，需要整合各种理念和措施，来共同营造适合微创新能力发展的环境。

(一) 微创新的概念与特征

1. 微创新的概念

奇虎360董事长周鸿祎在2010年中国互联网大会上称："你的产品可以不完美，但是只要能打动用户心里最'甜'的那个点，把一个问题解决好，有时候就是四两拨千斤，这种单点突破就叫微创新。"

创新工场董事长兼首席执行官李开复认为，微创新不是颠覆式的、大规模的，却在很多关键技术上提出了更加灵活、更加实用的产品开发或服务思路。

2. 微创新的特征

(1) 关注用户。由于微创新是给用户内心体验带来巨大变化的创新，因此用户必然是摆在首位的。可以说，微创新的首要任务便是解决用户痛点，深度挖掘用户体验，贴近用户需求，进而为用户提供绝佳体验。

(2) 全员创新。微创新的模式决定了其一定是自下而上的、自组织的、多元化的全员创新。只有每个员工都成为创新源，才能在短时间内不断完善产品应用设计，持续提供创新原型。

(3) 小处着眼。微创新不同于突破式创新之处就在于其持续的、动态的微小创新，以及其从小处着眼的突破带来的打动用户内心的体验。这种微小创新，可以通过开发某种满足用户需求的产品或服务功能来实现，可以通过对产品或服务的独特定位来实现，也可以通过寻找最适合自己的商业模式以给用户带来良好的体验来实现。无论哪种微创新，都要做到小处着眼、快速出击、不断试错。

(二) 腾讯公司的人力资源管理实践

腾讯公司成立于1998年，总部位于深圳，是中国最大的互联网综合服务提供商之一，也是中国服务用户最多的互联网企业之一。腾讯公司的主要产品包括IM软件、网络游戏、门户网站，以及相关增值产品。2014年，腾讯公司全年总收入达789.32亿元，同比增长31%。截至2015年3月18日，腾讯公司的市值高达1641.95亿美元。

腾讯公司的部分产品及其市场排名如表1-3所示。

表1-3 腾讯公司的部分产品及其市场排名

腾讯公司产品名称	腾讯公司的产品投放时间	市场中的同类产品	同类产品投放市场的时间	腾讯公司的产品市场排名
QQ	1998年11月	ICQ	1996年	第一
QQ游戏门户	2003年8月	联众	1998年	第一
腾讯网	2003年12月	新浪	1998年	第一
Q-zone	2005年	博客大巴	2004年	第一
微信	2011年3月	米聊	2010年	第一

由于腾讯的微创新介于突破式创新和传统的模仿式创新之间,因此其人力资源管理实践表现出了许多独有的特点。

1. 招聘和培训,微创新能力的保障

(1) 注重数据分析能力和创新思维。在腾讯,产品经理的基本素质要求是拥有数据分析能力和创新思维。由于腾讯公司的用户信息是千亿数量级的,对用户体验的反馈不可能仅仅依靠人工服务,而是在很大程度上依赖大数据分析,数据分析能力对于致力于聚焦用户体验的腾讯而言尤为重要。而要做到微创新,更是少不了创新思维的支持。因此,只有突破常规的思维模式在人才选择标准中占有较大权重,拥有数据分析能力和创新思维的人才才能持续流入公司。

(2) 用户导向下的培训。新员工入职时,腾讯会进行倾听客户诉求方面的培训,其目的就是指导员工学会如何倾听客户的诉求(甚至是抱怨),如何用数据来描述客户的真实需求,以及如何去做专门的口碑调研等。通过这种独特的培训,腾讯不断向员工灌输聚焦用户体验的重要性,也潜移默化地营造了良好的微创新氛围。

2. 架构和平台,微创新机制的保障

(1) 项目团队的自主管理。

① 组织架构。目前,腾讯公司已形成了七大事业群,各事业群围绕客户整合各种资源,基于客户群体形成大项目内套小项目的项目合作制,一个事业群里面有无数个项目组在合作。员工以小组为单位开展工作,小组内部分工协作,员工的工作时间可以自行安排。

② 驱动因素。因为腾讯公司所有的开发、设计等都来源于产品需求,因此在每个项目团队中,最贴近用户的产品经理就成为每个项目小组的驱动因素。

③ 运作模式。在腾讯,项目团队的研发自主性很高,而团队整体的考核目标和节点控制又保证了其高效运作。这种高效且聚焦的团队运作模式很好地保证了腾讯对用户需求的把握,以及快速迭代能力的夯实。

(2) 开放的共享生态。

① 代码平台。早在 2012 年，腾讯研发管理部就面向公司开放了代码管理平台，鼓励技术人员在平台上进行技术交流。后来，代码管理平台有了新功能模块——公共组件平台，用于腾讯内部的组件分享。目前，公共组件平台已经积累了 300 多个组件项目，这为后来的代码文化项目奠定了坚实基础。

② 学习与交流平台。腾讯很早就建立了内部的知识管理在线学习体系、内部大讲堂等，以方便员工学习、交流。此外，腾讯还经常举办公司内部的项目经验交流会，鼓励员工之间互相分享自己的项目经验，以更好地培养创新意识和创新能力。

③ 对外共享平台。从最初的业务接口的开放到 2013 年年底腾讯云的正式推出，腾讯逐步建立起一个开放、创新的共享生态。而腾讯的网状沟通模式帮助项目经理和成员不断进行横向与纵向的沟通，又进一步促进了共享。在这种内部与外部共享、学习与交流并存的机制驱动下，腾讯的全员微创新氛围得以不断加强，而将用户和员工纳入微创新平台中的做法又为腾讯公司微创新事业的发展增添了新的助力。

3. 激励和文化，微创新动力的保障

(1) 客户导向的绩效考核。腾讯的客户导向不同于一般意义上的业务成果导向，其评判项目成败的标准不是商业盈利和数量级，而是最终用户对产品的口碑、产品的成长性及影响力等。同时，腾讯公司还非常注重对项目节点的监控与考核，考核的重点仍然是客户的反馈。

以腾讯公司的微信项目为例，在其取得重大业务突破时，微信产品在公司的地位并没有确立，但是由于其用户口碑很好和大众影响力很高，因此该项目获得了公司的高度认可。这样的考核导向，无疑会使项目团队更加专注于用户体验。

(2) 客户导向的报酬激励。腾讯内部有许多创新奖项，包括微创新奖。这些奖项包括丰厚的物质奖励和较高的荣誉认可，同时还与职级、股票等充分挂钩。所有奖项都是以客户为导向的。

还以微信项目为例，该项目获得公司最高奖项"重大业务突破奖"时，不仅没有盈利，甚至还在亏损。然而基于其所获得的用户口碑和大众影响力，整个项目团队的全面报酬是非常可观的，同时也受到了全公司的尊重与认可。可以说，客户导向为微信项目团队赢得了丰厚的回报。

(3) 鼓励微创新的文化氛围。公司每月、每年都对微创新进行奖励，每个员工都可以申报自己的项目，然后在全公司范围内进行投票。为了鼓励微创新，公司还特别设立了创新中心，举办创新大赛。后来，公司将创新中心从腾讯深圳研发中心分离出来，专门负责收集、整理公司业务部门及外部用户提供的创意，最终以创新孵化器的形式将创意发展为成熟的、可供商用的业务平台。此外，腾讯还专门设置了容错机制，以鼓励每个员工不断试错、追求成功。

这一系列鼓励措施帮助腾讯树立了重视客户、鼓励微创新的企业文化,也极大地激发了广大员工(不仅是业务部门员工)的创新热情。

(三) 结论与启示

腾讯公司的实践证明,企业任何战略和战术意图的实现,都需要有强有力的人力资源管理机制与具体措施支持。

如果说微创新特质是腾讯公司核心竞争能力的一个外显,那么与之配套的人力资源管理机制和措施就是培育此项核心竞争力的"肥沃土壤"。腾讯公司基于微创新的人力资源管理如图 1-2 所示。

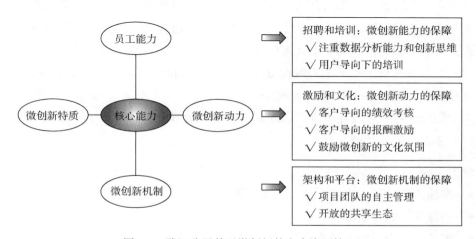

图 1-2　腾讯公司基于微创新的人力资源管理

【案例分析】

1. 在招聘过程中,腾讯公司是如何选择人力资源的?
2. 腾讯公司是从哪几个角度来搭建微创新平台的?
3. 在绩效考核中,腾讯公司为什么非常重视客户反馈?
4. 如果对微创新失败的员工扣减绩效工资,会造成怎样的后果?

第二章

工作分析与任职资格体系构建

企业在成长过程中,一般会出现职责粗放、岗位增多、人员扩充等现象。由于很多人员相互之间不熟悉,工作配合上的默契尚未形成,因权限不清、责任不明而引起的摩擦甚至纠纷就会接连不断。长此以往,就会引起公司内斗、士气低落,甚至导致人才大量流失。工作分析最基本的职能就是解决职责不清以及由此引发的诸多难缠问题。

当然,工作分析的结果还可以在组织结构设计(organization structure design,OSD)、业务流程再造(business process reengineering,BPR)、人员招聘与岗位配置、培训与开发,以及薪酬管理和绩效管理等诸多方面发挥不可替代的作用。因此,可以认为工作分析是成就伟大公司不可或缺的基础环节。

学习目标
- 掌握工作分析的内容、意义及工作原则。
- 熟练掌握工作分析的流程及主要方法。
- 掌握工作分析成果的表现形式及应用价值。
- 掌握任职资格体系的定义及重要价值。
- 了解任职资格体系的构建与落地实施。

第一节 工作分析基础

本节将对开展工作分析的必备知识进行简要介绍,以便读者更好地理解和把握后续实操环节的工作内容。

一、工作分析及其主要成果

工作分析是指采用一定的方法及技术来搜集和整理与工作有关的详细信息的过程,其主要成果是形成职位说明书和工作规范。与工作相关的信息主要包括岗位名称、上下级隶属关系、与之联系密切的协作部门或岗位,以及本岗位的职责、权限、工作标准及任职条件等。

职位说明书是对某一特定职位的工作职责、工作活动、工作标准、工作条件,以及工作对人身安全的危害程度等工作特性方面的信息所进行的书面描述。而工作规范则是全面反映工作对任职人员所需的知识、技能、工作背景,以及身体条件、性格特点、工作态度等方面要求的书面文件。

职位说明书和工作规范可分成两份文件来分别陈述,也可以将其合并在一起并统称为职位说明书。

二、工作分析的主要内容

为便于理解和记忆,工作分析的内容可以用 6W1H 来概括。

做什么(what):指岗位的工作内容和岗位职责,包括需要完成的工作任务、工作的结果或产出,以及需要达到的标准等。

谁来做(who):指能够胜任该岗位工作的人应具备怎样的条件,即对任职者最基本的条件要求(达标即可),诸如知识水平、能力素质、工作经验、身体条件等。

为谁做(whom):指在工作中与其他岗位的关系及相互影响,主要包括工作的请示、汇报对象,工作的信息提供对象(或工作结果的提交对象),以及工作的监控与指挥对象等。

何时做(when):主要指工作完成的时间期限或频次,通常表现为"××时点前完成××工作"或"每天(周/月/季度/年)做××工作××次"。

为什么要做(why):即工作的目的是什么,主要指完成某项工作的意义何在,价值有多大。比如,完成某项工作的意义是涉及全公司,还是仅涉及某些部门,或者仅涉及本部门内部若干人员;完成某项工作是对其他人有直接影响或间接影响,还是仅起轻微的辅助作用,等等。

在哪里做(where):主要指工作的位置及环境条件,包括工作地点(主要指工作场所是否有影响身体健康的因素等)、自然环境(如气候环境、地理环境等)、社会环境(如政治环境、经济环境、治安环境),以及是否需要经常加班、出差、在外奔波等。

如何做(how)：主要指采用什么方法或措施才能使工作达到预期结果，包括工作活动的流程，工作活动所需的人、财、物及其他资源，工作活动涉及的文件记录，以及工作中的关键控制点等。

三、工作分析的相关术语

(一) 工作要素

工作要素是指工作中不能再继续分解的最小活动单元。由于工作要素的内容过于琐碎，一般不在职位说明书中体现，而是组合起来形成一项工作内容。

比如，打印一份文件，需要先打开电子版文件，单击"打印"按钮，选择打印机，选择打印的份数，最后打印。这一系列活动单元就是"打印文件"这项任务的工作要素。

(二) 任务

任务是指为完成某工作而需要进行的多项工作要素的组合。比如，要发布一份书面通知，工作人员首先确定分发对象，将通知内容整合成文字，打印出来，最后再予以分发。也就是说，"发布通知"这项任务是由许多工作要素组成的。

(三) 职责

职责指某岗位上的员工所需担负的各项工作任务的集合。职责可以由一项或多项任务组成。比如，薪酬专员的职责包括以下主要任务：根据签批文件及时发放员工薪酬；负责对员工关于个人薪酬的疑问进行解答；对员工的薪酬满意度进行调查并提出改进意见，等等。

(四) 职位

职位也叫岗位，是对某一特定的人所承担的相互联系的职责集合而冠以的专业名称。比如，在人力资源部门内，负责发放员工薪酬、解答员工疑问、进行薪酬调查、代缴员工保险福利的职位就是薪酬福利岗。

(五) 职务

职务指主要职责在数量和质量要求上大体相当的一组职位的集合或统称。比如，人力资源、财务等部门的领导人，其职责在数量和质量要求上基本处于一个量级，因此统称为部长。在这里，部长即为职务。根据标准的职务名称，可以大体判断一个人的职责范围、权限大小及能力素质要求等方面的信息。

(六) 职级

职级指为了便于管理而把工作的难易程度、复杂性、责任大小及任职条件等基本相似的一组职位组合在一起，并参照其他职位簇而划分的一系列等级。

比如，在某集团公司里，财务部长、营销部长等为"部长7级"，人力资源部长、总裁办主任等为"部长5级"，这里的"部长7级"或"部长5级"即为职级。在这家公司中，财务部长和营销部长的重要性要高于人力资源部长和总裁办主任(并非所有的企业都是这样)，因此将前者定为7级，将后者定为5级。

四、工作分析的重要意义

(一) 传递战略意图

通过工作分析，可以明确岗位的设置目的，分析各个岗位如何为企业创造价值，如何支撑企业的战略目标和部门目标，进而从侧面向员工传递公司的战略意图。

(二) 明确岗位边界

通过工作分析，可以明确界定各个岗位的职责和权限，消除岗位之间在职责上的重叠，同时也可以防止出现职责空白，以避免"责任人人推卸""利益人人争抢"的混乱局面。

(三) 提高运转效率

通过工作分析，可以理顺各个岗位与其上下游环节之间的关系，明确岗位在流程中的角色、责任和权限，从而有利于解决流程不畅、效率低下等问题。

(四) 实现权责对等

通过工作分析，可以进一步明确各个岗位的职责，为相关权力分配、薪酬分配提供基础依据，从而在岗位层面(也是一种静态层面)实现权责一致。

(五) 促进规范管理

通过工作分析，在明确各个岗位的职责、权限、任职资格等的基础上，可以形成对各个岗位工作的规范化要求。一方面，可以清楚地表达企业对员工行为和绩效的期望；另一方面，也可以将员工的工作行为规范在预定的轨道之中，从而对员工形成标准化的牵引和约束机制。

五、工作分析的原则

(一) 工作分析不是罗列工作任务

工作分析主要回答工作职责是什么、工作权限是什么、对任职者的要求是什么等问题。通过对这些问题的思考，可以将一个职位的相关工作分解为几个重要的组成部分，并对各部分的内容进行审查，最终以一种符合逻辑并有助于员工理解的方式重新进行组合。所以，工作分析绝不仅仅是对工作任务的简单罗列，而是有内在逻辑地对工作任务进行有机整合。

(二) 针对的是工作而不是人

工作分析并不关心某一岗位当前任职者的个性、习惯、工作风格、职业经验或其他任何个人层面的事情，它只关心岗位。具体来说，工作分析针对的是"坑"(岗位)而不是"萝卜"(现在就职的人)。进行工作分析时，之所以会问及目前的在岗人员，是因为他们对此岗位的情况最熟悉，而不代表他们是最合适的人。

举例来说，对门卫岗的分析，是想了解门卫的工作内容有哪些，工作成果是什么，需要达到怎样的标准，与其他岗位是什么关系，什么样的人可以胜任，而并不关心门卫岗的工作人员有什么特长、爱好等。

(三) 以当前的工作为依据

工作分析要以当前的工作为依据，而不考虑过多的历史因素或过于遥远的未来。在工作分析时，通常会结合公司战略及未来发展方向，但这些因素必须是既定的、可视的、已列入变革日程表的内容。没有正式依据的"美好期望"或已经被遗弃的"传统做法"，在工作分析中不起主要作用。

(四) 提供事实而非做出判断

工作分析人员的任务是依靠自己的专业素养搜集和整理相关资料，为客户提供全面、客观并具有内在逻辑的事实，要将判断是非对错的权力交给客户。之所以这样做，是因为工作分析最终的成果要交由客户使用，最终的使用者最应该有发言权。

第二节　工作分析实务

本节将对工作分析何时做、怎么做以及做到什么程度等实操问题进行探讨。本节内容是第一节内容的延续，也是工作分析的关键技术环节。

一、工作分析的时机

全公司范围的工作分析费时、费力、影响范围大，一般不会轻易启动。启动工作分析的时机可参考以下工作情境。

(1) 缺乏明确、完善的职位说明书，很多员工说不清楚自己的职责和权限。

(2) 虽然有职位说明书，但职位说明书所描述的关于工作的具体内容和完成该工作所需的知识、技能和能力等与实际情况不符，难以有效执行。

(3) 公司里经常出现推诿扯皮、职责不清或抢功夺权等现象。

(4) 招聘新员工时，大家都很难确定用人标准，经常凭印象决策。

(5) 需要对在职人员进行培训时，很难确定培训需求，结果只能"赶时髦"——市面上流行什么，我就培训什么。

(6) 需要建立新的薪酬体系时，无法对各个职位的价值进行评估，大家都无法提供有力证据来说明哪个岗位更重要。

(7) 制订绩效计划时，不知道应该把一些重要指标分配给谁。

(8) 公司从战略目标到组织结构都发生了很大变化，原有的职位说明书只停留在纸面上，一切工作都需要管理者亲自安排和协调。

当出现上述任一种工作情境时，表明企业对工作分析有了一定的需求基础；而当企业出现上述 3 种及以上工作情境时，就表明工作分析已成为一项重要而紧迫的活动，此时，应立即启动工作分析。

二、工作分析的流程

工作分析是一项复杂的系统工程，其参与者不仅包括人力资源部相关人员，还包括公司领导、各部门负责人、各主要岗位相关人员等。工作分析的参与者众多，工作费时、费力，因此需要按照一个清晰的工作流程展开。

(一) 准备阶段

1. 确定工作目的

只有首先明确工作分析的目的,才能确定需要什么样的信息,以及采用什么方法、从何种途径去获取这些信息。

比如,如果工作分析的目的是进行组织结构的优化设计,那么收集信息的侧重点就应该是企业原有的组织架构、工作流程、岗位的职责权限,以及各部门或各业务模块之间的联系;而如果工作分析的目的是为人才的选拔与配置提供参照,那么所收集信息的侧重点就应该是各个岗位详细的工作职责,并分析这些职责对任职者的要求是什么,从而确定甄选标准,等等。简言之,工作分析的主要目的不同,其信息搜集的方式和侧重点就会有所不同。

2. 建立工作分析小组

建立工作分析小组可以确保工作分析工作在人员、时间、协调、沟通等方面获得保障。一般来说,工作分析小组成员应该包括以下几类人员。

(1) 分管人力资源工作的高层管理者。由于工作分析涉及大量的部门和岗位,需要其任职者的全力支持与配合,工作量大,协调与沟通工作复杂,高层领导的参与是必需的。

(2) 人力资源管理部门的负责人。人力资源管理部门的负责人出面,不仅可以全面调动本部门的人力、物力和财力,同时也可以与其他部门的负责人进行对等沟通。

(3) 目标岗位的部门负责人。目标岗位的部门负责人可以起到组织、协调作用,并对工作成果予以补充、完善和最终确认。

(4) 外部专家。外部专家可以为工作分析提供智力和技术支持,同时也能够帮助公司广泛借鉴其他企业的实践经验,从而提高工作分析成果的理论水平和实践价值。

(5) 主要工作人员,包括工作分析主管(经理)、专员,以及人力资源部其他相关人员,负责工作分析的具体组织和实施。

3. 搜集和分析有关背景资料

通过搜集和分析与组织有关的信息,可以了解有关岗位的名称、职责、权限、任职要求等细节;通过搜集和分析外围相对宏观的信息,有助于以行业规范为依据,以同行最佳实践为参考,更好地完成工作分析。

工作分析的主要信息来源如表 2-1 所示。

表 2-1 工作分析的主要信息来源

信息来源	具体内容举例
外部参考	同行业其他企业的相似职位的职位说明书、职业数据库、职业信息网、国内外工作分类标准等
内部环境	组织现有的政策、制度、以前的职位说明书或岗位职责描述、劳动合同、人力资源管理文献等
工作实践	该职位的任职者、该职位的同事、该职位的上级、对该职位产生影响或受该职位影响的其他人员等
有益补充	企业的客户、企业的策略联盟者、企业的上游供应商、企业的销售渠道等

当然，由于信息来源不一，其真伪和参考价值都需要专业人员进行认真区分、研究、鉴别，然后有针对性地予以参考或借鉴。

(二) 实施阶段

1. 确定标杆职位

标杆职位是指具有代表性的职位。由于在工作分析过程中会遇到很多较为相似的职位，对这些职位一一进行分析过于浪费时间和资源，而选择标杆职位就可以起到事半功倍的作用。

确定了标杆职位后，通过对标杆职位的工作职责、内外部联系、任职资格、工作环境等信息的分析，就能够对被分析的职位有一个准确的把握。标杆职位的选择标准与具体方法如表 2-2 所示。

表 2-2 标杆职位的选择标准与具体方法[1]

选择标准	具体方法
职位的代表性	选择与企业中的其他职位紧密相关的职位
职位的关键程度	选择对产品、服务、顾客等起关键作用的职位，或者企业业务流程中的关键节点职位
职位内容变化的频率和程度	对经常变化的职位内容进行频繁的检查和分析
职位任职者的绩效	一般应选择绩效不佳的岗位(便于工作改进)

---

[1] 朱勇国. 工作分析[M]. 北京：高等教育出版社，2007：123.

2. 搜集详细信息

工作分析所需搜集的详细信息主要包括以下4类。

(1) 工作活动，包括工作任务描述，诸如：任务是如何完成的，为什么要执行这项任务，什么时候执行这项任务，执行任务需要按照怎样的程序进行，承担这项任务所需要的行为、动作及工作要求，等等。

(2) 工作所需，主要指工作中需要使用的设施、设备、机器、工具及辅助材料等。

(3) 工作条件，包括工作环境、劳动强度、体感舒适度，以及对任职者健康状况的影响等。

(4) 对任职者的要求，包括与工作有关的身体特征、特定的教育和培训背景、相关工作经验，以及有无年龄限制或特殊心理品质要求等。

3. 分析、整理信息

分析、整理信息是对上述所获取的信息进行分析、分类、整理和综合的过程，也是整个工作分析活动的核心阶段，具体工作如下。

(1) 整理信息。按照工作说明书的格式要求对信息进行提取、归类、整理，检查是否存在疏漏之处。如果有明显疏漏，还需要对这部分信息进行补充搜集。

(2) 专业提升。在整理信息的基础上，工作分析人员还需要凭借自己的专业知识和经验，创造性地分析、揭示和补充各职位的主要职责、工作标准与任职条件等关键因素。

由于互联网的普及，现代工作分析中的上述工作基本都可以在网上完成。比如：①工作分析专员通过互联网搜集目标岗位的工作内容和任职资格的初步信息，包括职位的工作任务、工作活动，以及对任职者的知识、技能、经验和其他要求等，然后再根据本公司具体情况进行删减、补充、完善；②工作分析成果经各主管审核、修改、完善后，在公司内部办公系统上发布；③在规定期限内，由目标岗位的任职人员及与目标岗位密切相关的其他人员进行选择或补充；④在规定期限内，由其直接上级进行审核、修改并将修改结果返回人力资源部[1]。

(三) 结果形成阶段

1. 形成初步结果

(1) 文件编制。编制职位说明书和工作规范，并对其内容进行检验。

(2) 小范围讨论。召集部分具有代表性的职位的任职者，就大家比较熟悉的经典

---

[1] 云绍辉. 互联网时代职位分析新思路[J]. 企业管理，2016(4)：93-95.

岗位的职位说明书和工作规范进行讨论，并根据大家的意见予以完善，同时对其他岗位的职位说明书和工作规范进行查漏补缺。

2. 形成试行文件

(1) 分发讨论稿。将职位说明书和工作规范初稿复印并分发给每位在岗人员(每人只获得自己所在岗位及与自己关系密切的岗位的文件)。

(2) 讨论与修正。对于人员较多的大部门，可分部门按计划予以开展；对于人员较少的小部门，可将关系密切的部门组合起来一起讨论，并根据讨论结果对文件予以修正。

(3) 审核与认可。将修改后的文件与相关岗位的人员及其上级主管进行核对，以保证信息的准确性和完整性并能够被相关人员所理解，进而有利于赢得大家认可，保证工作分析成果在日后工作中得到有力执行。

(四) 应用与反馈阶段

上述工作结束后，就可以将职位说明书和工作规范建档。在实际操作过程中，要及时收集大家的反馈信息，以不断完善这两份文件。

需要注意的是，职位说明书和工作规范要定期检视。遇到问题时，可要求相关岗位的任职者一起参与解决，并将解决方案交给领导审阅、签批。有人牵头、有人主持、有人操作、大家参与、共同认可，是成功开展工作分析的根本要诀。

三、工作分析的主要方法

(一) 观察法

观察法是指工作分析人员亲临工作现场，对特定对象的正常工作状态进行观察、记录、整理、总结和归纳的工作分析方法。

1. 适用范围

由于观察法只能了解被观察者的一些表象信息，如工作地点、工作流程、主要活动、持续时间等，而不能对其内心活动进行直观探测，因此观察法适用于那些以肢体操作为主、周期短、重复性高且便于观察的职位的工作分析。参考示例如表2-3所示。

表2-3 超市理货员的现场观察记录

被观察者	×××	观察日期	2021年6月18日	实施时间	7:30—11:30
岗位名称		超市理货员		所属部门	百货部

一、基本情况

1. 工作地点：超市卖场(××小区)
2. 准备的内容：按时打卡(上午7:30)，更换工作服、整理着装、按标准佩戴胸卡(7:30—7:40)
3. 理货员正式开始工作，时间7:40

二、工作的主要内容及时间安排

工作的主要内容	时间
1. 查看、核对交接班记录	7:40—7:42
2. 通过计算机查询所在部门的变价商品并打印新的价签	7:43—7:45
3. 将打印好的新价签摆放到该商品对应的位置	7:46—7:55
4. 检查责任货物摆放是否整齐、商品和其对应的价签是否相符，并做简单调整	7:56—8:05
5. 检查货架上的商品是否需要补货，是否有过期或包装破损的商品	8:06—8:15
6. 若货架上的商品需要补货，按照商品的补货原则处理：重量和体积较大的商品放在下面，重量和体积较小的商品放在上面；生产日期较早的商品放在外侧，生产日期较新的商品放在里侧；过期商品或包装破损的商品立即下架，放回库房	8:16—8:25
7. 做好迎宾准备	8:26—8:40
8. 服务顾客，为顾客提供商品方面的信息介绍、引路等	8:41—8:50
9. 商品补货，顺便撤回破损商品	8:51—8:55
10. 通过计算机查看库存，并向主管报告库存不足的商品并建议订货	8:56—9:00
11. 听取主管分配工作任务	9:01—9:10
12. 呼叫保洁员做地面清洁(部分地砖有水渍)	9:11—9:20
13. 到仓管收货处协助收货	9:21—9:30
14. 与同事进行库房整理	9:31—9:45
15. 商品销售(无异常情况出现)	9:46—11:30
16. 工作期间离开卖场一次，去员工休息室休息(10分钟左右)	10:05—10:15
17. 按照公司规定，轮流用餐	11:35—12:35

三、环境情况

客流略低于平均水平，工作强度一般；环境比较安静，空调温度适宜；没有遇到难缠客户

2. 应用的局限性

一般来说，观察法不适用于以脑力劳动为主、工作周期长、工作不规律或不便于观察(如具有危险性)的职位的工作分析。

3. 应用技巧

(1) 将观察法与访谈法结合使用，可以对观察法无法收集的信息进行补充(如任职者当时的心理感受)，也可以对通过这两种方法采集到的信息进行相互验证。

(2) 如果目标岗位面临的突发情况较多，或不便于观察(如高温、高压、具有放射性污染等)，则可以将重要活动抽取出来，以工作表演法(如模拟救火)的方式予以仿真呈现，同时由观察者进行观察、记录、分析。

(3) 对有电子监控的岗位，可以通过调阅监控视频的方式予以观察，这样就可以相对直观地对工作周期长、具有危险性或平时难得一见的突发事件进行详细观察。

(二) 访谈法

访谈法又称面谈法，是指工作分析人员通过与目标岗位的任职者及相关人员(如上下游客户、上司)进行面对面的直接交谈而进行工作分析的方法。

1. 适用范围

访谈法不受工作周期长、工作不规律或不便于观察等因素的影响。此外，通过有效使用访谈法，可以探测观察法无法获取的脑力思考活动及心理活动，因此在工作分析中被广泛采纳。

2. 应用的局限性

(1) 访谈主持者需要对目标岗位的工作有基本的了解，否则会影响双方交流的深度和广度。

(2) 访谈主持者需要有高超的访谈技巧，能够迅速破冰、打开局面，顺利引导访谈的走向。

3. 应用技巧

(1) 对不熟悉的岗位，可先采用观察法进行现场观察，以形成对岗位工作内容的感性认识，对工作环境、工作状况、主要内容及任职者等有一个大体的了解。

(2) 事先拟好提纲，采取结构化访谈，可以提高访谈的效率，参考示例如表2-4所示。

(3) 在开场白中，简明扼要地说明访谈目的，拉近双方的心理距离，化解被访谈者可能存在的疑虑。

表 2-4 工作分析访谈提纲(示例)

提示：以下内容只须简要回答即可，无须过多的铺垫和解释。如有疑问，我们会进一步询问。谢谢您的支持与配合！
一、工作内容与目标
1. 此岗位的工作内容主要有哪几项？
2. 要完成这些工作需要哪些脑力和体力活动？
3. 这些工作的主要成果有哪些？通常以怎样的标准来衡量或评价这些成果？
4. 实现这些成果的主要目标是什么？
二、工作条件与环境
1. 此岗位的工作主要在哪里完成？
2. 完成此岗位的工作需要哪些设备、设施、工具及其他材料？
3. 此岗位所处的环境中，哪些因素会使人感觉不适，或可能对人的身心健康产生危害？
4. 此岗位的任职人员需要出差吗？为什么出差？经常去哪里出差？频率如何？
三、岗位地位
1. 此岗位的工作和成果的价值体现在哪些方面？
2. 此岗位在公司中处于怎样的地位？
3. 此岗位每年的经费预算是多少？
4. 此岗位是怎样影响公司业绩的，对公司业绩的影响有多大？
四、内外关系
1. 此岗位需要向哪个(些)岗位汇报？
2. 此岗位为哪些部门或岗位提供服务？
3. 此岗位需要哪些部门或岗位的配合？
4. 此岗位直接管辖的部门或岗位有哪些？
5. 此岗位需要与公司外部的哪些部门进行联系或合作？频率如何？
五、工作中的问题
1. 此岗位对任职者最大的挑战是什么？
2. 你对此岗位的工作最满意和最不满意的地方分别是什么？
3. 此岗位任职者开展工作经常遇到的问题有哪些？
4. 哪些事情你可以做主？哪些事情需要与别人商量？哪些事情需要向上级请示？
六、岗位要求
1. 此岗位工作要求任职者具备怎样的知识、技能和工作经验？
2. 此岗位工作要求任职者具备怎样的身体素质和心理素质？
3. 什么性格的人最适合此岗位工作？

(三) 问卷调查法

问卷调查法是运用统一设计的问卷,向目标对象了解情况或征询意见从而进行工作分析的方法。采用问卷调查法进行工作分析,就是将所需搜集的信息编制成问卷,采用网上调查或纸质问卷调查的方式搜集与工作相关的信息的活动。

1. 优点

(1) 突破时空限制,可以在较为广阔的范围内对众多调查对象同时进行调查。特别是网上调查,被调查者在规定时间内可随时、随地在网上填写问卷。

(2) 封闭式问卷调查内容相对集中,便于对调查结果进行定量研究。

2. 缺点

(1) 缺乏弹性,很难做深入的定性调查。

(2) 开放式问卷内容相对凌乱,如果全面统计,会将大量无关紧要的内容统计进来,从而产生大量无效信息;如果有所取舍,就有可能将非常重要的信息遗漏。

3. 适用范围

问卷调查法适用于岗位任职者素质较高、数量较大、任务分配相对精细的企业的工作分析。

4. 应用技巧

(1) 一般不适用于管理混乱、职责不清或任职者素质较低的企业。

(2) 即便是在比较适用的情况下,企业一般也不贸然使用,而是先通过观察法或访谈法搜集主要信息,再根据这些信息来编制针对较强、问题比较集中、精确度较高的问卷予以调查。

(3) 可以先通过观察法或访谈法编制职位说明书和工作规范,再通过问卷调查法大范围征求意见。

(四) 其他方法

工作分析可以采用的其他方法包括座谈法、工作日志法、工作实践法、关键事件法(critical incident method,CIM)、职能工作分析法(functional job analysis,FJA)、任务清单分析法(task inventory analysis,TIA)等。大家可以通过阅读相关资料了解其优、缺点及适用范围,此处不再赘述。

四、工作分析的主要成果

(一) 成果名称

工作分析的主要成果有两个：职位说明书和工作规范。本章前面曾提及，职位说明书是对某一特定职位的工作职责、工作活动、工作标准、工作条件，以及工作对人身安全的危害程度等工作特性方面的信息所进行的书面描述；工作规范则是全面反映工作对任职人员所需的知识、技能、工作背景，以及身体条件、性格特点、工作态度等方面要求的书面文件。职位说明书和工作规范可分成两份文件来分别陈述，也可以将其合并在一起，统称为职位说明书。

(二) 成果应用

工作分析的成果可以为很多方面的工作提供重要支撑，如组织结构设计、业务流程再造、人员选拔与配置、绩效管理、薪酬管理、培训与开发等(见图2-1)。

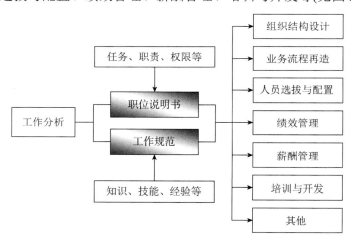

图2-1　工作分析的主要成果及其应用

可以说，已进行工作分析的公司不一定会成功。但如果大中型企业在快速成长过程中，在重大转型过程中，不及时进行工作分析，就极有可能因内部管理混乱而迅速走向失败。"千里之堤，溃于蚁穴"，说的就是这个道理。

五、战略性工作分析

(一) 定义及目标

战略性工作分析是指以建立企业持续竞争优势为目标，始终紧密围绕企业战略需求收集目标岗位现在和未来多方面信息的工作分析过程。

战略性工作分析的主要目标是将企业环境变化因素、发展战略，以及特定工作的未来发展趋势纳入传统的工作分析之中，以充分预测和适应企业的未来发展要求[1]。传统工作分析针对现状，战略性工作分析瞄准未来，两者的有机结合可以使工作分析的成果有助于管理者对公司管理现状和未来发展趋势的兼顾与平衡。

(二) 操作步骤

(1) 在对公司进行SWOT(strengths、weaknesses、opportunities、threats，优势、劣势、机会、威胁)分析的基础上，认真解读和领会公司的发展战略，理解其真正含义和目的。

(2) 关注公司当前的管理现状，分析和归纳当前的职位信息。

(3) 适度前瞻性地预测目标岗位未来应肩负的主要职责及任职要求等，并将其与公司管理现状进行差距分析。

(4) 确定目标岗位在当前任务、职责与任职条件等方面与战略性目标相比，需要补充的内容。

(5) 经讨论确认后，将需要补充的内容以适当的方式补充到现有职位要求之中。

在具体操作上，战略性工作分析的工作流程、操作方法等与常规的工作分析基本相似，因此不再赘述。

六、工作再设计

美国学者库克(Kuck)通过对研究生毕业后的追踪研究发现，创造力的发挥程度和在某岗位上的工作年限之间存在一个典型的关系。他将这一关系用图形的方式呈现出来，就形成了著名的库克曲线(见图2-2)。

---

[1] 王小明，罗莉. 企业战略性职位分析方法的创新研究[J]. 中国行政管理，2010(4)：92-95.

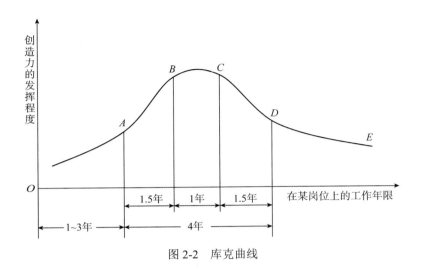

图 2-2　库克曲线

如图 2-2 所示，在刚入职的 1~3 年里(*OA* 阶段)，因为对工作不十分熟悉，员工的创造力发挥程度会有一个缓慢上升的过程；在随后的 1.5 年里(*AB* 阶段)，由于掌握了工作的核心内容，员工创造力的发挥程度会快速爬升；在随后的 1 年里(*BC* 阶段)，员工的创造力发挥程度会达到顶峰；在此后的 1.5 年里(*CD* 阶段)，由于员工对所从事的工作已经十分熟悉，如果此时再得不到晋升，员工对工作的激情会逐渐消退，新鲜感的丧失与"轻车熟路"效应(即只须"跟着感觉走"而不必多费脑筋即可完成工作)交织，会使员工创造力的发挥程度迅速下降；当员工在某岗位上工作 7 年以后(*DE* 阶段)，员工创造力的发挥程度会进入一个相对平缓的下降通道之中。

库克因此得出一个重要的结论：人的一生就是在不断开辟新工作领域的实践中来激发和保持自己的创造力的[1]。

上述理论是库克根据对美国研究生毕业以后的工作实践的研究所得出的结论，其某些细节可能会与中国的情况略有不同。基于我国国情、社会背景和企业发展情况，我国企业员工进入快速爬升期、顶峰期和衰退期的时间会相应缩短，进入衰退期后的衰退速度也相应更快。如果不考虑时间节点和曲线斜率的精确性，库克曲线所揭示的基本规律应该对几乎所有国家的企业员工都有较强的适用性。

这就产生了一个问题：如果企业发展得不够快，没有那么多更高层级的职位或新鲜职位提供给在职人员，那么他们的创造力发挥程度的降低对企业、对员工来说不都是一种损失吗？针对此问题，业界相应提出了一个新的课题——工作再设计。

1. 工作扩大化

典型做法：通过对岗位任务的重新设计，使目标岗位原有的工作内容增加。

---

[1] 宗艺东. 基于库克曲线应对国企人才流失的措施[J]. 企业管理, 2015(3)：121-123.

重要意义：由于工作内容增加，从而给员工带来一定程度的新鲜感，进而提高其创造力的发挥程度。此外，工作扩大化也可以帮助企业应对人手短缺、应聘者供不应求的问题。

2. 工作丰富化

典型做法：提高任职者所肩负的责任或自主权，增加其工作深度。

重要意义：通过赋予员工更大的责任刺激员工进一步发挥其创造力。

3. 工作轮换

典型做法：将员工轮换到另一个技术要求相接近的岗位上去。

重要意义：通过新环境、新工作给员工带来新鲜感，进而提高其创造力的发挥程度。

4. 其他方法

在绩效管理方面，给员工设定更高、更具挑战性的工作目标，进而提高其创造力的发挥程度(当然，这需要与薪酬调整联动)。此外，也可以通过弹性工作制、远程办公等方式来增加工作的新鲜感，进而激发其创造力。总之，管理类的事情都没有一定之规，没有规定"必须要怎么做"，工作再设计的思路和方法有很多，需要人力资源管理者根据本企业实际情况来创造性、系统性地开展相关工作。

第三节　任职资格体系构建

对于现代大公司来说，工作分析是构建人力资源管理体系的重要基础，但是当企业发展到一定规模和一定水平的时候，仅仅依靠传统意义上的工作分析已不能推动企业发展，构建科学、规范的任职资格体系就成为一种必然选择。

也许正是因为准确预见到了这一点，华为公司才不惜花费数亿元重金，聘请世界著名咨询公司亲自操刀，并历经数年时间的痛苦转型，才切实构建和推行了当前的制度体系。

一、任职资格体系的定义

提及任职资格，许多人首先想到的是工作规范，即任职一个岗位所需的知识、技能、经验等。其实这是对任职资格的误解，任职资格包含更为丰富和深刻的内涵。

任职资格是指从事某一岗位工作所必备的知识、经验、技能、素质、行为及其关键责任与主要贡献等方面要求的总和。如果将任职资格与职族、职类划分及职业发展通道结合起来，并为各级岗位建立清晰、明确的任职资格标准，就形成了人们常说的任职资格体系。

究其实质，任职资格体系是以职位管理为基础，以对人员的知识、经验、技能、素质、行为及各职位的关键责任与主要贡献要求等因素为核心的一整套管理工具。实践表明，任职资格体系是人力资源管理由粗放型向精细化转变的里程碑，因此也是追求卓越的企业必须尽快攻克的一个难关[1]。

二、任职资格体系的重要价值

(一) 使企业选人、用人的标准可视化

有些企业领导选人、用人的标准往往是很模糊的，虽然这并不代表随意和不科学(恰恰相反，领导在用人问题上通常都很慎重)，但长期观察、临时动议、一拍即合的决策方式毕竟带有强烈的神秘色彩。而任职资格体系的建立则可以把领导选人、用人的内在标准抽取出来，以指标化的方式展示给所有员工，这就为企业的制度化管理和规模化发展奠定了基础。

(二) 为员工的职业发展指明方向

构建任职资格体系的流程，首先是职族、职类划分，然后是职业发展通道的建立，最后才是制定与之对应的任职资格标准。由此可见，一旦真正建立起简单、实用的任职资格体系，就相当于为员工的未来发展画出了清晰的"跑道"，使他们能够沿着适合自己的道路快乐成长，而没有必要都去挤官位晋升的"独木桥"。

(三) 为薪酬管理提供基准参考

由于任职资格体系明确界定了各级岗位不同的任职要求、行为标准、关键责任、主要贡献等，其岗位价值也因此而变得相对清晰，这就为改进薪酬管理制度提供了一个有说服力的基准参考。

(四) 为构建培训体系提供有力支撑

多年来，国内学者一直在呼吁"构建培训体系"，这种单纯的呼吁之所以收效甚微，不是因为领导的培训意识淡薄或者不知道体系化培训的好处，而是因为企业的人力资源管理者无从下手。

经验表明，培训体系的构建需要有一个"附着物"，即需要依附于某种工具化的管

---

[1] 周施恩．企业任职资格体系的构建[J]．企业管理，2012(8)：86-88．

理实体。如果头痛医头、脚痛医脚，或是因"赶时髦"而安排五花八门的培训，则始终无法使培训体系化。而任职资格体系的建立，自然就会明确不同层级的职位对人员的知识、能力、素质等的不同要求，基于这些不同要求而实施的一系列培训课程，即培训体系的雏形。

三、任职资格体系的演变及逻辑基础[1]

(一) 任职资格体系的演变

1986年，英国政府成立了国家职业资格委员会，开始在全国范围内推行国家职业资格证书制度，这被认为是职业资格管理的开端。在短短的30多年时间里，职业资格管理制度已发生了深刻变化，企业任职资格管理体系也经历了一个从无到有、从简单到精细化的发展历程。

第一代任职资格主要包括基本条件、行为标准、能力标准、贡献标准、参考项。其中，行为标准、能力标准和贡献标准是核心：能力标准为输入，行为标准为过程，而贡献标准则是最终的输出。

目前最具代表性的第三代任职资格还是由5部分组成，但是在内容上发生了重大变化，主要包括基本条件、关键责任、专业贡献、关键能力、参考项。其中，关键责任、专业贡献和关键能力是核心：关键能力为输入，关键责任为过程，而专业贡献则是最终的输出。

(二) 任职资格体系的逻辑基础

第三代任职资格体系对每一职类的不同层级都提出了具体、明确、相对量化的标准，即应该承担哪些关键责任，必须掌握哪些关键能力，以及需要做出怎样的专业贡献。

关键责任是指某一岗位在企业中所承担的关键职责，或者说是对企业的独特价值，它会随着公司对岗位定位的不同、职责重点的不同而发生改变。通过关键责任认证，可以判断员工是否满足岗位所需的关键责任要求，而专业贡献认证可以评估员工在专业上对公司的回馈。

关键能力是员工任职某一级别岗位所需的核心知识和能力等因素。通过关键能力认证，员工可以清晰地认识到自己所欠缺的知识、技能和相关经验，因此可以为员工指明学习、提高的方向和重点，从而提高员工的学习动力和学习效率。

---

[1] 如无注明，本章此部分及以后正文内容的主要参考文献：杨序国. 任职资格管理3.0[J]. 企业管理，2014(2): 76-80.

四、任职资格体系的构建过程

任职资格体系是一套有价值的管理工具,但它对保安、保洁、司机等辅助性工种的意义不大。因为一个保安工作十年和工作一年,在能力素质和工作结果上没有什么实质性的差别。所以说,任职资格体系的初步构建,应选择那些岗位价值大、知识含量高与经验积累特别重要的职类作为先行试点,等经验成熟后再在全公司逐步推广[1]。下面以销售工程师任职资格体系的构建为例来进行说明。

(一) 进行层级定义与人员访谈

1. 划分层级

以目标岗位人员的素质、能力和责任要求等因素为基础,将这些岗位系统地划分为若干层级。层级的多少一般要综合考虑公司规模、人员的多少、不同人员之间的差异大小、目标岗位在公司里的定位等因素来确定。如果公司规模大,目标岗位上的人员多,不同人员之间的差异大,而且目标岗位所在部门是决定公司成败的关键部门,那么应该划分较多的层级;反之,应该划分较少的层级。表2-5所示为A公司销售工程师的3个层级及其定义(局部)。

表2-5 A公司销售工程师的3个层级及其定义(局部)

任职资格等级	层级定义	命名规则
三级销售工程师	1. 提出公司市场规划、公关规划,并负责指导、落实工作; 2. 领导公司大中型复杂招投标项目的计划和实施工作; 3. 对公司整体销售工作的目标实现有重大影响	资深销售工程师
二级销售工程师	1. 进行市场策划、重大客户关系建设、重大招投标项目运作等,并负责解决相应问题; 2. 对公司整体销售工作的目标实现有重要影响	高级销售工程师
一级销售工程师	1. 项目销售工作的操作者; 2. 对公司整体销售工作的目标实现有影响; 3. 在二级销售工程师的指导下解决销售工作中遇到的问题	销售工程师

说明:1. 销售工程师岗位不招收应届毕业生,而是从具有销售潜质的二级实施工程师中择优进行转岗培养,故无须设置助理销售工程师职位;
2. 销售工程师的每一级晋升,都意味着工作职责的扩展和工作复杂程度的增加

---

[1] 周施恩. 企业任职资格体系的构建[J]. 企业管理,2012(8):86-88.

2. 实施访谈

有了层级定义，就可根据该层级定义在每个层级内寻找 5 位以上标杆人物进行访谈。表 2-6 所示为对 A 公司销售工程师访谈的提纲。

表 2-6 对 A 公司销售工程师访谈的提纲

开场白：××员工，您好！根据提名，您被选定为销售工程师中的标杆人物(任职资格等级暂时保密)。您之所以被推举为标杆人物，肯定有许多与众不同的地方，今天我们要做的事情就是找出这些与众不同的地方。我会对您的身份保密，您可以畅所欲言。在此对您的大力配合表示感谢！
一、基本情况 1. 您能否做个简单的自我介绍？ 2. 您是从哪一年开始参加工作的？从事销售类的工作有几年了？ 3. 您是哪一年来到本公司的？在公司的发展情况怎样？任现职几年？
二、总体概览 1. 您现在的主要工作职责有哪些？ 2. 这些职责可以大致分为几个模块？ 3. 这些模块之间有怎样的相互关系？
三、分模块访谈 1. 您刚才提到的第一个职责模块是××××，能否简要介绍一下这个模块的工作流程？ 2. 履行了这个模块的职责后，任职人员会做出怎样的贡献？怎样评估这些贡献的价值？ 3. 在您看来，要完成此模块工作、履行相应职责，任职者应具备哪些关键的知识、技能、素质等？ 4. 这些关键的知识、技能、素质等应达到怎样的水平(级别)？ 5. 可以用哪些相对直观的证据(产出、成果)来评估这些关键的知识、技能、素质？ 6. 衡量这些证据(产出、成果)的标准是什么？ 7. 下面我们进入第二个模块 ……

通过对若干标杆人物访谈结果的相互验证、补充和完善，就可以初步明确各级别销售工程师的责任列表、专业贡献、关键能力等方面的数据。

(二) 梳理关键责任

1. 完善责任列表

通过访谈，可以获取某一职类的责任列表。但由于受访谈对象理论水平的限制，或者其中有的人为了逃避责任而故意将责任减轻，工作人员还需要从其他角度来对责任列表予以完善。

以销售工程师为例，其主要工作流程为：市场分析与客户信息搜集→挖掘与经营潜在客户→推动与促进客户立项→解决方案呈现→商务谈判与合同签订→销售完成与回款→客户关系维护与深度开发。

工作流程明确以后,工作人员就可以将访谈遗漏的责任从上述流程中提取出来,与通过访谈获得的责任列表进行有机整合,由岗位任职者确认,并经其上司审核签字后,就完成了责任列表。

2. 划分责任等级

有了不同级别销售工程师的相对完整的责任列表,下一步的工作就是对这些责任在水平和等级上予以划分。划分的依据主要是输出结果对公司的影响力、工作自身的复杂程度与艰巨程度等。

比如,对于"营销方案的编制与实施"这项职责,如果从影响力、复杂程度和艰巨程度的角度来综合衡量,就可以划分为一般客户(单笔销售额为50万元以下,年销售额为500万元以下)销售工程师、大客户(单笔销售额为50万～100万元,年销售额为500万～1000万元)销售工程师、贵宾客户(单笔销售额为100万元以上,年销售额为1000万元以上)销售工程师3个级别。原因是客户单笔采购的金额越大、采购的频率越高,其采购决策的过程也会越长,参与决策的人员也就越多、级别也就越高,客户营销对本公司的影响力、工作的复杂程度和艰巨程度也就越高。

3. 排列组合与遴选

初步确定了不同等级销售工程师的主要责任后,还需要对每一等级的销售工程师的主要责任进行排序。一般根据责任的重要性从大到小排列,同时还要兼顾不同责任之间的逻辑性,确保责任排列是有机组合而非简单罗列。

为了避免关键责任被无关紧要的事情冲淡,一般针对每个级别选取3～6项关键责任即可(其他职责也不能放弃,而是放在公司日常的绩效考核之中)。A公司一级销售工程师的关键责任(局部)如表2-7所示。

表2-7 A公司一级销售工程师的关键责任(局部)

任职资格等级	层级定义	关键责任
一级销售工程师	1. 项目销售工作的操作者; 2. 对公司整体销售工作的目标实现有影响; 3. 在二级销售工程师的指导下解决销售工作中遇到的问题	1. 制订并实施一般客户营销方案; 2. 承担销售任务并保证客户关系质量; 3. 参与销售计划的制订

(三) 明确专业贡献和设计关键能力

1. 明确专业贡献

明确了各级销售工程师的关键责任之后，就可以据此结合标杆人物的业绩记录、行业优秀企业的最佳实践等，来明确销售工程师在专业方面所需做出的贡献。一般来讲，专业贡献主要包括4个方面的内容。

(1) 专业业绩。作为专业人员，主要考察其在本专业领域所做出的代表性业绩。比如，对于销售工程师来说，其专业业绩主要是指销售额、回款等方面的数据。

(2) 课程开发。作为内部培训讲师，主要考察其开发及讲授课程的数量、质量、难度及授课效果等。一般只对高级别的人员有要求，对低级别人员可不做规定(主要是为了避免因自身水平不够而误导他人)。

(3) 人才培养。作为企业"教练"，主要考察在岗指导与培养人才的数量、质量及层级等。一般只对高级别的人员有要求，对低级别人员可不做规定(理由同上)。

(4) 知识库建设。主要考察员工对公司知识管理的贡献大小。例如，被公司采纳的在工作中遇到的问题及其解决办法案例、个人销售心得、竞争对手的产品特点及销售新动向等。

A公司一级销售工程师的专业贡献(局部)如表2-8所示。

表2-8　A公司一级销售工程师的专业贡献(局部)

任职资格等级	关键责任	专业贡献
一级销售工程师	1. 制订并实施一般客户营销方案； 2. 承担销售任务并保证客户关系质量； 3. 参与销售计划的制订	1. 制定并实施客户营销方案3份； 2. 成交单笔合同额超50万元、回款超90%的客户5个； 3. 编制客户关系中的一般问题及处理办法案例，被公司采纳2个

2. 设计关键能力

(1) 确定关键能力清单。关键能力一般包括知识、技能、行为三大类。工作人员可以围绕这三大类能力，结合本企业战略目标及管理实践要求，列出不同职级的任职人员所需的关键能力清单。一般以访谈法为基础，结合理论推演法和行业最佳实践进行关键能力清单的综合设计，如表2-9所示。

表2-9 销售工程师关键能力清单(局部)

知识	技能	行为
1. 市场敏感性	1. 客户关系建立	1. 百折不挠
2. 商业敏感性	2. 沟通与影响力	2. 兼顾结果与过程
3. 客户价值识别	3. 商业谈判	3. 团队建设
4 一般客户管理	4. 培训与辅导	4. 组织与协调
5. 关键客户管理	5. 发现与解决问题	5. 企业家精神

(2) 将关键能力划分等级。上述知识、技能和行为只列出了基本清单，但仍然没有办法予以客观认证。于是，业内专家设计了把各项能力要求予以细化的办法，这一办法可以在许多职位序列上使用，如表2-10所示。

表2-10 销售工程师关键能力等级划分(局部)

级别	称谓	定义
I级	新手	掌握基础知识，能够在别人的指导下开展工作
II级	熟手	熟悉流程与方法，能够独立开展工作，几乎不需要别人辅导
III级	专家	业绩出色，主动改进工作，具有灵活性
IV级	教练	能够在完成专家工作的基础上辅导别人，并提供解释和示范
V级	首席	能够完成教练工作，有战略眼光，对公司流程再造、业务革新、战胜竞争对手有重大贡献

(3) 提出对各层级任职人员的关键能力要求。上述工作结束以后，工作人员就可以访谈结果为基础，以自己的专业能力和行业最佳实践为指导，以逻辑推理的方式提出对各层级任职人员的关键能力要求。A公司一级销售工程师的关键能力要求(局部)如表2-11所示。

表2-11 A公司一级销售工程师的关键能力要求(局部)

关键责任模块			关键能力要求				
关键责任	关键责任分项	关键任务	知识		技能		
			公司知识	专业知识	人际技能	业务运作	业务变革
承担销售任务并保证客户关系质量	明确客户需求	挖掘需求、引导需求	产品知识	商业敏感性(II级)、客户价值识别(II级)	沟通与影响力(III级)	客户关系建立(II级)	发现与解决问题(I级)
		确认需求					
	推动客户立项	制订营销计划	销售政策				
		客户立项					

(续表)

关键责任模块			关键能力要求				
关键责任	关键责任分项	关键责任	知识		技能		
			公司知识	专业知识	公司知识	专业知识	公司知识
承担销售任务并保证客户关系质量	制定并执行销售政策	制定竞争策略	业务流程、销售政策	一般客户管理(II级)	团队建设(II级)、兼顾结果与过程(II级)	组织与协调(II级)、商业谈判(II级)	—
		推动流程运转					
		策划客户参观					
	解决方案呈现	编制解决方案	产品知识、工艺流程				
		面向客户呈现					

(四) 设计认证标准

1. 认证标准的量化要求

由于任职资格体系最终要与薪酬挂钩，如果认证标准不能量化，就会给评估认证过程留有人为操作空间，其认证结果的公信力就会大打折扣。这不仅起不到构建任职资格体系应有的作用，甚至会严重影响部分员工的工作积极性。

因此，责任标准、贡献标准、能力标准等都应该是用货真价实的量化指标证明出来的，不是评委"评"出来的(在很多公司里被视为"暗箱操作""潜规则")，而这个证明就是证据。证据就是关键能力的行为产出，是履行关键责任的行为产出。换句话说，如果个人认为自己能力出众，就应该用大家公认的责任产出、贡献大小来证明。参照此逻辑，所谓认证标准就是证据清单，也就是员工证明自己履行相应关键责任、具备相应关键能力的证据。

根据一般原则，关键责任的认证标准就是在业绩或专业方面的具体贡献，如"成交单笔合同额超 50 万元、回款超 90%的客户 5 个"或者"每月提交行业市场分析报告一份"等。这些贡献相对容易量化，而关键能力的标准则不太容易量化，因此需要精心设计。

2. 能力标准的认证办法

(1) 一般的知识、能力和行为。这些只是一般性的资格要求而非任职资格要求中的关键能力，因此以公司培训后颁发的合格证为依据即可。例如，对公司知识、产品知识、决策流程等方面的认证，可以"公司培训合格证"为准。

(2) 关键的知识、能力和行为。这一类能力非常重要，必须通过公司的培训验收(场景模拟、角色扮演、案例讨论等)，但这还不够。为了避免引起争议和误解，员工必须提供相应的证据。以"市场敏感性"为例，想证明自己处于III级水平，申请者必须提供以下证明材料：

① 向公司提供市场分析报告 12 份以上。

② 被市场部评为"优秀"的报告不少于 5 份。

③ 相关调研报告被本公司同事下载总量不少于20次(同一员工反复下载同一份报告只计一次；本人下载自己的报告为无效下载)。

④ 上述三条为并列关系，即须同时具备。

通过上述办法，就可以将非常抽象的关键能力要求予以量化，从而提高评估认证的科学性与公信力。

至此，关于销售工程师的任职资格模型已全部构建完毕，下一步就是任职资格体系的落地实施。

五、任职资格体系的落地实施

(一) 与薪酬体系挂钩

如果不与薪酬挂钩，任职资格体系的构建就相当于"画大饼"，则任职资格体系很难发挥作用。

1. 计算各任职资格级别的薪酬中值

如果公司规模不大、岗位级别不多，就可以采取算术平均的办法计算出各级别的薪酬中值；而如果公司规模大、任职资格的级别多(以8级为例)，而且每一级还划分成若干档(一般为基础级、中级、高级 3 个档级)，这样细算下来共有 24 个档级，此时可以采用最小二乘法计算各档级的薪酬中值(中值的定义及具体计算办法参见本书第五章"薪酬管理")。

2. 对各档级的薪酬中值予以微调

一般来说，任职资格体系的构建一般伴随薪酬水平的上调。在以上述办法计算出各任职资格档级的薪酬中值以后，工作人员就需要根据公司的薪酬预算及领导层关于薪酬调整的决策意见(一般为原则性意见，不够具体，难以直接应用)，来模拟、验算各种可能的涨薪策略及其对公司预算的影响，然后交由公司薪酬委员会(或经理办公会)决策。

任职资格体系与薪酬标准建立有机联系并经高层批准后，即可择机进行下一步的薪酬标准套入工作。

(二) 申请与认证流程

1. 培训宣贯

分期、分批召开培训会议，由公司人力资源部相关人员对任职资格体系的框架、内容、标准、意义、申请办法等进行讲解、宣贯，确保每位员工都理解到位。

2. 申请与认证

(1) 员工申请。由员工提交申请表，并根据自己拟申请的岗位级别搜集、准备所需的证明材料。

(2) 资格审查。由专门工作人员对员工所提交的材料进行审查，对材料不全的人员提醒补交，对资格不够的人员提出岗位降级的建议。

(3) 述职答辩。组织申请人员进行现场述职答辩，结合所提交材料确认员工任职级别，由人力资源部负责反馈到相关部门或员工。如果涉及的部门、岗位、人员众多，述职答辩环节可分层次举行。公司级别的专家委员会，只负责教练级和首席级员工的评估认证；部门级别的专家委员会，只负责熟手级员工和专家级员工的评估认证；新手级的员工则根据其所提交的申请及证明材料，直接予以认证而无须进行述职答辩。

(三) 薪酬标准套入

薪酬标准套入环节需要把握两点：一是确保优秀员工的薪酬稳中有升；二是确保多数有胜任力的员工略有提升。具体来说，就是对员工进行薪酬标准套入的时候采取就近、就高的原则：如果原薪酬水平与新等级的薪酬标准一致，则无须变动(实际上，这样的巧合非常少见)；如果原薪酬水平高于新等级的薪酬标准，则原则上不降(明显缺乏胜任力，且态度恶劣、拒绝配合的人员除外)；如果原薪酬水平低于新等级的薪酬标准，则将薪酬水平上调至新标准。综合起来看，这样的薪酬调整不会大幅度增加公司的薪酬总额，容易被领导接受，同时也可以减少变革的阻力，并形成示范效应和从众效应。

通过任职资格体系与薪酬标准有机挂钩的技术安排，使员工的每一级晋升都有工作责任的扩展，其工作的复杂程度和艰巨程度相应增加，给公司所做出的贡献也会显著提高；同时，其薪酬水平也会大幅度提高，未来的职业发展路径也更加清晰，需要进一步掌握的知识、技能等也更加明确。任职资格体系与薪酬标准的结合将原来以标准模糊、劳资双方均以自己的利益最大化为目标的"非合作博弈"，变成发展目标高度契合、利益诉求显著相关、游戏规则共同认可的"合作博弈"。

由"非合作"变成"合作"使得公司管理发生了质的变化，公司的精神面貌也会焕然一新。

本 章 小 结

第一节，介绍了工作分析的基础知识，包括工作分析及其主要成果、工作分析的主要内容、工作分析的相关术语、工作分析的重要意义、工作分析的原则。这些基础知识是完成工作分析任务的必备知识，其他部门的领导也应该有所掌握。

第二节，介绍了工作分析的操作实务，包括工作分析的时机、工作分析的流程、工作分析的主要方法、工作分析的成果应用、战略性分析和工作再设计。这一节是综合各学者研究成果、公司实践及作者咨询经验整理而成，是进行工作分析的关键。熟练掌握这一节的内容，对于人力资源管理者来说是必然要求。

第三节，介绍了任职资格体系的构建，包括任职资格体系的定义、任职资格体系的重要价值、任职资格体系的演变及逻辑基础、任职资格体系的构建过程、任职资格体系的落地实施等内容。

将任职资格体系纳入工作分析是本书的一个大胆尝试。因为自改革开放以来，我国企业已经历相对漫长的发展历程，很多企业的管理水平已上升到一个新的台阶。如果还是以传统的简单工作分析为主(虽然仍然是不可或缺的)，就有可能因人力资源管理制度的陈旧而影响企业管理水平的进一步提高。本章广泛采纳了学界的研究成果、国内外企业的最佳实践及本人的咨询经验，力求在较小的篇幅内把任职资格体系的构建介绍清楚，有阐述不到的地方，读者可查阅相关资料予以补充，或与作者进行探讨和交流。

【关键术语】

工作分析	职位说明书	工作规范	观察法
访谈法	问卷调查法	关键事件法	组织结构设计
工作流程再造	任职资格	任职资格体系	

复习思考题

一、简答题

1. 书中提到，工作分析可以说是成就伟大公司的基础环节，对此你是如何理解的？
2. 请简要说明工作分析中的 6W1H 及其含义。

3. 工作分析中的"工作分析不是罗列工作任务"原则,具体含义是什么?
4. 简述工作分析的流程。
5. 说出 3 种以上工作分析方法及其优、缺点。
6. 谈一谈你对任职资格体系的理解。

二、案例分析

华为素质模型和任职资格管理体系[1]

构建素质模型和任职资格管理体系是企业落实人力资源开发与管理理念的重要工具。在国内企业中,华为是较早构建素质模型和任职资格管理体系的企业,其领先的管理实践和成功的管理经验,对构建有活力的现代人力资源管理体系无疑具有重要的启发意义。

(一) 华为素质模型的理念基础

在我国,几乎每个企业都建立了人力资源管理的选、育、用、留模块,悉数引进了业界流行的人力资源管理工具、方法,并且在每个模块的建设上都下了很大功夫,每个模块都尽善尽美。然而,这些模块在多数企业都没有发挥出相应的作用。这给许多企业带来了困惑,认为人力资源管理是一项非常昂贵且不实用的事务。其实,其根本原因在于大多数企业"摊大饼"和"孤岛化"的人力资源管理模式上,即这些企业的人力资源管理并没有形成有效的体系,因此没有发挥出应有的作用。用个比喻来说明,人力资源管理的各个模块就像组成石墨和金刚石的碳原子,由于排列组合方式不同,发挥出来的作用也就不同。

华为人力资源管理体系的搭建可以追溯到《华为基本法》。在《华为基本法》里,华为确立了人力资源管理的铁三角:价值创造体系、价值评价体系和价值分配体系。这3个体系构成了华为人力资源管理价值链,即华为人力资源管理的核心,如图 2-3 所示。

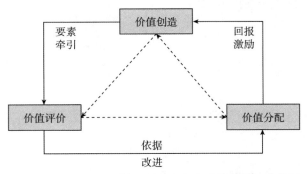

图 2-3 华为人力资源管理铁三角与人力资源管理价值链

---

[1] 吴春波. 华为的素质模型和任职资格管理体系[J]. 中国人力资源开发,2010(8):60-64.

华为的人力资源管理实践就是基于这个铁三角构成的人力资源管理价值链开展，因此也称为华为人力资源管理的战略地图。这种先确立人力资源管理蓝图，再根据蓝图开展人力资源管理实践的做法是非常值得肯定的。

华为人力资源管理体系之所以有效，是因为所有人力资源管理实践都建立在人力资源管理价值链的铁三角之上。而华为的素质模型就是在价值评价体系里构建的，这就是素质模型在华为整个人力资源管理体系中的定位。不管是将该模型称为"胜任特征模型"还是称为"素质模型"，该模型都是作为华为的价值评价体系中的一个组成环节而存在的。

如果一个企业把素质模型作为一个独立的模块来看，而不把这个模型融入人力资源管理体系中，那么即使它再尽善尽美，也难以发挥应有的作用。因此，素质模型能否进入人力资源管理体系，能否形成稳定的"铁三角"，是其能否发挥作用的关键。

(二) 华为素质模型的定位与落地

综上所述，华为素质模型在人力资源管理体系中有着明确、清晰的定位，即隶属于华为人力资源管理铁三角中的价值评价体系。价值评价体系也包括3个模块：

(1) 以企业目标、使命为导向形成的绩效管理体系；
(2) 以职位、流程及组织为基础的评价体系；
(3) 以任职资格、素质模型为核心的评价体系。

这3个模块又构成了华为价值评价体系的铁三角：绩效用"事"来表示，职位用"岗"来表示，能力与素质用"人"来表示。同时，价值评价体系的三大模块之间有着明确的分工，任何一个模块都没有独立于华为的人力资源管理体系之外，而是与其他价值体系形成了有机融合。其中，最为直接的是与价值分配体系的挂钩。

首先，对职位进行评价，确定职位价值；然后，对每一个职位明码标价，即在职位描述里说明该职位所需要的任职资格、能力素质和基本经验等条件；最后，对人进行评价，把职位要求与能力素质等结合，即人岗匹配。将员工配置到相应的位置之后，再评价员工的态度、绩效等，如图2-4所示。

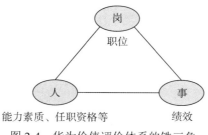

图2-4 华为价值评价体系的铁三角

在现实中，首先将职位价值和基本工资挂钩；然后将任职资格、工作态度、能力素质和晋升挂钩，这个晋升不是职务的晋升，而是职位的晋升；最后将绩效和奖金挂钩，这样就形成了价值评价和价值分配的有机结合。一个人能够长期在一定的职位上做得好，就会有累积绩效，累积绩效的回报在华为是通过"饱和持股"(即员工的持股数量达到了自己配额的100%)来实现的。因为华为坚守一种理念：绝不让"雷锋"吃亏，奉献者定当得到合理回报。对"雷锋"和奉献者的回报主要靠股票期权、员工持股来实现。

素质模型怎么落地、怎样落实到人，是应用素质模型的过程中最为关键的问题。在国外的研究中，薪酬战略已经开始把素质当作一个重要的付酬要素。实际上，素质与职位、绩效、价值观及市场竞争力一起成为世界知名企业的薪酬模式中的重要因素。在这个模式中，已经没有了工龄、学历、年龄，这也是本文研究企业薪酬制度、评价制度及人力资源管理体系的一个重要关注点。

(三) 华为素质模型的基本构架

华为的素质模型是由国外的咨询公司协助搭建的，在经历了"先僵化，后优化，再固化"的过程之后，该素质模型已成功地融入华为的人力资源管理实践之中。

1. 素质模型的分类

华为的素质模型分为两大类：通用素质模型与基于职位族的素质模型。

(1) 通用素质模型，包括成就意识、演绎思维、归纳思维、信息收集、关系建立，以及团队精神等18项通用素质。

(2) 基于职位族的素质模型。在华为，本来领导和管理者是一个职位族，但是为了将领导与一般管理者进行区分，华为又构建了领导者通用素质模型、管理者通用素质模型。这样一来，基于职位族的素质模型就包括领导者、管理者、研发族、营销族、专业族、操作族的素质模型。在此基础上，各个职位族下面还细分为更小的族。比如，专业族还细分为计划、流程管理、人力资源、财经、采购、秘书等族系，每个细分的族系都有各自专门的素质模型。

不管是通用素质模型还是基于职位族的素质模型，华为都做得非常详细，绝对不是简单的能力词汇的拼凑。针对职位特点构建的素质模型，被广泛应用在华为人力资源管理的各个层面。

2. 素质模型的构成

华为的素质模型在内容上包括素质词典、素质定义、分级标准、标准描述、反映各项素质的关键事件，以及评价结果的运用。此处重点介绍素质词典和分级标准。

(1) 素质词典。素质词典是对模型中所有素质的总括。在素质词典中，各项素质都有明确的定义。比如，研发人员的"团队合作"素质被定义为："团队合作是指个人愿意作为群体中的一个成员，或与群体中的其他人一起协作完成任务，而不是单独地或采取竞争的方式从事工作。这里所谓的团队，就是为了实现某个或某些目标而共同工作的群体。它可以是一个部门内部的产品开发小组或行销小组，也可以是为满足顾客需要而结合成的跨部门的工作群体。"

(2) 分级标准。华为的各项素质均有独特的分级标准。比如，研发人员的"团队合作"素质分为4个等级，每个等级都有对应的描述以及具有针对性的案例分析。也就是说,每项素质都是通过事件来反映的,而这些事件都是在华为营销、研发等人员身上曾经发生过的真实案例。有了这样细致和精确的分级标准,华为就可以对素质模型进行评价,并且可以明确地告诉员工"你的某种素质是几级"。

(四) 华为素质模型的运用

很多企业往往花了很大代价做出来一个"与时俱进"的素质模型却不知道用在哪里,其结果只能是束之高阁。华为是如何做的呢?

华为的素质模型既有评价标准,又有评价结果,也有评价结果的应用。华为素质模型的应用领域如图 2-5 所示。

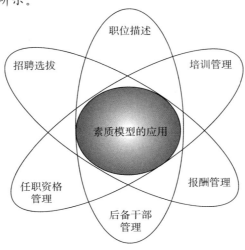

图 2-5 华为素质模型的应用领域

(1) 职位描述。将素质模型中的相关内容直接运用到职位说明书的职位描述一栏。比如,一个职位需要什么素质,需要几级素质,都可以直接确定,与任职资格进行对接。

(2) 招聘选拔。在招聘选拔中运用素质模型,既可以增加招聘选拔的规范性、针对性与有效性,又可以降低企业后续的培训成本。

(3) 任职资格管理。华为除了有素质模型外,还有任职资格管理体系。素质模型以能力为基础,而任职资格管理体系则以职位为基础。两者既交叉,又有不同。

(4) 后备干部管理。在华为的后备干部选拔标准中,素质是一项非常重要的参考条件。这里的素质一般直接依据该职位的素质模型来确定。

(5) 报酬管理。素质已经成为国际知名企业的薪酬模式中一项非常重要的付酬要素,相对于其他要素来说,对员工素质的激励,其作用周期往往比较长。

(6) 培训管理。根据素质模型确定培训需求是提高培训针对性与有效性的关键,不仅可以大幅度降低培训成本,还可以形成明确的培训目标,从而使培训工作有据可依。

(五) 华为任职资格管理体系的定位

任职资格是从事某一工作的任职者所必须具备的知识、经验、技能、素质和行为的总和,它强调的是工作对任职者个人素质能力的要求。符合要求的任职者才有可能胜任岗位工作,不符合要求的任职者则应调换岗位或继续学习。任职资格管理体系不仅具有素质模型的功能和特点,而且还涵盖价值观以外的关键绩效要素,具有针对性、具体性和动态性等特点。

任职资格管理体系与人力资源管理其他子体系之间有着非常紧密的联系,它与职位共同构筑了华为人力资源管理的基础平台(见图2-6),其功能远远超过人力资源管理范畴,对企业文化、企业核心竞争力、员工职业化,乃至企业战略都有重要影响。任职资格管理体系不仅对员工行为进行了规范和引导,同时也对员工价值观和思维理念进行了塑造和升华,因而从行为和精神两个层面对企业员工进行了激励和约束,使企业员工真正走向职业化。

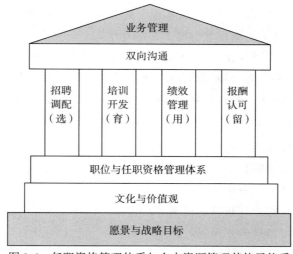

图2-6　任职资格管理体系与人力资源管理其他子体系

【案例分析】

1. 结合华为公司的案例,谈一谈素质模型的主要构成。
2. 华为公司的素质模型都用在了哪些主要方面?为什么这么用?
3. 结合华为公司的案例,谈一谈素质模型和任职资格体系的异同。
4. 结合华为公司的案例,谈一谈任职资格体系的重要价值。

第三章

招 聘 管 理

从表面上看，员工招聘在企业中是一项不复杂的工作，似乎谁都可以完成。其实不然，招聘工作比大多数管理者想象的更为复杂。为什么一个"挺能干"的员工来到企业后却什么也干不了？为什么一个"老实本分"的员工入职后就变得自由散漫？为什么所招聘的人，能干的都跑了，不能干的留下来混日子？

上述种种现象，通常都是由招聘主管人员的水平不足引起的。员工招聘，绝对不是"摆一张桌子、问几道问题，然后故作深沉地思考一番"那么简单，它有一整套的流程、一系列的技术，需要招聘主管人员有深厚的知识储备和丰富的实践经验。

学习目标
- 掌握招聘管理系统的内涵及流程。
- 了解招聘的目的及作用。
- 熟悉招聘中的分工与协作。
- 理解内部招聘与外部招聘的适用性。
- 熟练掌握有效招聘的三原则。
- 了解人员甄别的核心依据。
- 掌握人员甄别的主要方式。
- 熟悉人员选拔技巧。
- 理解高端招聘技巧的主要内容。

第一节 招聘管理基础

本节之所以被命名为"基础"，主要是因为它是开展招聘的必备知识，就其内容而言，直接命名为"招聘管理精粹"亦无不可。换句话说，掌握本节内容是搞好招聘工作的重要"内功"，是区别招聘高手与普通工作人员的关键所在。

一、招聘管理系统

招聘管理是指企业根据人力资源规划而开展的制订招聘计划、开展招募活动、实施人员甄选、员工入职管理和进行招聘评估的一系列管理活动。

(一) 制订招聘计划

人力资源规划一般是指大的战略性总体规划(周期一般在一年以上,参见本书第七章"战略人力资源管理"),而招聘计划则是根据人力资源规划中的原则、目标、步调等而制订的详细计划(周期一般在一年以内)。年度招聘计划一般包括对招聘人员的岗位、数量与质量要求,招聘信息发布的途径、范围,拟招聘人员到岗的时间节点、具体部门,招聘计划的执行人、责任人,以及年度招聘活动的总预算等内容。

很多文献将招聘计划的制订放在了招募环节中,但无论是从字面上理解,还是从人力资源管理实践的角度来看,本书更认同将其单列出来。这是因为具体的招募活动只是按招聘计划而开展的人员募集活动,不能完全涵盖"制订招聘计划"这一决定全年招聘工作方案的重要工作。

(二) 开展招募活动

招募是根据招聘计划设计招聘信息、发布招聘广告、接收人员申请,以及建立人员信息库(简历库)的过程。

(三) 实施人员甄选

人员甄选包括两部分内容:一是甄别,二是选择。甄别就是审查、鉴别(优劣),考核、鉴定(能力、品质);选择就是根据甄别结果,从中选择目标人员。人员甄选过程一般包括资格审查、初选、测试(笔试、面试、心理测试及其他测试)、体检、背景调查等内容。

(四) 员工入职管理

员工入职管理是指从发出录用通知开始一直到试用期结束,对新招聘员工持续进行沟通引导、培训辅导、跟踪记录,以及全面评估的过程。通俗地说,就是对已录用的人员,不要让他在上岗的时候感觉无依无靠,要教给他必要的知识和技能,要对他在试用期间的表现进行全面、客观的评估。

从字面上理解,员工入职管理不应该列入招聘管理之中,但现代管理理念强调有始有终的闭环思维。如果缺少员工入职管理这一环节,就无法确定所招聘的人员是否符合岗位要求,是否留得住,是否干得好,是否能与同事们和谐相处,因此也就无法客观判断招聘活动的优劣。

(五) 进行招聘评估

招聘评估主要指对招聘管理活动的效率与效果进行系统评估的过程。招聘评估主要包括招聘计划是否科学、合理,招募广告是否美观、实用,招募渠道是否足够、合适,甄别活动是否科学、有效,人员选择的理念是否符合企业文化和岗位特点的要求,入职管理是否严谨、流畅,招聘费用控制是否合理,以及招聘效果的好坏等内容。

上述内容的有机组合就形成了一个完整的招聘管理系统,如图 3-1 所示。

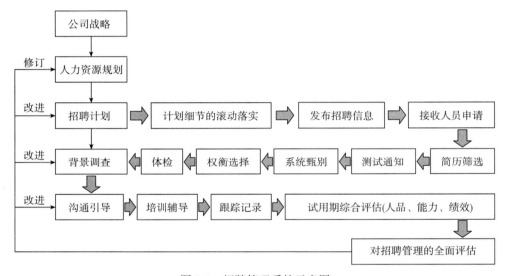

图 3-1 招聘管理系统示意图

需要说明的是,图 3-1 是一个相对完整的招聘管理流程。有的公司并没有人力资源规划,甚至也没有年度招聘计划,只是在出现招聘需求时才临时动议;有的公司面临很大的人员缺口,因此在做出招聘选择后就直接通知应聘人员上岗,体检和背景调查在人员上岗以后进行,甚至对无关紧要的岗位的应聘人员不做背景调查。在广大中小企业,只要招聘人员水平高、经验丰富、工作周密严谨,上述做法也不应完全否定。

图 3-1 中之所以用"系统甄别"而不用"全面甄别",是因为笔试、面试、心理测试等综合测试应该是相辅相成、有机整合的关系,而非简单罗列、走走过场。同时,全面甄别费时费力,对很多岗位上的人员完全没有这个必要,只要在甄别时把控住几个关键点即可。

二、招聘的目的分析

很多文献认为招聘的目的是"填补职位空缺",其实这是一个不够全面的认识。在更多情况下,招聘的目的可以说是多种多样的。

(一) 招聘的根本目的

招聘的根本目的有两个:一是填补职位空缺;二是实现人才的战略或战术储备。

战略储备是指为了实现企业的长远发展目标而提前储备人才。比如,某个追求全球化经营的公司在尚未走出国门之前就开始有意识地招聘和储备国际化人才。

战术储备是指目前企业还没有出现职位空缺,但根据年度内正常的人才离职率(离职包括主动离职——跳槽、自然离职——退休,以及被动离职——辞退),而提前招募和培养相关人才。

(二) 招聘的其他目的

一次好的招聘活动不仅可以招聘到相应人员,还可以同时实现很多其他目的。

1. 调节人才结构

企业的人才结构包括年龄结构、性别结构、专业结构、国别结构等。如果人才结构不合理,就会引发一系列问题。比如,如果一个部门里的员工年龄普遍偏大,就有可能冲劲不足;如果一个部门里的女性偏多,那么需要出差(特别是到条件非常艰苦的地方)、突击加班时,就不容易找到合适的人。

2. 宣传企业及其产品

以宝洁公司为例,1989年,也就是宝洁进入中国的第二年,广州宝洁公司就开始在国内一些名牌大学进行校园招聘,宝洁也因此成为第一家在中国内地举办校园招聘的跨国公司。30多年来,宝洁公司坚持不懈地提高与完善,使宝洁的校园招聘越办越火、越来越精彩纷呈,同时也源源不断地为公司输送了一批又一批高素质人才。如今一提到校园招聘,人们首先想到的恐怕就是宝洁。事实证明,宝洁公司每年10月份前后"开锣"的校园招聘,不仅为各大高校增添了一道靓丽风景,它本身甚至早已成为公司的一个名声显赫的"金字招牌",在促进公司业务发展的同时,又有效地宣传了公司独特的人才理念和品牌形象,真正算得上一举多得[1]。

---

[1] 周施恩. 宝洁"八最"及其启示[J]. 企业管理,2010(12):40-41.

3. 汲取先进经验

招聘时，有意识地选择那些拥有行业优秀企业工作背景的人，或者拥有本企业所欠缺的管理经验的人，可以短、频、快地增强本企业实力。

4. 形成"鲶鱼效应"

如果员工的离职率过低，人员普遍懈怠、工作拖沓，此时就可以有意识地招聘一些能力强、外向、有活力、雄心勃勃的人，以形成对原有员工的心理冲击。如果再配套采取其他方面的改革措施，如薪酬的重新设计及相应的绩效管理变革，则有助于员工士气的提升。

三、招聘的作用

科学、合理、有效的招聘活动可以起到以下几个方面的作用。

(1) 找到合适的人做合适的工作，既可以填补当前的职位空缺，又可以面向将来的战略和战术进行人才储备。

(2) 降低人才流失率。企业找到合适的人，人员找到了合适的企业，大家"两情相悦"，人才流失率自然降低。

(3) 减少企业的培训负担。人才流失率降低，企业花费在入职培训、后续在岗培训上的人力、财力、物力就少，培训负担自然降低。

(4) 维护团队士气。一个人才流失率很高的企业，很难有高昂的工作士气。而如果将人才流失率维持在一个合理的水平，就有助于维护团队的工作士气。

(5) 减少劳动纠纷。人员频繁的入职和离职往往伴随着关于待遇和补偿等的劳资谈判，产生纠纷在所难免，而较低的人才流失率可以在一定程度上降低劳动纠纷产生的可能性。

(6) 提高企业绩效水平。科学、合理、有效的招聘可以找到合适的人干合适的活，人才流失率低，大家对岗位工作相对熟悉，自然有助于提高企业绩效水平。

四、招聘中的分工与协作

招聘工作一般由人力资源部门主持，但招聘工作并非完全由人力资源部门负责，用人部门在招聘中应发挥重要的作用，如表3-1所示。

表 3-1 人力资源部门与其他部门在招聘中的职责划分

职责	人力资源部门	其他部门
计划与招募	1. 预测招募需求 2. 对应聘者进行登记与审查 3. 通知参加选拔的应聘者	1. 预测岗位需求 2. 提出职位说明书及录用标准
甄别与选择	1. 选拔活动的组织 2. 个人资料核实与专业筛选 3. 组织录用人员体检	1. 确定参加选拔人员名单 2. 负责对应聘者进行选拔 3. 确定应聘者是否符合要求
入职管理	1. 组织试用期合同的签署 2. 组织人员报到及生活安置 3. 组织正式合同签署 4. 组织新员工培训	1. 确定正式录用人员名单 2. 新员工工作安排 3. 对新员工进行岗位培训
招聘评估	1. 新员工绩效评估的记录与审查 2. 对招募管理活动进行评估 3. 对人力资源规划进行修订	1. 对新员工工作绩效进行评估 2. 对本部门招募活动进行评估 3. 对本部门人力资源规划进行修订

总体来说，在招聘工作中，人力资源部门负责牵头、组织、提供技术支持，并利用自己的专业知识筛除明显不合适的应聘者，诸如频繁跳槽的人、欺瞒伪装的人以及与企业文化不匹配的人等；而用人部门则负责最终人选的确定、工作安置、培训辅导，以及应聘者在试用期间的绩效评估等实质性工作。人力资源部门与用工部门之间的明确分工与密切协作是搞好人员招聘工作的重要基石。

五、内部招聘和外部招聘的权衡与选择

一旦出现职位空缺，特别是有着一定级别和头衔的岗位，企业首先应该想到的是公司内部是否有合适的人，而非直接到公司外部开展招聘。内部招聘与外部招聘的优点和缺点如表 3-2 所示。

表 3-2 内部招聘与外部招聘的优点和缺点

优点和缺点	内部招聘	外部招聘
优点	1. 对候选人了解全面，准确性高 2. 候选人了解本组织，适应更快 3. 能够鼓舞士气，激励性强 4. 费用较低	1. 来源广泛，有利于招到高质量人员 2. 带来外部的新思想、新方法 3. 带来"眼球效应"

(续表)

优点和缺点	内部招聘	外部招聘
缺点	1. 来源少，招聘受局限 2. 容易造成"近亲繁殖" 3. 可能会因操作不公等造成内部矛盾	1. 筛选难度大，时间长 2. 候选人进入角色慢 3. 对候选人了解少，决策风险大 4. 招聘成本较高 5. 影响内部员工的积极性

需要说明的是，上述优点和缺点都只能说是可能存在的，而非一定会出现的。举例来说，从外部招募员工，如果招聘广告设计很糟糕、信息发布渠道选择有误，就不一定会募集到来源广泛的应聘者。再比如，对于高级别职位先从内部选拔，如果程序和结果都比较公平，并对落选者进行了必要的解释和安抚，就可起到鼓舞士气的作用。但是在很多情况下，领导者对高级别空缺职位的候选人早已心有所属，之所以走内部公开招募、逐一面谈、公开选拔的程序，主要是为了体现字面意义上的机会均等。当然，对高级别职位"内定"人选，也不一定全是"官官相护"或"拉帮结派"。高级别职位对公司经营成败的影响力较大，与上下级之间的工作配合也非常重要，以"内定"的方式选择较为合适的人选，可以在较大程度上规避用人风险。

六、招聘"金字塔"

假设一家企业想招聘 20 名研发人员，如果他仅向 20 名人员发出邀请，其结果基本是不理想的。因为有的人不一定胜任，胜任的人不一定想来。这就引出两个问题：为了招聘一定数量的人员，应该募集多少人为宜？应该举办多少场招聘推介会？

对于这两个问题的回答，经验丰富的招聘主管大致会做以下推算：

(1) 根据以往经验，接到录用通知的人中大约会有一半前来报到并入职；

(2) 参加面试的人中，被企业看中的人大约占三分之二；

(3) 接到面试通知的人中，最终来参加面试的人大约占四分之三；

(4) 所投递的简历，大约每 6 份中会有一份被留下来；

(5) 在参加招聘会的人群中，大约会有二分之一的人投递简历。

根据上述情况可推算出：为了招聘 20 人，至少要募集到 960 人来参加招聘会。如果招聘所租用的报告厅能够同时容纳 320 人就座，则需要举办 4 场招聘推介会(人不可能坐得满满当当)。

实际操作过程如下：举办 4 场招聘推介会，大约共有 960 人到场，其中 480 人投递了简历；经简历筛选后，向 80 人发出面试通知，其中的 60 人实际来参加面试；参加面试的 60 人中，被企业看中且发出录用通知的有 40 人；最后，有 20 人前来报到并入职。此时的招聘"金字塔"如图 3-2 所示。

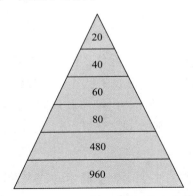

图 3-2　20 名研发人员的招聘金字塔

上述推算只是一个经验化的理想过程,在实际招聘工作中可能会遇到各种各样的问题。比如,某一次推介会当天的天气不好,出席招聘会的人不多。为了控制预算,很多招聘官会选择加大简历留用的比例,同时延长在公司官网上挂出招聘信息的时间。此外,为了确保有足够的人前来报到,企业会先发录用通知,等入职的人数量足够了,再向其余人发出婉拒通知,并且把其中有一技之长的人纳入公司人才库,以便急需时直接发出面试邀请。

七、有效招聘的三原则

(一) 合法性原则

合法性原则是企业在招聘过程中必须坚持的原则,并且随着法制化的推进,合法性的内涵也在持续丰富。比如,不能有种族歧视、地域歧视、性别歧视等歧视性问题,不能有岗位要求之外的其他限制性条款,不能用会使人产生不愉快心理的敏感性词汇,等等。

合法性在当今中国是一个常谈常新的话题,是一个需要终身学习的重要领域。

(二) 匹配性原则

如果说坚持合法性原则是做好招聘工作的基础,那么遵循匹配性原则就是做好招聘工作的核心。对人力资源管理者来说,匹配性原则体现的是专业水准。

1. 个人与工作的匹配

在个人与工作的匹配方面,主要考察以下两个方面。

(1) 应聘者的岗位胜任性,例如应聘者是否具备所需的知识、能力、经验等,避免招聘到不胜任的人。

(2) 应聘者是否留得住。此时,人力资源管理者要权衡的是目标岗位的价值和发展前途,及其与应聘者能力素质、志向抱负之间的相容性。如果岗位的价值不大(比如门卫),而应聘者能力出众(比如刚刚退役的优秀特种兵),则贸然录用的可能结果只能有两个:一是此人不来报到;二是到岗时间不长就走人。招的人不能干或者能干的人在试用期就跳槽,应该说都有招聘主管的责任。

2. 个人与团队的匹配

在个人与团队的匹配方面,主要考察应聘者与既有团队成员的匹配性。诸如,性格上是否相容,知识、能力、经验等是否互补(招聘太多相似的人,大家的才能利用率会降低),工作节奏是否融洽,等等。为了确保个人与团队的匹配性,可以由人力资源管理者初步筛选,再由用人部门最终决定录用对象。

3. 个人与组织的匹配

在个人与组织的匹配方面,主要考察应聘者个人与组织文化、发展方向和发展目标等的匹配性。举个例子,如果某位员工能力出众,偏爱责权分明,喜欢独立负责,而不喜欢事事请示汇报,传统大型国企的招聘官在做出录用决策前,就应该反复推敲这样一个问题——以该员工的行事风格,能融入本公司吗?

4. 个人与职业的匹配

在个人与职业的匹配方面,主要考察应聘者个人的性格、动机与所求职业的匹配性。谈到个人与职业的匹配性,就不得不提在职业生涯规划领域具有举足轻重地位的职业锚理论。该理论的产生主要归功于美国麻省理工学院斯隆商学院的著名企业文化专家、职业指导专家埃德加·施恩(Edgar H. Schein)。他所领导的研究小组在对44名MBA志愿者进行了长达12年的职业生涯研究之后,最终提出了职业锚理论。

锚是帮助船只停泊定位的重要器具,而职业锚则是人们在选择职业时所围绕的中心,是指一个人很难放弃的职业中的那种至关重要的东西或价值观。研究表明,职业锚是个人能力、动机和价值观三方面的相互作用与整合,它并非与生俱来,而更多的是自我意向的一个习得部分,即从后天经验和学习中获得。

职业锚是个人与工作环境相互作用的产物,即"性格选择职业,职业加深性格"。举例来说,虽然猴子也会游泳,但如果有机会,它还是更愿意在树上待着。在此例中,"在树上待着"就是猴子的"锚"。再举个例子,一位生性喜欢冒险、追求成就、喜欢与不同人接触的员工,也许文字功底不错,办公软件熟练,非常胜任办公室文员的工作(人岗匹配),但他的职业锚在于销售,如果让他做办公室文员,他迟早有一天会跳槽离开,去寻找自己心中的"锚"(职业定位)。

当然，尽管职业锚具有很强的稳定性，但它还是会随着情境的变化而慢慢发生改变。比如，某人年轻的时候喜欢刺激、冒险，愿意做销售工作，等他年龄逐渐变大了，就很有可能追求稳定、体面、离家近的工作，此时他也许会非常愿意接受一个远离销售一线的市场部经理的职位。

(三) 适度弹性原则

适度弹性原则是指在员工数量和实际需求之间要留有一定的余地，即实际用人数量要略大于岗位需求。这是因为，如果实际用人的数量严重小于岗位数量，大家就会超负荷运转，工作压力和心理压力都非常大。长此以往，不利于员工的身心健康，不利于保证高质量的工作成果。一旦出现紧急情况，例如一些员工突然生病或离职，大家的境况就会雪上加霜。

招聘工作除了遵循上述三原则外，不少文献还普遍提及公开性原则、公平性原则、经济性原则等，这些都没有错误，但这在有一定管理水平的企业中已经变成工作习惯，因此不再赘述。

第二节 招聘甄别技术

本章前面曾提及，人员甄选包括两部分：甄别和选择。本节重点探讨的是人员甄别，即对应聘者进行测评鉴定、审查鉴别，以判断其胜任力、发展潜力，以及与团队、组织、职业等方面的匹配度的过程。关于人员选择，将在本章第三节予以重点讨论。

一、人员甄别的核心依据

在现代企业招聘中，无论是简单的面试还是复杂的多重测试组合，其人员甄选的核心依据都是胜任力理论及由其衍生出的冰山模型。

(一) 关于胜任力的早期实践

胜任力的思想最早可追溯至古罗马时代。当时，人们为了说明一名好的罗马战士的特点，就曾构建过胜任力剖面图，这被视为关于胜任力的早期探索。

20世纪初，被誉为科学管理学之父的弗雷德里克·温斯洛·泰勒(Frederick Winslow Taylor)开始了关于时间与动作的著名研究，他试图发现优秀工人和较差的工人在完成工作时的差异,并建议通过系统的培训与开发活动提高工人的工作效率,进而提高企业盈利能力。他的这一研究被普遍视为现代胜任力模型的启蒙[1]。

(二) 现代胜任力理论的正式提出

20 世纪 60 年代后期,美国国务院感到以智力因素为基础选拔外交官 FSIO(foreign service information officer)的效果并不理想——许多最初看似非常优秀的人才,在实际工作中的表现却非常令人失望。后来,麦克莱兰(David McClelland)博士应邀帮助美国国务院设计一种能够有效预测实际工作业绩的人员选拔方法。以此项目为基础的系列研究,帮助麦克莱兰奠定了关于胜任力的关键性理论和技术。

1973 年,麦克莱兰在《美国心理学家》杂志上发表其最为著名的文章《测试胜任力而非智力》(*Testing for Competency Rather Than Intelligence*)。文中指出:传统的智力和能力倾向测验根本无法预测职业成功或生活中的其他重要成就,并且这些测验对少数民族、妇女或低收入者是不公平的,因为他们几乎无缘接受相应的教育和培训。人们主观上普遍认为的能够决定工作成绩的一些因素,诸如人格、智力、价值观等,在现实中并没有表现出预期的理想效果。因此他强调回归现实,从第一手材料入手,直接发掘那些能真正影响绩效水平的个人条件和行为特征,即麦克莱兰所说的胜任力,进而为提高组织效率和促进个人事业成功做出实质性贡献[2]。

(三) 基准性胜任特征和鉴别性胜任特征

1. 基准性胜任特征

基准性胜任特征是指能够区分胜任还是不胜任某项工作的一些外显性素质或能力,诸如阅读能力、外语水平、软件使用等。基准性胜任特征仅能区分"能完成"或"不能完成"某项工作,但不能区分优秀与一般。举例来说,如果不具备专科及以上学历,几乎是不能胜任办公室文员这一岗位的,因为在此岗位上有大量的文件起草、修改与报批工作,没有相应文化水平几乎不可能胜任,但拥有相应文化水平的人不一定就能成为优秀的办公室文员。

以英国为代表的学术派别就是以基准性胜任特征为基础而进行实际应用研究的。我国人力资源和社会保障部所推行的"上岗资格认证制度",其实也是一种对基准性胜任特征的认可[3],即持证往往代表最低要求,但有证的人并不能保证干得很优秀。

---

[1] 王家奇,汤舒俊,记凌开. 胜任力模型研究综述[J]. 湖南社会科学,2009(5):118-119.

[2] 陈云川,雷轶. 胜任力研究与应用综述及发展趋向[J]. 科研管理,2004(6):141-144.

[3] 王拥军. 关于胜任特征概念、内涵和外延的研究[J]. 中国人力资源开发,2007(11):100-103.

2. 鉴别性胜任特征

鉴别性胜任特征是指能够将某一岗位上绩效的优秀者与普通者区分开来的胜任特征，诸如工作动机、结果导向、客户中心、团队精神等。这些因素大都与"怎样做工作"有关，所以也称为行为类胜任特征。

尽管使用几乎相同的语言，但美国与英国关于胜任特征的研究却有非常大的差别：英国人主要研究什么人才能上岗，即基准性胜任特征；美国人主要研究什么人才有可能是最优秀的，即鉴别性胜任特征。

研究发现，不同职位、不同行业、不同文化环境中的胜任特征模型是不同的。比如，杰克·韦尔奇(Jack Welch)被公认为当今世界最伟大的企业家之一，但他强硬的性格导致他只能做一把手而做不好副职。此外，有不少国内著名企业家宣称，如果让杰克·韦尔奇管理一家中国的国有企业，也注定会失败。

(四) 胜任力的冰山模型

根据麦克莱兰的观点，一个人的素质主要包括以下 6 个方面的因素。

(1) 知识，指个人在某一特定领域拥有的事实型信息(知道某种事实)与经验型信息(拥有某种经验)。

(2) 技能，综合运用所获取的知识去完成某项具体工作的能力。

(3) 角色定位，指一个人基于态度和价值观的行为方式与风格。

(4) 自我认知，指一个人的态度、价值观和自我印象。

(5) 特质，指在组成人格的因素中，能引发人们行为和主动引导人的行为，并使个人面对不同种类的刺激都能做出相同反应的心理结构。比如，卡特尔 16 种人格因素测验(16PF)所提出的 16 种相互独立的根源特质包括乐群性、聪慧性、情绪稳定性、恃强性、兴奋性、有恒性、敢为性、敏感性、怀疑性、幻想性、世故性、忧虑性、激进性、独立性、自律性、紧张性。

(6) 动机，指在一个特定领域的自然(即由潜意识产生，而非主动控制)而持续的想法和偏好，如追求成就，追求融洽的人际关系，渴望影响别人，等等。动机将引导、决定和持续驱动一个人的外在行动。

上述 6 个方面的因素并非平行或并列关系，而是有一定的内在逻辑，通过对这种逻辑关系的直观表达就形成了著名的胜任力冰山模型，如图 3-3 所示。

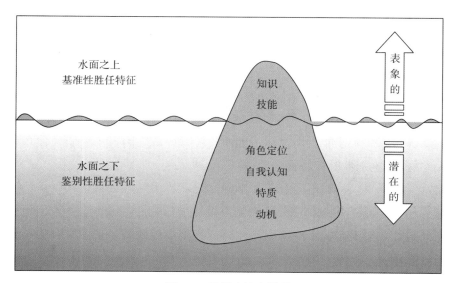

图 3-3 胜任力冰山模型

(五) 冰山模型的逻辑关系

如图 3-3 所示,从动机到知识,越往上越是外显因素;从知识到动机,越往下越是内隐因素。

从下往上是一个层层驱动的关系。以某著名绘画大师为例,他的主要动机基本可以被确定为成就导向,即画出震撼世界、流芳百世的作品。这一动机及画家的工作特点,就在一定程度上促进其形成了敏感、兴奋、特立独行、执着的人格特质。这样的人格特质加上画家的工作性质,又进一步形成了其"舍我其谁"的自我认知和角色定位。这样的自我认知和角色定位,又进一步促进其学贯古今,去汲取相关知识和经验,并将这些知识、经验及由其引发的灵感转化到自己的绘画当中(技能)。最后,他的某些作品确实震撼世界、流芳百世。

从上往下是一个层层探寻根源的过程。还以该绘画大师为例,他画出了震撼世界、流芳百世的作品,人们很惊奇:原来他掌握了一般人所未掌握的知识、经验和技能。他为什么能掌握这么多东西呢?原来他自认为在绘画界"舍我其谁",所以必须要比别人多学东西、多掌握东西。他为什么形成了这样的角色定位和自我认知呢?是由他内在的动机及其所产生的特质所驱动。什么动机呢?画出震撼世界、流芳百世的作品!

(六) 冰山模型在招聘工作中的应用指南

在胜任力冰山模型中,第一项因素(知识)和第二项因素(技能)中有相当大的部分与工作要求直接相关，一般可以通过笔试、面谈及模拟工作等方式在较短时间内予以客观测量，因此称为表象的素质或能力。由于这两项因素较多地涉及准入问题，即能不能胜任某项工作，所以又称为基准性胜任特征。

第三~六项因素是内隐的，从表象上无法探测，因此需要通过特殊的测量手段(如心理测试)来探测，或者通过对其在不同场合下都相对一致的行为表现、言谈举止等因素的计量与分析，来做出对其角色定位、自我认知、人格特质和动机的逻辑推理。同时，由于这些因素是区分绩效卓越者和表现平平者的内在原因，所以又称为鉴别性胜任特征。

二、人员甄别的主要方式

(一) 简历筛选

为了节省时间和精力，在进入后续甄别环节(如笔试、面试等)之前，招聘工作人员的一项主要任务就是简历筛选。简历筛选有如下两个关键点。

1. 找到可能胜任的人

找到可能胜任的人利用的是基准性胜任特征，主要看应聘者的专业知识是否与岗位要求匹配；再看工作经历及曾经的职位、职责范围，即由其工作经验推断所掌握的技能，判断其与本公司的岗位要求是否匹配。合适的简历留下来，不合适的剔出去。

2. 关注有疑问的地方

应聘者所投递的简历可能是有"水分"的，甚至有可能故意造假。筛选简历时，要随时注意圈出其中可能存在的疑点。诸如：是否有掩饰工作断档的地方，部分工作经历是否被隐蔽了——主要了解断档衔接是否合情合理，是否时间跨度太大；职位、头衔是否被抬高了——主要了解职位与职责的匹配度。比如，应聘销售部门的经理，不可能只罗列销售业绩，还应该列举管理方面的成果等。

有经验的招聘主管基本都具有较高的敏感性，看到疑点就会产生直觉。如果"掺水"现象不太明显，可以将此标注出来，作为后续面试时的追问话题；如果简历的"掺水"嫌疑过大，就可能意味此人在角色定位和自我认知上出了问题，即在鉴别性胜任特征上存在重大嫌疑，此类简历基本可以直接放弃。

(二) 笔试

笔试是人员甄别中的常用工具，世界著名大公司常将此作为招聘中的必选项目。

1. 笔试的优点

(1) 可以测试多重因素。不能把笔试简单地理解为考试。有效的笔试可以检测知识、技能、智力、创造性等多重因素，甚至还可以用于笔迹分析。

(2) 可以实施大面积筛选。有效的笔试一般包括选择题和书写题。通过对选择题的智能化计算机阅卷，可以迅速从大量的应聘者中筛选出符合条件的少数人，从而为后面的面试环节减轻压力。

(3) 甄别结果相对客观。与简历筛选、面试等环节相比，笔试的出题、答题、阅卷等更加规范，因此其甄别结果更有可能做到相对客观。正因为笔试有这一特点，在面对应聘者较多且岗位数量很少的公职人员的招聘活动中(如热门岗位的公务员招考)，组织者会有意加大笔试环节的分数比重，以技术手段来降低或消除外界的猜疑。

2. 笔试中常见的测试内容

(1) 知识。有效的笔试可以测试出应聘者任何方面的知识水平，诸如行业知识、公司知识、产品知识、管理知识，甚至包括历史知识、地理知识、文学知识等。

(2) 智力水平。现代的智商测验主要反映总结归纳、逻辑推理、创造创新等能力，以笔试为主。某公司在笔试中有这样一道题：

村子里住着 50 个非常聪明、诚实的人，每人养着一条狗。在这 50 条狗中肯定有病狗，且这种病不会传染。人们要找出病狗。

游戏规则：每个人可以观察其他人的 49 条狗，以判断它们是否生病(如果有病一定能看出来)，只是不能看自己的狗。观察后得到的结论不能交流，也不能通知病狗的主人。主人一旦推算出自己家的是病狗，就要枪毙它(必须在发现的当天枪毙)，而且每个人只有权力枪毙自己的狗，而无权打死别人的狗。

第一天大家看完后，没有枪响；第二天大家都看完后，也没有枪响；到了第三天，村里相继响起枪声。

问：村里共有几条病狗，你是如何推算的？

其推理过程是这样的：

假设只有一条病狗。当它的主人看遍其他49条狗也没发现病狗，那他就可以立即推断出自己的狗是病狗，所以第一天就会响起枪声。既然第一天枪没响，那么病狗数一定大于1。

假设有两条病狗。假设它的主人分别为村民甲、村民乙。村民甲在第一天发现只有一条病狗(村民乙的)，但第一天枪声没响，他就可以推断出自己的狗也是病狗(因为病狗数大于1)，所以他会开枪。同时，村民乙也会做同样的推理，所以他也会开枪枪毙自己的狗。但第二天并没有响起枪声，所以病狗数一定大于2。

假设有三条病狗。到了第三天，村民甲、村民乙都知道病狗数大于 2，但他们都只发现了别人的狗中只有 2 条病狗,那么自己的狗一定也是病狗。所以他们纷纷开枪枪毙自己的狗。另一条病狗的主人(设为村民丙),也只发现了两条病狗,而且他也和村民甲、村民乙一样,知道病狗的数量大于 2。另两条狗被打死了,那么他立马想到自己的狗肯定也是病狗,所以村民丙也毅然开枪枪毙了自己的狗。

答案:有三条病狗。

会不会有四条或五条以上的病狗呢?答案是不会。请大家自己推理。

(3) 心理测试与职业倾向。开发精良的心理测试题目可以测试人们的性格特点,比如卡特尔 16 种人格因素测验、霍兰德职业倾向测试、九型人格测试等。目前网络上有大量免费的相关测验,大家不妨亲自尝试一下,以进一步增强自己对心理测试的理解和认识。但是有两点需要注意:一是有些测试未经充分检验和广泛认可,其测试结果的可信度有待探讨;二是即便自己对测试结果不满意,也不要垂头丧气,更不能随便给自己贴上"我不适合从事××工作"等绝对定性的标签。一方面,该测试未必科学,自己的理解也未必正确;另一方面,从科学的角度讲,从青年到中年,再到老年,人的性格也是会不断发生变化的。

(三) 笔迹分析

严格来说,笔迹分析不能算常规意义上的笔试,而应归入心理测试一类。但为了便于操作,同时也为了起到一定的蒙蔽作用(不会使应聘者发觉),笔迹分析常常以书写为主的笔试卷面作为载体。

1. 书面整洁情况

如果书面整洁,可能意味着应聘者喜欢干净、整齐,较为注重自己的仪表和形象,此类人多有较强的自尊心、追求成就感和荣誉感。如果答卷有多处涂抹现象,书面凌乱,可能意味着应聘者具有不修边幅、不拘小节等性格特点。

2. 字体大小情况

字体大,不受格线的限制,可能意味着应聘者性格趋于外向,待人热情,思维开阔,做事有大刀阔斧之风,但多有不拘小节、缺乏耐心、纪律性和服从性欠缺等特点;字体小,可能意味着应聘者性格偏于内向,有良好的专注力和自控力,做事耐心、谨慎,看问题比较透彻,但心胸不够开阔,遇事可能想不开;字体大小不一,可能意味着应聘者处事灵活,无一定之规,但也缺乏自制力。

3. 字体结构情况

字体结构严谨,可能意味着应聘者思虑周全,办事认真、谨慎,责任心强,但容易循规蹈矩;字体结构松散,可能意味着应聘者思维有广度,心直口快,心胸宽阔,不斤斤计较,能够宽容他人的过失,但往往不拘小节。

4. 笔压轻重情况

书写时笔压重，可能意味着应聘者精力比较充沛，有主见，个性刚强，做事果断，有毅力，有开拓能力，但也可能主观性强，固执，过于内向；笔压轻，可能意味着应聘者缺乏自信，意志薄弱，有依赖性，遇到困难容易退缩；笔压轻重不一，可能意味着应聘者有艺术方面的追求，追求自我表现，但情绪不稳定，做事犹豫不决。

5. 书写速度情况

如果全篇文字连笔较多，速度较快，可能意味着应聘者思维敏捷，动作迅速，效率较高，但有时性子急，容易感情冲动；如果笔速较慢，可能意味着应聘者头脑反应不是很快，行动较慢，但富有耐心，办事讲究准确性。

6. 字行平直情况

字行平直，可能意味着应聘者做事有主见，处事方式以简洁明快为主，较少动心思琢磨人；字行上倾，说明书写者积极向上，雄心勃勃，并常能以较大的热情付诸实践，如果字行过分上倾，可能意味着应聘者除有上述特征之外，还往往非常固执，过于高看自己；字行下倾，可能意味着应聘者看问题非常实际，伴有消极心理，遇到问题喜欢看阴暗面，容易悲观失望；字行忽高忽低，可能意味着应聘者情绪不稳定，常常随着生活中的高兴事或烦恼事而兴奋或悲伤，心理调控能力较弱。

7. 通篇布局情况

左边空白大，可能意味着应聘者有把握事物全局的能力，能统筹安排，为人和善，能注意倾听他人意见，体察他人长处；右边空白大，可能意味着应聘者凭直觉办事，不喜欢推理，性格比较固执，做事易走极端，遇到困难容易消极；左右都不留空白，可能意味着应聘者有很强的占有欲和控制欲，但全局把握能力差，遇事只想眼前；行与行之间排列整齐，可能意味着应聘者有良好的教养，正直，不搞邪门歪道，做事有条不紊，讲究计划性、系统性和程序性，有较强的自尊心、责任感和荣誉感；行与行之间排列不整齐，可能意味着应聘者头脑比较简单，条理性较差，做事马马虎虎，缺乏责任感[1]。

以上要点为专业人员在长期工作中的经验总结，有一定参考价值。但是笔迹分析存在较多的人为因素，需要较长时间的专业训练和经验积累，所以在实际工作中常将其作为辅助工具，一般很少单独使用。

(四) 面试

面试是最常见的人员甄别环节。无论是世界著名的大公司还是名不见经传的小微

---

[1] 崔红楠. 招聘中笔迹分析的要点[J]. 中国人力资源开发，2004(3)：41.

企业，都将面试作为招聘甄别中的必选项目。

1. 面试的优点

(1) 直观。俗话说"百闻不如一见"，面试可以对应聘者进行最直接的观察，面试中所形成的感性认识是其他途径不可替代的。

(2) 综合。通过有效面试，可以形成对应聘者从外观到内心、从仪表到学识、从行为习惯到思维方式等方面的综合判断。

(3) 动态。面试是双向或多向的沟通过程，并可以随着沟通的深入而动态挖掘许多有价值的信息。

2. 面试中应重点探测的内容

1) 仪表言谈

通过面试，可以近距离观察应聘者的仪容仪表、行为习惯、沟通特点、肢体语言等外在表现，从而判断应聘者是否符合公司文化和品牌形象要求，是否是公司同事所喜欢的类型。

2) 价值观念

通过对上述表象的观察，可以对应聘者的价值观念进行较为隐蔽的探测和符合逻辑的推理。比如，一个穿着随意的人，可能反感工作中过多的形式和仪式；一个在会议室等待时坐姿不雅的人，可能内在的修养也好不到哪里去；一个用词过于极端、刻薄的人，可能缺乏同情心，不太善于与人交往，等等。

3) 工作动机

在冰山模型中，动机被置于最底端，这就意味着动机是决定一个人行为表现的最深层次的东西。越是最深层次的东西，越不容易被外在的环境变化所干扰。研究表明，人类个体社会层面的需求主要有三种，分别是成就需求、亲和需求和影响需求，人们对它们的渴望会形成工作与生活的主要动机。当然，这三种需求并非截然对立、相互排斥的，他们往往在一个人身上都有体现。其中最主要、最典型的需求，且如果被迫做出选择，宁愿放弃其他东西而被保留下来的需求，即为人们的主导需求。

(1) 成就需求即追求工作或生活中所获得的成就，并从中获得满足。以成就需求为主导的人的典型代表有艺术家、科学家、销售明星等。有些人在朋友圈里频频"晒出"自己的亮点，如亲手烤的蛋糕、亲手烧的好菜、辛苦健身练出的好身材等，其直接目的是收获"点赞"，其内在动机是满足成就需求。

以成就需求为主导的人，对工作中的成功有较强的渴望，喜欢表现自己，也同样担心失败。他们敢于接受挑战，喜欢树立有一定难度的目标。对他们来说，太简单的目标没意思，而高不可攀的目标则不现实。他们喜欢对所做的工作承担责任，更希望得到明确而又迅速的反馈(如果是正面的肯定就更好了)。他们喜欢长时间、全身心地投入工作，并从工作进程和最终成就中得到满足，即使失败也不会令他们过分沮丧，有较强的抗挫折能力。

麦克莱兰认为，如果一个公司中有很多成就需求高的人(且被很好地配置、使用和激励——笔者注)，那么这家公司就会发展很快；如果一个国家里有很多这样的公司，那么这个国家在创新、创造及经济实力等方面就会高于世界平均水平。

(2) 权力需求即能够影响或者控制他人，且不受他人控制的需求。研究表明，不同的人对权力的渴望程度是不一样的。权力需求高的人，对影响和控制别人表现出很大的兴趣(这种兴趣有可能被故意隐藏起来)，并注重利用各种可能性去争取权力和地位。他们一般头脑冷静，善于提出问题和要求，乐于进行当众演讲。他们不惧怕竞争，喜欢能体现较高地位的场合或情境，即非常关注"权力符号"。

作为管理者，拥有较高的权力需求几乎可以说是必需的。但权力需求高的人也分两种：一种喜欢追求个人权力，喜欢亲自操作，有时特立独行，典型代表如乔治·巴顿(George Smith Patton)；另一种喜欢职位权力，他们最喜欢与组织共同发展，能够自觉接受约束，同时也能从行使权力的过程中得到满足，典型代表如德怀特·艾森·豪威尔(Dwight David Eisenhower)。两者都曾是第二次世界大战期间的著名将军，也都是一个成功的组织所需要的，但他们的行事风格不同，需要予以鉴别性使用。

(3) 亲和需求即寻求被他人喜爱、接纳的一种愿望。亲和需求高的人对人际关系敏感，喜欢为他人着想，喜欢与他人合作，希望达成彼此间的沟通和理解。他们不刻意追求权力，不喜欢竞争的工作环境，喜欢亲密的人际关系，因此经常克制自己以回避人际冲突。

麦克莱兰认为，亲和需求是保持社会交往和人际关系和谐的重要条件，但注重亲和需求的管理者可能因情谊而忽视工作中的一些原则，从而导致组织效率下降。亲和需求较高而工作能力较低的员工，在国内很多公司里被称为"大白兔"。"大白兔"型员工人缘很好，看似对公司有利，但这样的人一旦多起来，公司就会丧失力争上游的锐气，从而变得平庸不堪。

在现实生活中，一个蒸蒸日上并且管理完善的公司，通常都是激情、艰辛和沉闷的——只有拥有一个充满诱惑力的正确目标(激情)，并且坚持长期、高标准工作(艰辛和沉闷)，才能逐渐甩开竞争对手，走向瞬间的辉煌(稍不留心，又会被别人超过)。

3. 面试的形式

1) 沟通交流

面试中的沟通交流可以是一个面试官对一个应聘者，即通常所说的一对一面试，也可以是一对多面试、多对一面试、多对多面试。

(1) 根据面试题目划分，面试类型主要有以下几种。

① 情境型试题。设计一个工作中经常遇到的情境以探测应聘者，判断其思维方式、工作习惯、表达能力等是否符合目标岗位的要求。目前常见的情境型试题有"如果在某个重要事情上，你与你的主管上司观点不一致，你会怎么处理？""如果你认为自己受到了不公正的待遇，你会怎么做？"

② 发散型试题。提问一个没有标准答案的热点问题，通过应聘者的立论、推论、结论等，来探测其价值观念、思维方式及表达能力等。例如某著名国际会计师事务所就曾出过这样一道面试题："你认为发展汽车产业和公共交通哪个更重要？"此类问题没有标准答案，而且谁都会有一定的看法，因此也确保了对各专业人员的公平性。

③ 投射型试题。给应聘者看一张主题不明确的图片，要求其尽量发挥想象力，讲一个与图片有关的情境故事。然后，面试官再按照专门的编码和方法对故事内容进行评分和解释。图片投射型测验生动有趣，可以测试应聘者的个人动机、自我形象等深层次胜任特征，但由于涉及心理学方面的知识和技能，因此对面试官有着较高的能力素质要求。

(2) 根据面试程序中的典型特点来划分，面试类型主要有以下几种。

① 结构化面试。在沟通交流中，对不同的面试者(轮流进入面试现场)有意安排相同的程序、相同的场景，提出相同的问题，并以统一的标准来进行评判。结构化面试可以对不同的应聘者进行相对客观的比较，可用于对大量应聘者的快速筛选(节约时间、突出效率)，对面试官的个人水平要求也相对较低。但由于标准的结构化面试不允许追问，只能按固定程序进行，当面对几十个应聘者时，不断重复相同的问题其实也是很枯燥的。

② 非结构化面试。如果面试前不拟定固定题目，面试官可以根据面试情境而随意发问和追问，这样的面试就是非结构化面试。当应聘者数量不多、相互之间差异较大，且面试官的个人经验非常丰富时，非结构化面试就比结构化面试更加灵活和实用。

③ 压力面试。面试官故意提出生硬甚至不礼貌的问题，以使应聘者觉得不舒服、没面子；或针对某事做连续、快速发问，直至对方无法回答；或通过场地布置，使应聘者面对强大的面试官阵容，从而给应聘者造成一定的心理压力。压力面试中常用的追问方式为 STAR 追问。这里所说的 STAR 是指：situation，当时的情境；task，主要任务；action，采取了什么行动；result，得到了什么结果。STAR 追问也可以在一定程度上实现对应聘者虚假陈述的检验，因为应聘者事先难以准确判断面试官会揪住哪个问题不放，因此也就难以对自己所陈述的内容做全面、细致的准备。

压力面试的目的是探测应聘者的抗压能力、应变能力和自我控制能力等。有的专家认为，如果岗位工作要求任职者具备应对高度压力的能力，压力面试是比较重要的。

但也有专家认为,压力面试缺乏对应聘者的尊重,容易使面试官产生高高在上的错觉,所获信息有时是被扭曲的,因此应该放弃。并且,这种面试方式基本不适用于对高管人员的测试。

2) 工作模拟

面试不仅可以采用面对面的沟通方式,也可以采用其他方式:角色扮演,比如让应聘者模拟上司指派任务,以观察和探测其指挥协调能力;发表演讲,让应聘者当众做一段(10~30分钟)演讲,以观察其逻辑思维能力、表达能力、反应灵活性等;公文筐测试,即给应聘者一大堆事务,由其根据自己的理解做出安排,以检验其综合判断能力、计划制订与实施能力等。

3) 无领导小组讨论

将应聘者分成5人左右的小组,布置一个左右两难的问题,让小组成员自由讨论。在讨论中,面试官从局外人的角度观察应聘者在讨论中的表现并背对背打分。无领导小组讨论可以探测应聘者的价值观念、自我角色认知、性格特点、处事风格、沟通习惯、自控能力、团队精神等。

实践经验表明,无论采取哪种形式的面试,人力资源管理者都要请应聘者提交简历,现场填写面试登记表,并签字承诺"本人保证以上信息真实,否则自愿承担由其引起的相应责任"。因为《中华人民共和国劳动法》规定企业处理劳动关系纠纷时需要相应举证,如果员工在简历或面试中有不实陈述,带有签字的书面材料就可作为有力证据。

(五) 评价中心技术

虽然评价中心技术并非一种全新的测评技术,但它也不同于传统的、单纯的纸笔测验或面试,它主要通过公文筐测验、无领导小组讨论、角色扮演等情境模拟测试,再加上对知识、能力、个性、动机等传统项目进行测量,从而实现对应聘者相对全面的测评。

现代评价中心技术的起源可以追溯到1929年德国心理学家建立的一套用于挑选军官的非常先进(在当时看来)的多项评价过程。第二次世界大战期间,美国战略情报局使用小组讨论和情境模拟练习来选拔情报人员,也获得了极大成功。对评价中心技术有效性最有力的证据来自美国电话电报公司,该公司自1956年至1960年的研究结果证明:"在被提升到中级管理岗位的员工中,有78%与评价中心的评价鉴定是一致的;在未被提升的员工中,有95%与评价中心在8年前认定的缺乏潜在管理能力的判断是吻合的。"[1]目前,世界很多著名的大公司都在运用这一人才测评技术。

---

[1] 童天. 评价中心技术的应用[J]. 中国劳动, 2005(8): 62-63.

通过上述分析可以发现，评价中心技术的主要目标是实现人岗匹配，其核心技术是情境模拟，其实现方式是综合评价。

三、人员甄别的多元组合

(一) 水上、水下全方位探测

根据胜任力冰山模型，如果水面之上的测试准确，可以确保找到一个有能力完成工作的人(但他实际上并不一定努力去完成)；如果水面之下的测试准确，则可以找到一个有可能出色完成任务的人(虽然他也不一定去尽全力、出色完成任务，但这要靠后续的管理机制来发挥作用，不能期望通过好的招聘来解决企业的所有问题)。

水面之上的探测和水面之下的探测有机结合，才有可能找到既胜任工作，又有动机去出色完成任务的人。

(二) 笔试、面试立体开展

笔试可以实施大面积筛选，甄别结果也相对客观，其常见的测试内容包括知识、智力、心理测试与职业倾向等。面试的优点是直观、综合、动态，可以探测应聘者的仪表言谈、价值观念、工作动机等。在笔试与面试的组合上，招聘组织者需要重点做好以下几点。

1. 内容确认

招聘时，应根据应聘人员的数量、水平、岗位层级等，综合确定需要探测的内容。比如，招聘一位中层管理人员，需要探测学识水平、计划组织能力、团队协作能力、临场应变能力、个人工作动机等；而要招聘一名烹饪工作餐(特别是制作盒饭)的厨师，则大可不必这么复杂。

2. 形式拆分

招聘时，应将需要探测的内容合理拆分到相应的测试环节之中。比如，将学识水平与工作动机探测拆分到笔试环节(含心理测量)，将计划组织能力、团队协作能力、临场应变能力探测拆分到面试环节。

3. 题目设计

无论是笔试题目还是面试题目，都最好能与公司文化和岗位要求等相吻合。例如，某世界著名会计师事务所曾有这样一道笔试题目：

5个人来自不同的地方，他们住不同的房子，养不同的动物，吸不同牌子的香烟，喝不同的饮料，喜欢不同的食物。

A. 红房子在蓝房子的右边，白房子的左边(不一定紧邻)。

B. 黄房子的主人来自我国香港，而且他的房子不在最左边。

C. 爱吃比萨饼的人住在爱喝矿泉水的人的隔壁。

D. 来自北京的人爱喝茅台，住在来自上海的人的隔壁。

E. 吸希尔顿香烟的人住在养马的人右边隔壁。

F. 爱喝啤酒的人也爱吃鸡。

G. 绿房子的人养狗。

H. 爱吃面条的人住在养蛇的人的隔壁。

I. 来自天津的人的邻居(紧邻)一个爱吃牛肉，另一个来自成都。

J. 养鱼的人住在最右边的房子里。

K. 吸万宝路香烟的人住在吸希尔顿香烟的人和吸555香烟的人的中间(紧邻)。

L. 红房子的人爱喝茶。

M. 爱喝葡萄酒的人住在爱吃豆腐的人的右边隔壁。

N. 吸红塔山香烟的人既不住在吸健牌香烟的人的隔壁，也不与来自上海的人相邻。

O. 来自上海的人住在左数第二间房子里。

P. 爱喝矿泉水的人住在最中间的房子里。

Q. 爱吃面条的人也爱喝葡萄酒。

R. 吸555香烟的人比吸希尔顿香烟的人住得靠右。

请根据以上线索确定谁是养猫的人。

该会计师事务所为什么会出这样一道题目呢？让我们做个简要分析。

步骤1：这道题是在测试应聘者什么能力和素质？答曰：信心——拿到这样一道难题竟然敢于尝试，而不是随便放弃或凭运气胡乱填写，本身就证明了应聘者的信心；耐心——把题目读完并找出答案需要很长时间，这本身就证明了应聘者的耐心；智商——能在短时间内找到答案，说明应聘者智商很高；推理、判断——在纷繁复杂的信息中，能够找到最直接的线索，并抽丝剥茧分析问题的实质。

步骤2：该会计师事务所的主营业务是什么？答曰：管理咨询、会计师服务(如验资、甄别假账并出具财务报告等)。

步骤3：这些工作需要咨询人员具备怎样的能力和素质？答曰：信心——面对复杂的问题敢于去探究；耐心——面对复杂而烦琐的问题，有耐心去找到答案；智商——你要比你的客户更聪明(客户也都是专业人士)；推理、判断——能够通过自己的推理而不是别人的指点(造假的人只能去欺骗你而不会去指点你)来找到答案。

现在，你明白该会计师事务所为什么会出这样一道题目了吧。

4. 测试实施

由人力资源管理者组织笔试、阅卷与初步筛选，并推荐候选人；由人力资源管理者会同目标岗位的平级、上级开展两轮面试，并对面试结论进行充分讨论。

5. 权衡选择

将笔试与面试的结果进行相互比较、印证，以最终确定一位目标人物、两位备选人物(防止目标人物有其他选择)，并发出录用通知。

(三) 用人部门和人力资源部门多方考察

人力资源管理者拥有丰富的专业经验，能够对应聘者的胸襟、视野、价值观念、思维方式、工作动机等进行较为专业的探测、分析，但他们并不十分熟悉每个岗位对专业知识、专业能力的具体要求；用人部门负责人了解本部门所需要的人应具备怎样的知识与能力，但他并不熟悉怎样探测，对管理心理学也是一知半解。只有两者有机结合、合理分工、密切协作、充分沟通、共同努力，才有可能使人员甄选活动取得令人满意的效果。

(四) 直接信息和间接信息相互印证

所谓直接信息，是指应聘者对书面问题或问话内容的正面表达。比如，在笔试中，应聘者A先生写道"既能独立开展工作，也能与团队成员一起完成较为艰巨的任务"，在面试中，A先生也做出了相似的陈述。这两种正面表达就是直接反馈。

所谓间接信息，是指应聘者正面回答之外的间接信息。还以这位A先生为例，他笔试时的书面答卷行间距小且向下倾斜，笔压重且字体小，卷面写得满满当当，字体从头到尾几乎不变，间接说明A先生可能内向、悲观、固执且比较自我。但这只是一种推断，我们此时还不能确定。同时，在用语言陈述"自己既能独立开展工作，也能与团队成员一起完成较为艰巨的任务"时，A先生下意识地做出了扶眼镜的动作，目光游离、回避，这就可能意味着他在撒谎(显然，他并不善于撒谎)，这也反映了一些间接信息。最后，小组讨论时，他只说了一些"皮毛性"的观点，而当他主动站出来代表小组做总结时，又说出了很多非常独到的想法，并特意强调"这是个人想法，不代表大家的意见"。据此可以做出间接推断，此人比较自私，不愿意与他人"一起完成较为艰巨的任务"。

在此案例中，对A先生的直接探测和间接探测相互印证的结论只有一条——此人不可用。

第三节 招聘选拔技巧

如果说对人的甄别是"技术含量大于艺术成分",那么对人员的选拔则是"决策艺术高于技术分析"。

一、世界著名公司的成功实践

(一) 松下公司:只招收 70 分人才

到松下应聘时,公司会要求应聘者根据实际情况给自己打分,那些给自己打 70 分以上的应聘者,松下公司一般都不予录用。该公司的观点是:那些自认为优秀的人,要么眼高手低、不服从管理,要么因能力强而跳槽率过高,而松下公司要的是"适当的人才"——70 分就已足够。

(二) 三井物产:你够成熟、稳重吗

与其他跨国公司不同,日本三井物产公司的面试没有固定的问题和固定的形式,面对不同的岗位和不同的应聘者,三井物产公司会采取不同的面试过程。但在面试过程中,三井物产公司始终坚持遵循平等原则,始终坚持人性化的面试。三井物产公司选人时,最关注的是应聘者内在品质与能力:是否有自信心、言谈是否成熟、做事是否稳重等,是对应聘者内在品质方面的考察重点;而是否细心、是否有观察力、是否擅长语言表达等,则是能力方面的考察重点。

三井物产公司不仅认真倾听应聘者是如何说的,更会考察他们是如何做的。虽然不设计让应聘者为难或难堪的面试环节,但是从应聘者走入公司那一刻起,公司对他的考核就已经开始了,这使得很多测试环节在不经意间已经完成。[1]

(三) 宜家:信任和诚实最重要

宜家对人、对事是无条件信任的。"你有什么能力,达到什么程度,说什么我都信。但如果存心欺骗,你不会有第二次机会。"

宜家对管理层员工在英语和计算机操作方面都有较高要求。但是在面试时,宜家不会去当面考核,也不会用四、六级或托福、GRE 成绩来衡量,因为真相很快就会显

---

[1] 谢文静. 世界知名企业独特的用人理念[J]. 中国职业技术教育,2007(9):61-62.

露——应聘者是否真正具备宜家所要求的能力和水平,很快可在实践中见分晓。[1]

(四) 微软:我们欣赏有潜质和有激情的人

相对来说,微软公司非常强调员工的素质和激情。他们的用人哲学是:潜能最重要,技能靠培训。微软公司的创始人比尔·盖茨曾公开表达:在我的公司里,我愿意雇佣有潜质和有激情的人,而不是那些有经验的人。经验可以从后天的培训和实践中获得,而从长远来看,潜质更有价值。因此,我们最想要的是那些朝气蓬勃、有活力的人,他们热爱工作,善于沟通,满怀热情地对待每一件事、做好每一天的工作,并且能够影响和激励别人。[2]

(五) IBM:没有缺点请离开

IBM 公司喜欢有才华的员工,同时也承认人性中不可避免地会有弱点,因此做到了对员工性格的尊重和包容。IBM 不相信那些自称没有缺点的人,也不欣赏一个不敢承认自己缺点的人——在现实生活中,才华越是出众的人,其缺点也往往越明显。因此如果应聘者说不出自己的缺点,或自称自己没有缺点,只能说明此人要么没有优点,要么对自己的缺点进行了"技术处理",他们会毫不手软地予以排除。[3]

另一个佐证是 IBM 公司的名言:野鸭或许能被人驯服,但是被驯服的野鸭却因失去野性,再也无法自由飞翔。IBM 反复强调,我们需要的不是那些被驯服的、听话的平庸之辈,而是那些不畏风险、勇于创新的拔尖人才。[4]

(六) 朗讯:技能与文化的矩阵

美国朗讯科技公司是一家世界著名的通信网络设备提供商,旗下的贝尔实验室更是闻名遐迩。在招聘中,朗讯的面试人员主要关注两方面内容:一方面是应聘者的专业、工作履历及经验技能,另一方面是应聘者与朗讯公司文化的匹配性。考察应聘者与朗讯公司文化匹配性的评判标准是 GROWS。其中,G 代表全球视野;R 代表结果导向;O 代表关注客户与竞争对手;W 代表开放和多元化的工作场所;S 代表速度。

就上述 GROWS 标准,主考官会提出许多不同的问题,比如:你在以前的工作中遇到过什么困难?你是怎么处理的?你是如何确保自己高效率工作的?你通常怎样指挥和领导一个团队?等等。

---

[1] 洪正芹. 跨国公司是如何招聘员工的[J]. 湖南经济,2003(3):26-27.

[2] 李萍. 如何适应英美企业文化和用人理念[J]. 湖北经济学院学报(人文社会科学版),2008(10):95-96.

[3] 黄海珍. 世界名企独特的招聘方式[J]. 人力资源,2005(6):43.

[4] 车桂兰. 世界知名企业独特的用人理念[J]. 铸造技术,2003(4):248.

面试时，每个应聘者都会面对两个面试官，他们会给应聘者的每一项回答打分和评注。打分结果分为优势明显、需要培训、明显不足等不同档级。最后，面试官会将"技能与经验"得分和GROWS打分结果填到招聘矩阵中，来综合确定应聘者是否符合朗讯公司的要求。[1]

(七) 麦肯锡：分析思考能力是必需的

麦肯锡公司的目标之一就是"建立一个能够吸引、培养、激发、激励和保持杰出人才的企业"。麦肯锡的招聘渠道依次为大学、猎头公司、内部员工推荐、主要竞争对手。

在招聘中，麦肯锡公司最关注的是应聘者的分析能力。

测试方式之一：主考官事先把咨询方案拆分成几个零散的部分，然后让应聘者把方案重新组织起来，并说明自己这么组合的理由。其目的是探测应聘者的商业判断能力，以及他对公司解决方案含义的理解及感受。

测试方式之二：询问一些稀奇古怪的问题，诸如：美国有多少加油站？为什么下水道的盖子是圆的？提问这样的问题，面试官是想了解应聘者分析和解决问题的能力，判断其思路是否清晰，推理是否符合逻辑，表达是否简练，而不是想得到标准答案。要想在此类面试中获得成功，应聘者必须把问题分解成几个主要部分，并且在分析过程中做出合乎情理的假设。

一个有趣的现象是：在面试第一关，如果应聘者给未来的直接主管留下了很好的印象，那么在接下来的面试前，直接主管及其他同事都会尽力帮助(在公司规则许可的范围内)应聘者通过面试。[2]

(八) 麦当劳：相貌平平就不错

麦当劳公司坚持认为：我们首先应该是培养人的学校，其次才是快餐店。

因为在麦当劳这样的服务性行业，良好的职业道德是成为一流员工的先决条件，而不是知识、能力或其他因素。所以在招聘中，麦当劳通常着力寻求那些长相一般但有吃苦耐劳的创业精神的人。随后，公司会以成熟的培训体系和工作中的言传身教，来向员工灌输"麦当劳精神"以及必备的操作技能。这种独特的人才理念及配套的管理体系为麦当劳在全球的发展赢得了持续的成功。[3]

---

[1] 洪正芹. 跨国公司是如何招聘员工的[J]. 湖南经济, 2003(3): 26-27.

[2] 洪正芹. 跨国公司是如何招聘员工的[J]. 湖南经济, 2003(3): 26-27.

[3] 车桂兰. 世界知名企业独特的用人理念[J]. 铸造技术, 2003(4): 248.

二、由实践到理论，再到能力

从上述世界著名公司的最佳实践可以总结出一些理论内容，也可以进一步将这些理论转化为自己的工作能力。

(一) 招聘，首先要明确用人理念

招聘既是一项常规工作，也是一项重大的系统工程，所以招聘前首先要明确本公司的用人理念。举例来说，如果公司历来就喜欢成熟、稳重、踏实肯干的人(如松下、三井)，那么就应该在选拔环节注意排除那些有个性的人；如果公司喜欢有激情的人，那么就应该在经营理念和管理制度允许的范围内，注意选拔那些有能力、有潜质、有激情的人，如果这个人有巨大的影响力，能够影响和带动更多的人有激情地工作，那就更好了。

综上，如果在招聘之前没有真正理解公司的用人理念，就很容易陷入"招聘—离职—再招聘"的怪圈，费力不讨好。

(二) 招聘，一定要考虑职位属性

虽然世界上最好的公司都有自己独特的用人理念，但是对不同职位上的人员，它们又有各自不同的要求，诸如，财务人员不能太贪婪，研发人员不能没有追求，企划人员不能太狭隘，营销人员不能太保守，生产人员不能太"柔情"，人力资源管理人员不能无人性，等等。"同中有异，异中有同"，也许是对人才选拔规律最好的概括。

(三) 招聘，一定要遵循公司文化

文化是一种无形的东西，但它有着巨大的威力。看看曾经的"世界上最大的综合性天然气和电力公司之一""北美地区的头号天然气和电力批发销售商"美国安然公司的倒闭，看看当今世界高科技公司的"鼻祖"惠普公司在世纪之交的变革阵痛，就会真正明白公司文化的力量。

朗讯公司在人员选拔时所使用的能力与文化的两维矩阵，就是要确保找到信奉本公司文化并且有一定能力基础的人。如果所招聘的人对朗讯的 GROWS 文化缺乏足够的认同，则可能的结局只有两个：一是此人在工作中感觉不舒服，主动离职；二是业务部门的老板看不上他，把他给开除了。

(四) 招聘，一定要结合其他人力资源模块

麦当劳公司之所以敢于招聘有吃苦耐劳的创业精神但缺乏相应工作经验的人，是

因为它们有很好的培训体系——不会做不要紧，公司可以培训，但如果缺乏吃苦耐劳的创业精神，公司就要花很大的精力来培养。在冰山模型中，相对于水面之上的技能，水面之下的人格特质更难改变。

所以，在招聘之初，招聘主管就要学会将招聘与其他人力资源管理模块有机联系起来。诸如：公司有没有成熟的培训体系？此人开出的薪酬福利要求会不会对公司的薪酬体系产生冲击？公司的绩效管理系统是否与此人的工作预期相匹配？等等。举例来说，如果公司的绩效考评不严格，而应聘者是一个成就动机非常强的人，希望自己的业绩能够被客观、公正地评价，希望自己能以出色的业绩在公司里步步高升，而公司根本就不想变革原本很糟糕的绩效管理系统，此人能在公司里待下去吗？

(五) 招聘，一定要关注行业大局

招聘，既要关注目前的岗位需求，更要关注行业未来的发展大局。如果行业发展前景好，本公司战略清晰、成长迅速，就应该有相应的人才选拔理念；如果行业前景不明朗，公司有可能转型，就应该采用另一种人才选拔理念。

跳出人力资源管理者的思维定式，学会从公司全局、行业动态的角度来思考问题，是当今企业对人力资源管理者的必然要求(详情可参阅本书第五章"薪酬管理")。

第四节 高端招聘技巧

本节既有就事论事的实操建议，也有对整个人力资源管理体系的思辨式探讨，可以说是招聘人员从"办事员"走向领导岗位的必要修炼。

一、始终注意摆正心态

一些著名公司的人力资源管理者在多次主持笔试、面试，见惯了应聘者渴望的眼神和顺从的表情之后，就会在潜意识中产生这样的幻觉：自己大权在握，自己高高在上，于是便不由自主地高傲起来。而在名不见经传的小公司里，人力资源管理者却经常面临这样的尴尬：投招聘广告鲜有人理会，拨打网上搜来的简历上的电话，对方不冷不热、爱答不理。好不容易找到了合适的人，对方却迟迟不来报到，一打电话，人家早已另谋高就。于是不由自主地产生挫败心理。

其实，这两种心态都是不对的。在"大牛"公司里，应聘者敬佩的不是个人，而是其背后的公司，公司强大不代表某个人强大；在小微公司里，应聘者"鄙视"的也不是某个人，而是所在的公司，公司不知名并不代表个人低人一等。

合适的人，是未来的好伙伴，大家相敬如宾、同舟共济；不合适的人，就如同一飞而过的流星，莫如相忘于江湖。

二、密切关注理念变迁

成熟、稳重的公司不会犯冒进的错误，但也不会在原创领域实现重大突破。日本很多著名的大公司之所以长期以来难以摆脱低迷困局，人才的平庸(相对于同量级的美国企业)是其中的关键。因此，虽然很多日本公司以成熟、稳重、敬业等人才理念著称，但近年来也发生了一些变化。有这样一个案例：

笔迹分析就是通过分析应聘者的笔迹情况来判断其深层特征，进而决定是否录用。很多企业在招聘人员时，都比较欢迎笔迹端正、字句工整的人，而当今日本的一些中小企业却喜欢聘用字迹脏乱的应聘者。对此，关西机械会社的野田社长解释说："如今技术革新的速度越来越快，如果像以往一样，考虑好了再干就已经晚了。而边想边干的人，其字迹必然脏乱。入社考试(即入职考试)的答卷让人一点也看不懂是不行的，但稍微有些脏乱则没有关系。"[1]

由此案例可以看出，任何公司的经营理念、人才理念、管理理念都是在不断发生变化的，差别只在于变化的大小和快慢。看看《惠普之道》《杰克·韦尔奇自传》《谁说大象不能跳舞？》《乔布斯传》等经典畅销书就会发现：原来美国的"大牛"公司也在改变！

作为一个代表性群体，中国的企业正在由年少走向成熟，由"野蛮生长"走向规范发展。在这一大背景下，人力资源管理者应密切关注本公司和其他公司经营理念、人才理念、管理理念的变迁。

三、精心安排甄选环节

有很多非常优秀的人才在面试环节还未结束就已决定退出，并很快在竞争对手的公司里另谋高就，这是为什么？权威的调查数据表明：笔试题目不专业(有的是直接从网上下载的)，面试问题幼稚而且重复，以及面试流程拖沓冗长等因素，是使优秀人才

---

[1] 肖东. 别出心裁的招聘怪招[J]. 中国中小企业，2002(4)：71-72.

较早放弃应聘的罪魁祸首。

试想,如果你是一个非常优秀的人才,在笔试、面试各环节经常被反复询问同一个问题,而且这些问题本身就很"老套"(诸如:你是如何看待我们公司的?你为什么选择我们公司?你来我们公司应聘的主要原因是什么?我们公司的哪一点吸引了你?等等),你是不是会觉得很沮丧?你是不是觉得这样的公司不值得你浪费时间?

这个问题怎么解决?请参照本章第二节关于"笔试、面试立体开展"的讨论:将需要测评的内容提取出来,再将这些问题酌情分拆在笔试、面试各个环节(可适度压缩、合并);每一个环节的面试官都要和下一个环节的面试官沟通已探测到的内容以及对应聘者的评价,提醒下一环节应注意的问题,等等。

四、利用人才聚集效应

不论你所在的公司是行业"大牛"还是无名小辈,人力资源管理者都要持续不断地向各部门的领导职位推荐优秀人才。至于优秀到什么程度?这要由公司的量级和吸引力(薪酬福利、权限大小、发展空间、文化氛围等)决定。

直接原因:优秀人才对业务精通,对市场敏感,能够带领团队创造佳绩。

间接原因:优秀人才能够带动和影响周围的人,从而使其他人也变得优秀。

平庸的人不愿意为自己的部门招聘优秀人才,主要是害怕被抢了饭碗,典型表现:如果我是B级人才,就只愿意招聘C级人才,从而使公司水平越来越差。而优秀人才不怕招聘优秀人才,他们反而因有人能"听懂"他们的心声而高兴,典型表现:我是A级人才,再来一个A级人才正好一块干大事,我不怕他会超越我,因为我还会进步,我怎么会连这点自信也没有?这样一来,公司的综合水平就会越来越高,人才聚集效应就会逐渐形成。业内有句名言"如果想成为谷歌那样的公司,就一定要招揽最优秀的员工"说的就是这个道理。

五、为眼前,更为将来

各行各业的市场环境都是在不断变化的,钢铁、水泥、玻璃、纺织等传统行业的持续崩溃、解体便是例证。在这个以移动互联为背景的大变革时代,没有什么是不变的,而且变化的速度将越来越快。

企业主营业务、业务模式的变化必然会引起人才结构和数量的调整。人力资源管理者在做好日常招聘工作的同时,还要注意把握公司未来的发展方向,在征得公司领导同意的前提下,提前为公司招聘和储备人才。比如,当前中国企业界有一个普遍现象，但凡做到一定规模的实体企业(与金融类企业相对应)，都有一种做投行的冲动。如果你所在的公司真的要决定走这条路，提前招聘或储备这样的人才(可以先搜罗人才，建立人脉圈，储备人才信息库)，就是人力资源管理者聪明的选择。"二流的招聘满足需求，一流的招聘提前布局。"

六、给人才一个加盟的理由

作为一个招聘主管，应该知道人才最看中的是什么(不同的人才有差异，但也有共性)。同时，作为一个专职的人力资源管理者，也应该非常清楚公司能给这些人才提供什么。找到两者的契合点，给对方一个加盟本公司的理由，往往会使犹豫不决者尽快下定决心。当然，不能粉饰公司和职位，更不能撒谎，否则他们到岗时间不长就会失望，并会因此而愤然离开。毕竟，企业缺的是优秀的人才，而优秀的人才从来就不缺能赚钱养家的职位。

七、要学会和业务经理合作

我们曾在前面讨论过，招聘时，人力资源管理者要和用人部门的经理(以"业务经理"指代)进行分工与协作。这一点绝对不仅仅是教条，同时也是实实在在的经验和能力。

对于那些优秀人才，无论是曾为所效力的公司做出过实质贡献的实力派，还是即将毕业的有着非凡潜能的"潜力股"，单凭人力资源管理者的介绍往往是搞不定的，因为他们总会有很多的选择。此时，人力资源管理者就要学会和业务经理合作，作为未来的直接上级，业务经理冲在前面拉人；作为人力资源管理者，在后面顺势推一把，让这些优秀人才看到公司的诚意，往往就能一锤定音。

八、打造完善的薪酬方案

眼睛盯着外界的人才，更要看牢自己的篱笆。如果公司给员工提供的人际环境、发展环境、激励环境不好，真正的人才很快就会走人。所以，全力推动公司建立健全人力资源管理体系，设计并实施完善的薪酬方案(见本书第五章)，围绕公司优秀人才制订人才保留计划，从根本上减少人才流失率，是缓解人力资源管理部门招聘压力的关键内功。因为真正优秀的人才并不好找，与其顾此失彼搞招聘，不如花大力气稳固自己的营盘。

所以，每当公司的关键人才离职的时候，人力资源管理者需要做的不是大骂此人过河拆桥、翻脸不认人，而应该平心静气地交流、将心比心地沟通，了解人才离职的原因，然后"亡羊补牢"。

九、培训你的老板

业界有一种说法："老板的高度决定企业的高度。"因为真正的人才达到一定级别以后，金钱已经不是他决定去留的最重要的因素。他首先要看的是公司的前景怎样，老板的风格是什么，跟谁在一起，能够获得怎样的发展平台，最后才是薪资、股权。

业界还有一种说法："不会管理自己上级的管理者，管不好自己的下属。"所以，潜移默化地影响自己的老板，通过各种途径(包括推荐好的书籍、课程、培训班等)使他充分认识人力资源管理体系的重要性并大力支持相关工作，绝对是人力资源管理者的一门必修课。

本 章 小 结

第一节，重点介绍了招聘管理的基础理论。首先对招聘管理系统进行了总结归纳和简要拆分，进而分析了招聘的目的及作用，随后介绍了招聘中的分工与协作、对内部招聘和外部招聘的权衡与选择、招聘金字塔及有效招聘的三原则，帮助读者初步掌握有关招聘工作的理论知识。

第二节，重点介绍了甄别技术。作为铺垫，首先探讨了人员甄别的核心依据，这是人员甄选的重要基石；其次重点分析和讨论了人员甄别的主要方式，并以世界著名公司的案例为例进行说明；最后探讨人员甄别多元组合，以进一步提高读者的理论水平和实操能力。

第三节，简要归纳了人员选拔技巧。人员选拔环节，"决策艺术高于技术分析"。本节首先对世界著名公司最佳实践的部分内容做了呈现，以形成读者对人员选拔理念的感性认识。在此基础上，简要探讨了本书关于人员选拔的理论和技巧，并希望起到抛砖引玉的作用。

第四节，介绍高端招聘技巧，目的在于提高人力资源管理者的素质水平。本节以有关理论为基础，结合多年的研究与企业咨询实践，总结归纳了一些人力资源经理、人力资源总监的经验，可能不一定适用于所有企业、所有人员，但相信高水平的读者能够予以批判性吸收。

【关键术语】

招聘	招聘管理	人员甄选	招聘评估
职业锚	胜任力	基准性胜任特征	鉴别性胜任特征
冰山模型	结构化面试	压力面试	评价中心技术

复习思考题

一、简答题

1. 招聘的目的有哪些？它与你最初的理解有什么不同？
2. 当企业出现职位空缺时，你更赞同从企业内部招聘还是从外部招聘，为什么？
3. 谈一谈你对有效招聘三原则的理解。
4. 谈一谈怎样进行人员甄别技术的有效组合。
5. 谈一谈进行人员选拔时应该考虑哪些因素。
6. 你最认可"高端招聘技巧"中的哪几条？为什么？

二、案例分析

IBM公司的用人六要诀[1]

在IBM工作长达25年之际，作为公司大中华区人力资源总监的郭希文女士向《IT时代周刊》总结了IBM的用人之道，并将其概括为六个字：争、选、育、用、留、舍。

(一) 争

在知识经济时代，各类组织对人才的竞争是非常激烈的，被誉为时代"领头羊"的高科技公司更是如此，甚至就连微软、谷歌等世界顶级公司也纷纷加入"抢人行动"大军。很多公司的人力资源部门都抱怨招不到人才，更招不到符合要求的人才。

郭希文在IBM做了多年的人力资源工作，她深切地感受到来自市场的压力。因此，她常思索这样的问题：IBM的竞争力在哪里？IBM靠什么来吸引人才？

相对来说，大型外资公司普遍能提供良好的工作环境、高薪、福利、培训和发展机

---

[1] 郭希文. IBM的用人6决：争、选、育、用、留、舍[OL]. http://www.hr.com.cn/p/1423415322.

会等。与之相比，IBM则是把"人是IBM最宝贵的财富"作为企业文化来吸引人才。这一文化源自IBM从一开始就推崇的"尊重个人"的管理信念，它是IBM能够吸引人才的无形的，也是最有效的秘密武器。

此外，在每次开展重要的招聘活动之前，IBM都会与一些专业的人力资源咨询公司合作，对目标市场进行详尽的调查，调查内容包括人才分布情况、薪酬待遇状况，以及竞争对手的策略等。正所谓"知己知彼，百战不殆"，IBM根据这些调查数据就能制定出有效的招聘策略，并迅速开展人力资源工作，做到有的放矢。

(二) 选

在人才招聘会、猎头公司、内部推荐、媒体广告等众多的招聘渠道中，IBM最喜欢的还是校园招聘，其"蓝色之路"校园招聘计划就颇受在校大学生的青睐。IBM为什么偏爱"一张白纸"似的在校生呢？这要归功于IBM内部非常完备的培训体系，它可以让年轻人快速成长起来并承担重要职责。

郭希文说："IBM的蓝色实践计划的主要目标之一就是让大学生进入企业，将他们在校园所学的理论和企业实践相结合，提前让他们调整自己，一边学习做事，一边学习做人。"

由于公司名气很大，IBM每年接收的简历数量非常大。在数量庞大的简历里，如何挑选候选人呢？关键是看应聘者的态度！比如：很多人以公式化的内容做简历，而有的人却是用心制作简历，这说明他非常在乎这份工作，希望通过努力来争取这份工作。

IBM的笔试主要测试应聘者的基本素质、英语水平和逻辑思维。笔试关通过之后，至少还有两轮面试：第一轮面试是人力资源部门组织的，主要通过交谈来大体了解应聘者的语言能力、个性特点、沟通能力、团队精神等；第二轮面试是用人部门组织的，重点考察应聘者的专业素质和具体的职业需求。多数应聘者在第二轮面试之后就可得知是否被录用，但根据目标岗位的不同，有的应聘者还需要接受部门经理的上级经理面试，即还有第三轮面试。

(三) 育

IBM有非常详细的培训计划，这些培训计划可以说完全覆盖了员工职业生涯的每个阶段。公司每年的培训费用高达年度总营业额的2%，要比我国规定的职工工资总额1.5%的最低标准高出33.33%。

培训从新员工进入公司的第一天开始。除行政管理类人员只有两周的培训外，销售、市场和服务部的员工都要接受三个月的培训。培训内容大致有两个层次：一是人力资源部门组织的关于公司文化、工作技能、沟通技巧等方面的培训；二是用人部门组织的专业知识与专业技能方面的培训。

入职培训结束以后，公司会给每个员工安排一个师傅和一个培训经理。师傅指导新员工了解IBM的工作方式、产品和服务等，而培训经理是IBM为照顾新员工专门设置的一个岗位，目的是帮助他们尽快进入角色、提高工作效率。

(四) 用

郭希文女士用一个 I 和三个 C 概括 IBM 的用人标准。

I 代表诚信的品德(integrity)。对 IBM 来说，品德是最关键的，因为它是一个人最根本的东西，而技能、沟通能力等，则可以通过后天习得。

三个 C 分别代表沟通(communication)、协作(collaboration)和工作投入(concentration)。对这三项的考核，IBM 会贯穿始终。IBM 非常重视员工的自我评估，因为通过自我评估，可以帮助员工发现自己身上所存在的不足，进而不断修正自己，塑造符合公司要求的行为，最终成长为具有领导才能的管理者。

每年年初，每位员工都要写出自己的工作目标，然后努力在工作中实现它；年中，员工"小结"一下自己的成果，回顾有什么地方做得好，哪些地方还需要改进；年末，员工要做全年总结，直接主管也会参与进来，指出优点和不足，最后会给出评估结果。随后，员工会根据实际情况制定自己下一年的工作目标。

IBM 对员工的衡量标准有三个：一是独立性，即员工是否具备独立工作的能力，他做一件事情的时候需要几个人帮助；二是洞察力，即在一项工作刚开始的模糊状态下，员工能否很快找到一个清晰的方向，并按这个方向奋力前行，达成目标；三是前瞻性，即员工能否预见未来，并提前采取相应措施。

(五) 留

郭希文用"舍不得"来描述员工与公司的关系。她之所以 25 年来一直舍不得离开，主要原因是"IBM 是一家好公司"。那么"好公司"的标准又是什么呢？她用以下四个标准来解释。

第一个标准，公司是否有前瞻性，是否走在最前沿，是否能引领社会发展的潮流。

第二个标准，公司的经营模式是制度化的还是无序的。

第三个标准，公司是否为员工提供适合其成长的发展空间。

第四个标准，公司是否有人性化的制度来满足员工的需要。

除了上述好公司的标准，员工是否能在公司里找到适合自己的工作，在工作中如何与其他人合作，工作是否具有挑战性，是否能够获得成就感等，也都是员工决定是否留下来的考虑因素。

在 IBM 公司，员工有很多机会发展自己。这是因为 IBM 的业务包括软件、硬件和服务等，员工可以根据自己的优势和偏好选择适合自己的职位。人力资源部也会在不同阶段对员工进行调研，并根据员工的兴趣、爱好、特点等，给员工提供关于适合什么工作的建议。把兴趣和工作结合起来，对员工和公司来说是双赢的。因为它既满足了员工的成就需求，又保证了公司利益的最大化。

(六) 舍

任何事都不是绝对的，在 IBM 公司也是这样。经过一段时间的工作之后，有些员工并不能达到预期的效果，其可能的原因有两个：一是技能问题，二是态度问题。

如果是技能问题，公司就会想办法提供相应的培训，或根据员工的特长和兴趣调整岗位；而如果是态度问题，在说服教育没有效果的情况下，IBM 只能劝其寻找更好的发展机会。

【案例分析】

1. 在人才竞争日趋激烈的高科技行业，IBM 是如何"争夺"人才的？
2. IBM 为什么喜欢招聘在校大学生？这需要怎样的配套工作？
3. 在挑选简历方面，IBM 有什么独特之处？它给你什么启示？
4. IBM 的笔试和面试各自的侧重点在哪里？
5. 关于怎样留住现有人才，IBM 的做法给你什么启示？
6. 在不得已的情况下，IBM 也会"舍去"一些人，它主要舍去哪类人？为什么？

第四章

员工培训与人才开发

当今的中国企业已普遍认识到培训的重要性,有的企业已经开始按比例提取年度培训经费,有的企业甚至还建立了培训体系。但是当问到"培训经理应具备怎样的素质和能力"时,很多人会回答:较高的亲和力、喜欢与人交往、善于沟通和表达、强大的应变能力、诙谐幽默等,几乎是将培训经理当成培训讲师来看待了。这说明大家对培训的理解还很不到位。

培训什么?培训怎样开展?培训与开发有什么不同?怎样才能成为一名优秀的培训经理?怎么才能通过好的培训与开发工作为企业插上腾飞的翅膀?学完本章的内容,你将会找到满意的答案。

学习目标
- 掌握培训的定义及目的。
- 熟练掌握培训的指导性流程及各个环节的要点。
- 了解培训的主要方法。
- 掌握员工培训技巧。
- 熟练掌握员工培训与人才开发的差异。
- 了解培训体系开发与建设。

第一节 员工培训基础

本节既有关于培训的基本概念、主要方法及经典理论的介绍,也有关于培训目的和培训流程的探讨,篇幅不大但内容丰富,需要读者带着自己的思考去认真阅读,融会贯通。

一、深入了解培训

(一) 培训的定义

培训是指公司有目的、有计划地实施旨在帮助雇员学习与工作相关的能力素养、规章制度、理念思维等方面内容的活动。

(二) 培训的目的

一般来讲，好的培训可以实现多重目的，诸如，补充或更新员工所掌握的知识与技能，持续改变员工的行为和态度，提高或改善员工的工作产出，实现人才梯队的不断优化，促进企业绩效的持续提升。但是，这些目的并非并列关系，而是有内在的因果逻辑，如图 4-1 所示，只有真正理解其中的"因"和"果"，才能从源头上搞好培训工作。

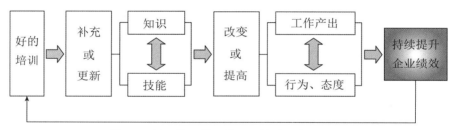

图 4-1 培训的目的及其因果关系示意图

如图 4-1 所示，好的培训的确可以持续提升企业绩效，但它不能直接实现，而是需要一系列中间目标的支撑。如果想依靠培训直接提高企业绩效，这样的培训往往事与愿违。

1. 培训的直接目的

培训的直接目的是补充或更新员工所掌握的知识与技能。对于悟性高的员工来说，知识和技能是可以相互转化的。比如，课堂上讲的是"领导学"知识，聪明的管理者会一边听，一边用自己所经历的事情加以验证，用这些知识来分析自己过去领导下属过程中的得与失、对与错，然后琢磨如何改进，于是知识在不知不觉中就转变为技能。

同理，课堂上讲的是如何激励年轻员工(领导技能)，聪明的管理者会一边听一边总结——对于人员的激励是要分对象的，年轻人有年轻人的渴望，中老年员工也有他们共性的需求，不论面对什么样的下属，满足对方内在和外在的需求是激励最根本的源泉。于是，技能在不知不觉中又上升为一定的理论知识。而如果员工的悟性不高、经验不足，就需要培训组织者做好与培训师的沟通工作，注意在讲授的基础上增加一些促进知识与技能相互转化的互动环节。

综上,只有员工所掌握的知识跟上企业发展的节拍,所掌握的技能能够满足企业需要,才有可能达到促进企业绩效持续提升的目的。

2. 培训的间接目的

(1) 持续改变员工的行为和态度。之所以培训有间接目的,是因为即便员工掌握了相应的知识和技能,他也不一定愿意在工作中应用。要想使员工能够在工作中创造性地(而非装模作样地)应用这些知识和技能,同时还要改变员工的行为和态度。

短暂的行为改变可以立竿见影地见到效果,比如动作的规范性,只要教给他,他就可以做到规范化操作。但长期的行为改变则需要态度乃至价值观念的改变,比如,要想使员工动作做到持续的规范性,在无人监督的情况下仍然坚持规范化操作,就要使他认识到规范化操作对企业有什么好处(如产品质量有保障),对他本人有什么好处(如减少安全事故,确保产出质量,提高工作效率,最终提高个人收入或职位级别)。只有当他充分认识到这一点,也充分了解随意操作所带来的恶劣后果,规范化操作才会内化成为态度的改变。

很多城市马路边张贴的标语"司机一滴酒,亲人两行泪",其实就是试图改变机动车驾驶者的态度。关于员工行为和态度的改变还包括培育团队精神,加强归属感,提高敬业度和对企业的忠诚度,等等。

(2) 提高员工工作的产出(包括质量和数量)。前面曾讨论过,即使员工的知识和技能提高了,产量也不一定持续提高,产出的持续提高是知识、技能与行为态度相互作用的结果。当然,有些培训的直接目的并非提高员工的知识或技能,而是试图改变员工的态度,比如拓展训练、危机教育(如《华为的冬天》)。而有些培训的直接目的是补充知识、提高技能,同时也间接地引起员工对企业的认同,其中有非常复杂的心理活动过程,需要培训组织者认真分析、精心设计,如图4-2所示。

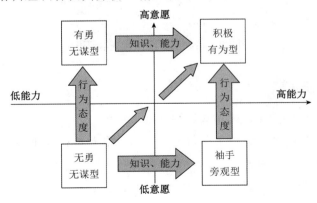

图4-2 员工的现实状况与培训目的组合

3. 培训的最终目的

培训的最终目的有两个：一是人才梯队不断优化(包括素质和心理状态两个方面)；二是企业绩效的持续提升。细究起来，这两个最终目的是分不开的，两者有机融合在一起。

(三) 培训的内容

员工培训一般包括以下内容：

(1) 知识，如背景知识、专业基础知识、专业知识等。

(2) 技能，如工作能力、工作方法、操作技巧等。

(3) 规章制度，如工作流程、操作规程、奖罚标准等。

(4) 理念及思维，如团队精神、责任意识、服务意识、创新思维等。

聪明的管理者，其组织的培训往往不是单一的，而是以图 4-1 所示内容为指导，将知识、技能、规章制度、理念及思维等内容有机结合起来，使培训对象既适时接受了相关教育(企业需要、员工欠缺)，同时又不会觉得枯燥乏味或表面热闹、实质苍白。

二、有效组织培训

设计和实施有效的培训需要遵循科学的设计规律和程序，即经过系统开发和实践检验的指导性设计过程，或称为培训项目设计的基本流程，如图 4-3 所示。

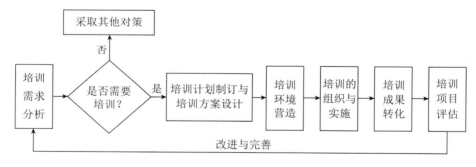

图 4-3　培训项目设计的基本流程

(一) 培训需求分析

1. 培训需求分析的定义、内容与组织实施

培训需求分析是指对培训需求进行分析、评估和最终确认的过程。做培训需求分析，重点要回答以下 4 个问题：

(1) 要不要培训？——判断是否存在培训的必要性。

(2) 如果需要培训，应该培训什么？——初步确定培训的内容。

(3) 员工在这方面处于怎样的能力和水平？——为课程设计的深度和广度提供支持。

(4) 员工在心理上和身体上做好接受培训的准备了吗？——营造合适的身心环境。

只有把这4个问题全部都搞清楚了，才能说做好了培训需求分析；否则，只要对上述任何一个问题判断有误，就有可能使培训效果大打折扣[1]。

此外，培训设计者在对培训需求分析的认识与组织实施方面还需要注意以下两点。

第一，重要地位。培训需求分析既是制订培训计划、设定培训目标的前提，也是进行培训效果评估的基础，因此可以说是培训活动的首要环节。

第二，组织实施。培训需求分析工作，一般由人力资源部门牵头，需要各级经理的积极配合，以及骨干员工的充分参与和大力支持。

2. 培训需求分析的经典框架

美国学者雷蒙德·A. 诺伊(Raymond A. Noe)在其《雇员培训与开发》一书中提出了一个非常经典的"三层面"框架[2]。

(1) 组织分析，即对组织的发展战略、近期计划及结构类型等综合情况进行分析，以明确培训需求的过程。

(2) 任务分析，即对具体工作所需的知识、技能和行为方式等情况进行分析，以明确培训需求的过程。

(3) 人员分析，即对员工的知识、技能、工作态度等情况进行分析，以明确培训需求的过程。

如果以组织分析的结论为指针，以任务分析和人员分析中的差距(即任务要求，即很多人员还不具备的知识、能力、态度等)为聚焦点，就能找到那些目前较为紧迫(有显著差距)而重要(符合战略方向)的培训需求。

(二) 培训计划制订与培训方案设计

1. 制订培训计划

培训计划是指在培训需求分析的基础上，根据培训需求的轻重缓急、培训对象的任务轻重，以及培训资源(如资金、场地、人员等)的配置情况等，对一定时期(如年度)内的培训工作所做出的统一安排。

2. 设计培训方案

培训方案设计具体包括培训目标设定、培训内容设计、培训方式选择，以及培训地点、对象、预算、考核验收方式等具体细节的设计开发。

---

[1] 周施恩. 如果是你，怎样组织培训？[J]. 企业管理，2018(4).

[2] [美]雷蒙德 诺伊 A. 雇员培训与开发[M]. 徐芳，译. 北京：中国人民大学出版社，2001(4)：46-58.

(三) 培训环境营造

培训环境包括硬环境和软环境两个方面。

1. 硬环境

硬环境包括：所需场地、课桌座椅，以及白板、彩笔等；投影仪、音响、灯光、计算机、网络等现代化设施；常用的纸、笔、道具等一般耗材。

好的硬环境可以使受训者感到舒适，不受干扰，使培训所展示的内容清晰、场景逼真，进而提高培训对象的学习兴趣，确保培训效果。

2. 软环境

这里所说的软环境是指与培训相关的人际环境、文化环境、心理环境、制度环境等。部门间融洽的人际关系、各级经理的重视与支持、崇德尚能的文化氛围、准确的心理预期、员工对培训的兴趣与渴望、与培训相关的奖惩机制等，是确保培训有效的重要前提。

(四) 培训的组织与实施

1. 培训前

培训前，做好与各部门经理的沟通和协调工作，向参训人员传达培训信息，营造良好的培训氛围；做好场地、设施、设备、材料等硬件方面的准备；做好与培训讲师的沟通工作，再次确认时间及培训时的注意事项；准备员工报到所需的一切条件。

2. 培训中

培训过程中，及时跟踪培训进程与教学内容，及时了解参训人员的感受与需求；及时与培训讲师进行沟通，肯定成绩，根据学员要求提出改进期望，并根据需要再次提醒注意事项；及时检修或更换设施设备等。

3. 培训后

培训后，及时进行考核验收，及时评估培训效果；提醒参训人员所在部门经理注意促进培训成果转化；及时进行最终评估，并更新、完善员工培训档案。

(五) 培训成果转化

1. 相关概念

(1) 培训成果转化，是指受训者将在培训中所学到的知识和技能应用于实际工作的过程。企业投资培训，最终目的不在于传授知识和技能本身，而是希望员工能够在工作中应用这些知识和技能，并最终转化为企业效益。因此，培训成果转化事关培训的成败，也事关企业的长远发展。

(2) 推广能力，是指受训者在遇到与学习环境类似但又不是完全一致的问题和情况时，能够将所学的知识和技能应用于工作上的能力。尽管现代模拟技术十分高超，但是由于工作环境和受训环境总是有所不同，需要员工在不同的环境中创造性地应用所学到的知识和技能，所以，推广能力对于多数员工来说是必需的。

(3) 维持，是指员工长时间持续应用所学知识和技能的能力，包括：观念维持，如团结协作、企业文化、不断创新等观念的维持；行为维持，如规范的举止、规范的操作程序等方面的维持；技能维持，如发现问题和解决问题的能力、推理与综合分析的能力等方面的维持。

2. 相关理论

通过长期研究，国外专家总结出许多影响培训设计与培训成果转化的理论，经过从实践到理论，再由理论到实践的反复验证，其中的一些理论已非常成熟，并具有较强的可操作性，现介绍其中最常用的 4 种理论供大家参考。

(1) 同因素理论。同因素理论认为，培训成果转化只有在受训者所执行的工作与培训期间所学内容完全相同时才会发生。因此，培训成果能否达到最大限度的转化，取决于任务、材料、设备和其他学习环境特点与工作特点的相似性。例如，美国空军在对新飞行员的训练中，极力创造与真正战机几乎一模一样的模拟驾驶室，以使培训成果最大限度地转化为新飞行员驾驶飞机的能力。

(2) 激励推广理论。激励推广理论认为，培训中最重要的是强调有关基本原理、基本原则和适用范围，而不是强调培训环境与工作环境的相似性。从上面的描述中可以看出，与同因素理论不同的是，激励推广理论强调的是远程转换，即当工作环境(设备、问题、任务等)与培训环境有差异时，受训者在工作环境中应用所学知识和技能的能力。

例如，世界著名的哈佛商学院在培养 MBA(master of business administration，工商管理硕士)时，学员们通常来自各行各业，职位有高有低，他们通常共同讨论若干案例，并以此来训练自己的市场研判能力、战略策划能力、高效执行能力及领导能力等。一个显然的事实是，这些案例中的情境和问题与他们各自的企业均有很大差别，但这并不会妨碍他们将这些知识和能力创造性地运用于自己日后的工作当中。

(3) 认知转换理论。认知转换理论认为，培训成果转化与否取决于受训者恢复所学技能的能力。因此，该理论认为，组织者应通过向受训者提供有意义的材料、增强培训的趣味性、鼓励员工积极参与和互动等方式，并增加受训者将工作中遇到的情况与所学技能相结合的机会，从而提高培训成果转化的可能性。除此之外，企业还应向受训者提供对所学技能进行编码记忆的技能，这样，他们就能相对容易地恢复这些技能。比如，现代培训中常见的角色扮演，其实就是认知转换理论的实际应用。

(4) 强化理论。强化理论认为，人们之所以愿意采取或极力避免某种行为，是由这些行为过去所导致的结果决定的。强化又包括正强化和负强化。正强化，是指企业对员工优异表现的奖赏；而负强化，是指企业对员工不良行为的惩罚。

应用到培训中，正强化是指企业对培训成果转化突出的员工予以奖励，从而使这种行为得到维持，并在其他员工中得以扩散；而负强化则是对拒不应用培训成果或培训成果应用不力的员工进行惩罚，从而使这种行为得以减少或消除。西方经济学认为，趋利避害是正常人共同的选择，而强化理论正是利用了这一经济学论断来提高培训成果转化水平和转化率的。

3. 影响培训成果转化的工作环境特征

除了受训者的个人意愿、个人特征和培训的组织与实施水平之外，还有许多工作环境的因素影响培训成果的转化。

(1) 管理者支持。管理者支持是指受训者的上司对培训成果转化的重视并提供相应的支持。实践证明，受训者的上司对培训越重视，就越有可能对受训者提供支持和帮助。例如，提供培训机会，调整工作安排以使员工有时间参加培训，对培训成果转化予以帮助和指导，等等。对于中小企业来说，管理者支持更是培训成果转化的重要条件。

(2) 同事支持。同事支持主要是指与受训者平级的同事对培训成果转化的支持。在我国企业，同事支持也是培训成果转化的重要条件。其中，最重要的是形成支持网络，即由两个或两个以上的受训者组成的、愿意面对面讨论所学技能如何在工作中应用的小组。通过讨论与沟通，既可以加深员工对所学知识和技能的认识和了解，从而促进培训成果转化，也可以加深同事之间的友谊，进而也有利于其他工作的有效开展。

(3) 应用机会。应用机会是指受训者在工作中应用所学知识和技能的机会。实践证明，那些有应用机会的受训者更容易在工作中应用所学到的知识和技能。而且，足够的应用机会也可以巩固受训员工对所学知识和技能的认识，从而有利于培训成果的长期维持。

上述因素共同构成培训成果的转化氛围，即影响受训者在工作中应用所学知识和技能的工作与人际关系氛围。它们既是影响培训成果转化的重要因素，也是企业文化的重要构成部分，因此需要慎重对待。

(六) 培训项目评估

培训项目评估是针对某一培训项目，从最初的谋划设计到最终的验收结项等一系列过程的总结与评价。培训项目评估内容主要包括以下几个方面。

1. 培训需求分析评估

培训需求分析评估包括培训需求分析的对象、时间、地点，所采取的方法、手段和所得出的结论等是否科学、合理，以及今后的改进对策等。

2. 培训设计与组织实施评估

培训设计与组织实施评估包括培训在时间、地点、对象、内容、方式、师资、教材、预算执行情况等方面的设计与实施是否科学、合理，以及今后的改进对策。

3. 培训效果评估

培训效果主要是指公司和受训者从培训当中所获得的收益。这些收益既包括可以用货币衡量的收益，如成本降低与销售提升等，也包括短期内不能用货币衡量的收益，如员工忠诚度提高、团队精神提高、企业形象提升等。

培训效果评估是指收集培训成果并衡量培训是否有效的过程。从大的方面来看，培训效果评估可以分为事前评估、事后评估、培训前后的对比评估三种方式。

1) 事前评估

事前评估是指在正式实施培训之前，对培训项目设计与实施的评估活动，其主要目的是通过对培训设计、实施与预期成果的检验，来不断改进培训的设计和实施水平，从而确保培训的有效性。因此，事前评估有助于以下活动。

(1) 保证培训组织合理、运行有效。经过事前评估，可以发现培训项目在设计中的问题，如内容安排与时间安排是否合理等；可以发现培训项目在实施过程中可能出现的问题，如场地的选择是否合适，资料与设备是否准备充足，培训师的授课方式与进度是否恰当，授课方式与培训内容是否匹配，等等。

(2) 确保受训者对培训项目有较高的满意度。通过事前评估，可以进一步了解员工对培训的真正需求，了解受训者所处的知识和技能层次，了解受训员工对培训的真实感受等，进而通过适当调整满足受训者的需求，提高受训者的满意度。

事前评估最常用的方法有两种：一是实验性测试，即在培训项目正式实施前，对部分员工进行抽样的实验性的培训，以检验培训设计与实施方法合理性的过程；二是专家论证法，即邀请部分受训员工及其上级、管理专家、项目专家等组成专家小组，以内部研讨的方式来讨论培训的设计方案，从而确保培训设计的合理性与可操作性。

对于大公司来说，由于培训涉及的人数众多，培训的时间长、费用高，因此在培训正式实施前进行事前评估是非常有必要的。

2) 事后评估

事后评估是指在培训正式实施之后，对培训所带来的成果进行全面衡量和分析的过程。事后评估常用的方法有试卷测试、专家面试、行为分析、绩效评估和顾客评价等。

一般来说，事后评估可以发挥以下作用。

(1) 督促员工学习。在培训实施前，明确通知员工本次培训拟采用的考试与考核方法，确保员工在培训过程中态度认真并关注培训重点，从而提高培训的效果。

(2) 衡量培训效果。培训是人力资源管理部门经常性的活动之一，通过事后评估，人力资源部门可以对培训项目的效果进行衡量。这一过程既是对本部门工作的认真总结，也是对企业投入人力、物力和财力进行培训的一个"交代"。

(3) 不断提升培训的水平。通过评估活动，可以判断培训的有效性；通过对培训效果的分析，可以总结本次培训的成功经验与失败的教训，从而为不断提升培训水平奠定基础。

3) 培训前后的对比评估

对员工行为、态度、技能等方面的培训，可以通过培训前后的对比结果来评估培训效果。比如：员工行为方面，可比较培训前后的规范化程度；服务态度方面，可比较培训前后的客户评价分数；质量控制方面(技能)，可比较培训前后的良品率，等等。

4. 项目总体评估

对项目的总体评估不应该简单地走走过场，而应该是对此次培训项目的一个客观评价，是给上司的一个准确而精炼的交代，同时也给将来的继任者一个有重大价值的参考文献。

因此，评估报告的内容应高度凝练，脉络清晰，优点总结到位，问题提炼准确，分析鞭辟入里，对策简单实用；全文不仅要有理论高度，能够使人从中获取相应的知识，而且要有较强的实操性，能够使人学到改进工作的技巧。

三、培训方法选择

在明确培训内容的同时，企业还需要根据培训内容进一步选择培训方法，以使培训的设计更加合理、培训的效果更加明显。目前，企业常用的培训方法如下。

(一) 演示法

演示法是指将受训员工作为信息(培训内容)的被动接受者的一些培训方法，主要包括讲座法、视听法、观摩法三类。

1. 讲座法

讲座法是指培训讲师主要用语言表达的方式来传授培训内容的方法。这种培训方法成本较低，可以在短时间内传授大量信息，参加培训的人数也不受太多的限制，因此一直受到各类企业的欢迎。企业中常见的动员大会、总结与表彰大会、专家讲座等均属于讲座法。但是，讲座法的培训方式单一、缺乏有效互动，培训效果会受到一定程度的影响。

2. 视听法

视听法是指以投影胶片、幻灯片、录像机、VCD或DVD播放机等设备为主要信息载体的培训方式。视听法可以重复播放、定格或用慢镜头播放培训内容，帮助员工理解培训的难点和重点。同时，采用视听法进行培训时有图片和声音，培训的方式比较生动，也容易被员工记忆、理解和接受。

3. 观摩法

观摩法是指在特定的环境中，通过组织员工观摩培训师现场操作来实施培训的方法。观摩的环境可以是教室或实验室(如化学或物理实验)，也可以是工厂的车间或办公室等。观摩法主要应用于难以用语言简单描述的操作过程的培训，如正确使用灭火器的培训，在飞机上正确使用安全带的培训，切割与摆放食品的培训等。

综上所述，演示法主要是单向传递信息，即由培训师或资料影片向受训者单向传递信息，可以在短时间内向大量员工传递大量信息，因此受到企业欢迎。但由于这种方法忽视了员工的反馈，使培训的效果也受到了一定程度的影响，所以它往往与其他形式的培训配合使用。

(二) 参与式教学法

与演示法不同的是，参与式教学法强调员工的参与和互动，由单向信息传递变成双向甚至多向信息传递，增强了员工的学习兴趣。同时，由于参与式教学法加强了培训的反馈功能，也便于培训的及时调整与改进。

1. 自我指导学习法

自我指导学习法是由员工自己掌握学习内容与过程的培训方式，即在尽量减少企业控制的情况下，员工按照自己的兴趣、爱好与时间，灵活地掌握自己的学习进度，在预定的时间内完成预定的学习内容。在这种培训方式中，培训者更多地扮演辅导者的角色，即由原来的以讲授为主，变成以及时回答员工的问题为主。

2. 师带徒法

一般情况下，师带徒培训是一种课堂教学与在职培训相结合的方法，即在必要的时候，把相应的员工集中起来教授一些通用的知识和技能；而在多数情况下，则由企业指定的师傅对经验不足的员工进行在职的培训与指导。由于这种培训方法突出了员工的实践性，既保证了学习提高，也不会影响工作的开展，因此受到了越来越多企业的重视。

3. 仿真模拟法

仿真模拟法是一种尽量模拟现实情况的培训方法，它可以使员工在一个人造的、风险与成本较小的环境下模拟工作，从而降低企业的损失和员工受到伤害的可能性，如模拟驾驶特殊设备、模拟抢险救灾、模拟失重状态、模拟手术、模拟商业运作等，在军事、医学、设计制造与维修、航空航天等培训中经常使用。

4. 案例研究法

案例研究法是借助口头、书面或影像资料，将需要培训的内容以案例的形式展示给受训员工，由他们以小组或个人的方式寻求解决方案，最后再由培训者进行总结与点评的方法。

案例研究法一般应用于较高层次的培训，比如，对发现问题与解决问题等综合能力的培训，这些能力通常是管理者、医生、军官和其他专业人员所必需的。

5. 角色扮演法

角色扮演法是设定一个最接近现实状况的培训环境，由指定(或随机决定)的参加者扮演某种角色，以演练培训内容的培训方法。

角色扮演法非常适合传授人际关系技巧性质的培训，如销售技巧、沟通技巧、谈判技巧、社交礼仪等。但是，它需要培训师有丰富的实践经验和较高的主持技巧，也需要参训员工的积极配合与全身心投入。

第二节　员工培训技巧

本章第一节更多地进行经典理论介绍和思辨探讨，是搞好培训的"内功"；本节内容则更多源于前辈和本书创作团队的工作经验，属于技巧范畴，是搞好培训的"招数"。对两者相辅相成式的理解、体会和批判式吸收，是本书极力推荐的一种学习方式。由于本节内容比较直白，在课时受限的情况下也可以鼓励学生自学。

一、各司其职，密切协作

1944年6月6日早晨，以英美两国军队为主力的盟军先头部队总计17.6万人，从英国跨越英吉利海峡，抢滩登陆法国北部的小镇诺曼底。由此开始，28万盟国大军如潮水般涌入法国，势如破竹，成功开辟了欧洲大陆的第二战场。这场被誉为"20世纪最大的登陆战役""世界战争史上最有影响的登陆战役之一"的伟大胜利，不仅是正面对决的海陆空三军的胜利,更是前方与后方的物资保障部队、千千万万名谍报人员、大气物理科学家、武器制造科学家,甚至还有多佛的巴顿将军的迷惑部队,以及大批工厂工人共同努力的结果。

做一次像样的培训也是一样。搞好培训工作,既需要人力资源管理者牵头组织,更需要公司领导、部门经理、骨干员工的大力支持与配合。全公司员工各司其职、密切协作,可以说是搞好培训工作的先决条件。

(一) 决策层的责任

(1) 描绘美好愿景,指明发展方向——培训工作的终极指南。

(2) 明确经营目标,界定年度重点——培训工作的近期指南。

(3) 站在最高层面,提出希望和要求——弥补人力资源管理者视野上的不足,使培训工作能够聚焦重点、难点,减少盲目行动。

(4) 给予行动支持,确保预算到位——一个企业中,领导真正重视的,大家也都会重视;领导只是口头上说说的,大家都会不约而同地选择忽视。因此,要想搞好培训工作,领导的重视与支持可以说是非常重要的外围条件(培训本身的好与坏,是搞好培训的自身条件)。

(二) 其他各部门经理的责任

(1) 主动提出培训需求与建议。根据本部门发展需要与人员能力素质之间的缺口,向人力资源部提出培训需求和相关建议。

(2) 激发部属参与培训的兴趣。重用人才、勉励庸才,亲君子而远小人,在部门内部塑造崇德尚能的氛围。

(3) 主动为员工协调工作安排,确保员工参训时间。

(4) 追踪部属参与培训后的表现,并提供应用机会。

(5) 对员工在实际工作中运用所学知识、技能等提供必要的训练和辅导(on job training,OJT)。

(三) 培训经理的责任

(1) 调研、汇总各部门培训需求,核实信息,去伪存真,系统整合。

(2) 确保培训需求与业务需求的契合性,根据轻重缓急及资源配置情况,制订培训计划。

(3) 开发培训课程,组织实施培训,做好动态跟踪与调控工作。

(4) 建立培训档案,注意动态更新。

(5) 完善课程体系,建立师资队伍,做好教材建设,使培训体系化。

(6) 以公司战略和长远目标为引导，搞好人才队伍建设和系列开发工作。

(四) 员工的责任

(1) 积极配合培训需求调查工作，客观反映自己的培训需求。
(2) 按计划要求参加培训，认真学习，积极互动，加强理解记忆。
(3) 对所参加的培训提供客观、全面的反馈意见。
(4) 培训后，努力将所学知识和技能运用到工作中去，并不断反思、改进。

如果上述四方人员切实做到各司其职、密切配合，企业的培训工作就一定能够做好。但现实情况是，大家都不愿配合——有的人不知道自己的职责，有的人看不到给自己带来的好处，有的人甚至想看笑话。怎么办？

人力资源管理者要非常注意平时的言行，做好协调、支持与配合工作是做好一切人力资源管理工作的重要基础。通俗地说，大家对培训工作的支持，是人力资源管理者平时对大家的支持换来的，是一次又一次好的培训赢来的。

二、培训需求分析技巧

(一) 培训需求分析的"4+X 模型"

关于培训需求分析，本章前面介绍过的雷蒙德·A. 诺伊的理论框架虽然非常经典，初学者也能够快速理解，但较难在实际工作中应用。因此，在掌握经典理论框架的基础上，熟练使用"4+X 模型"，必将使培训经理如虎添翼。

1. 简便易行的 4

1) 企业高层的要求

由于企业所有的重要信息都会向高层管理者汇总，因此他们有得天独厚的信息优势。同时，由于肩负的责任重大，企业高层看待问题的立场和角度是一般人力资源管理者所不能企及的。所以，人力资源管理者平时要注意倾听企业高层的声音，分析他们对培训(也包括其他人力资源管理职能)的期望；制订次年的培训计划之前，注意征求高层的意见，聆听他们对培训工作的具体或原则性的要求，是搞好培训需求分析工作的第一要务。

2) 问题分析汇总

有日本"经营四圣之一"美誉的稻盛和夫先生，把经营成功的秘诀概括为"现场有神灵"和"答案永远在现场"，其寓意为管理者们不应坐在宽敞、舒适的办公室里发号施令，而应该走进工作现场，从现场中发现问题，从现场中找到答案，使企业产品和管理体系得到持续不断的改善。

培训工作也是一样,坐在办公室里冥想苦思固然有助于理性思考,但要真正发现问题之所在,还是要走出办公室,去现场寻找问题并采取相应的解决办法。比如,如果销售人员整天疲于奔命,而销售业绩却始终提不上来,原因可能是销售技巧不足,或者是产品有问题,也可能是营销策略有问题;如果某些部门的员工离职率一直居高不下,原因可能是工作安排不当或者部门经理的管理能力不足,等等。

走出办公室,贴近业务一线,了解各部门、各产品线存在的问题,围绕这些经常出现的问题寻找培训需求,切实帮助各级经理解决工作中的实际问题,这样的培训一定会大受欢迎。

3) 绩效差距分析

以员工所具备的能力为基准参考点,找到员工应该达到的绩效(目标绩效)和实际实现的绩效(实际绩效)两者之间的差距,进一步挖掘比较实用的培训需求。

(1) 不需要培训的情境。有些情况下,虽然目标绩效水平和实际绩效水平之间有差距,但也是不需要培训的。

例如图 4-4 和图 4-5 所示的两种情境中,员工的实际绩效水平都低于目标绩效水平,但这两种情境都是不需要培训的。这是因为实际绩效水平不理想并非由于员工的能力不足,而可能是由企业激励不足而导致的员工动力不足引起的,分析问题产生的原因并有针对性地改进激励机制是可能的首选方案。

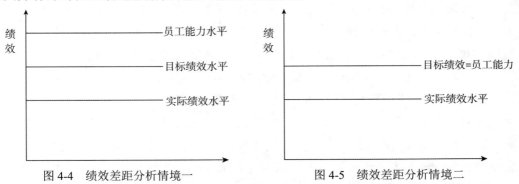

图 4-4　绩效差距分析情境一　　　　图 4-5　绩效差距分析情境二

(2) 需要培训的情境。有些情况下,如果目标绩效和实际绩效之间存在较大差距(差距较小时加强激励即可,也不需要培训),就有可能需要培训。

例如图 4-6 和图 4-7 所示的两种情境中,当实际绩效水平明显低于目标绩效水平,并且员工能力水平与目标绩效水平相差较大时,就可能意味着需要加强培训(还需要通过其他方式进行进一步验证)。

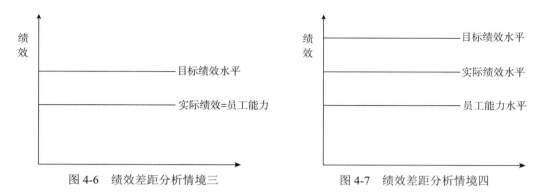

图 4-6 绩效差距分析情境三　　　　图 4-7 绩效差距分析情境四

图 4-4～图 4-7 只是列出了四种典型情境，其他情境请读者自己分析、解读，并做出是否需要培训的初步判断。

4) 标杆培训借鉴

标杆管理的实质是向行业内外的优秀公司学习，其基本做法是不断寻找一流公司的最佳实践，对其优势做法进行认真解读、分析和判断，再结合自身特点制订学习和改进计划，最后将本公司变成一流公司。具体到企业培训上，就是要不断寻找行业内外的优秀公司，搜集其在培训内容、培训课程、培训方式、考核验收方式、培训成果转化等方面的先进经验，再结合本公司特点施以有针对性的借鉴。

2. 挑战高度的X

人力资源管理从业人员对盖洛普 Q12 测评法并不陌生。盖洛普 Q12 测评法一般用于前导指标中员工敬业度和工作环境的测量。盖洛普通过对 12 个不同行业、24 家公司的 2500 多个经营部门进行研究发现，有 12 个关键问题最能反映利润、效率、人才保留和顾客满意度四个硬指标，这就是著名的盖洛普 Q12。

盖洛普认为："要想把人管好，首先要把人看好，把人用对。给他创造环境，发挥他的优势，这是管人的根本。"而盖洛普 Q12 测评法就用于对员工的基本需求、成就需求、情感需求和成长需求的探测。如果发现问题，就可以有针对性地采取相应措施。[1] 企业培训也一样，人力资源管理者可以围绕公司发展的关键领域、重大问题，针对本企业实际情况设计调查问卷，以从中发现问题，并分析和评估培训需求。

举例来说，如果在大面积调研中发现员工在"我每天都有机会做我最擅长的事""我觉得我的意见受到重视""我经常因工作出色而受到表扬"等方面的得分较低(比如低于 3 分)，就可能意味着员工在成就需求的满足方面受到了阻碍。此时，对中基层经理进行"知人善任——任务配置的技巧""认真聆听——从下属的意见(牢骚)中发现机会""笑脸行动——表扬人的艺术"等方面的培训，就可能是非常重要的培训需求。

---

[1] 周施恩. 盖洛普的"S 路径"模型[J]. 企业管理，2013(9)：52-53.

前面的 4 个培训需求分析方法相对简单、易行，但只能解决具体问题；最后一个需求分析主动调研难度相对较大，对调研的方向、内容、范围也需要进一步界定，所以将其定义为 X。如果说"4"是就事论事，"X"则是主动找事，4+X 的有机结合，既能够解决已经暴露出来的现实问题，也能够充分挖掘尚未爆发的比较重大的潜在问题。

(二) 其他培训需求分析技巧

1. 基于木桶原理的培训需求分析

木桶原理强调，一只木桶能盛多少水，并不取决于最长的那块木板，而是取决于最短的那块木板。对企业来说，应分析制约企业发展的短板，然后针对企业短板开展系列培训。

2. 基于斜坡木桶的培训需求分析

如果把木桶放置在一个斜面上，如图 4-8 所示，由于木桶是倾斜的，其面朝斜坡较低端的侧面的木板(AB 边)越长，则木桶内装的水越多。

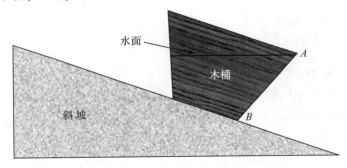

图 4-8 斜坡木桶原理在培训需求分析中的应用

这有点类似于张瑞敏先生提出的"斜坡球"理论。该理论认为，企业就像一个放置在斜坡上的圆球，如果不努力发展，它就会向下滑落。应用到培训需求分析上，对于动态、高速发展的企业，由于时间、资源、工作压力等方面的限制，难以对员工开展全面培训，因此应着力加强对"受力"最大(斜坡木桶的 AB 边)的人员的培训，以支撑企业的高速发展。

3. 基于长板理论的培训需求分析

每个员工都不是"完人"，都有自己的优点和缺点，企业在组建团队时应该充分利用员工的长处，即用每个员工之所长来组建团队，而不必把每个员工都培养成面面俱到的人。具体到培训需求分析上，就是要在每个员工最擅长的方面加以培训，进而为人才和企业双方积累关键优势。

4. 基于公司战略发展的培训需求分析

上述几种培训需求分析主要着眼于现在,而基于战略发展的培训需求分析则更多地着眼于公司的未来,力求未雨绸缪地做好培训工作。基于战略发展的培训需求分析的具体做法如下。

(1) 针对公司未来发展战略,盘点现有人员和知识技能体系。

(2) 找出未来需要和企业现状之间的战略性差距。

(3) 以这种战略性差距为导向,建立长期人员供需平衡计划和培训开发计划。

上述 4 个视角可以为企业培训需求分析提供有益的借鉴。但总体而言,企业不是"桶",员工不是"板",更不是受公司战略指挥的"职能机器"。企业应该把员工群体视为一个个鲜活而又多样化的生命,他们共同构成了企业内部的生态系统,并与外界持续发生各种互动。因此,人力资源管理者应将企业培训与员工个人的发展意愿结合起来,并持续跟踪外界变化,实现动态的自组织式培训。

三、培训实施与组织技巧

(一) 培训实施技巧

1. 培训,从考试开始

在培训正式开始之前,要给员工树立明确的学习目标,指明员工要掌握的内容,同时也要告诉员工考核验收的方式。比如,针对销售人员的"产品知识+销售技巧"培训,在培训开始之前就要明确以下内容。

(1) 学习目标。牢记产品知识,掌握销售技巧,决胜销售现场。具体指标:销售额环比提高 15%。

(2) 主要内容。产品知识方面:本产品比以前的版本在什么地方实现了改进?弥补了以前版本的哪些不足?与竞争对手相比,本企业的产品及服务有什么优势?等等。销售技巧方面:什么是完整销售流程"七步法"?如何应对客户的断然拒绝?如何判断客户需求?如何深度挖掘销售商机?等等。

(3) 考核方式。闭卷考试(产品知识+销售技巧重要知识点)+角色扮演(现场模拟销售,包括产品知识解说+销售技巧展示)。

明确了以上内容后,参训人员就会围绕目标、内容、考核主动学习,提高学习效率,确保培训效果。参考示例如表 4-1 所示。

表 4-1　DA 公司培训项目设计简稿(局部)

项目	主要内容		时间	数据提供
培训目标	结果层	销售额环比提高 15%(季度)	10月上旬	财务部
	行为层	投诉率环比降低 20%(季度)		
	学习层	考试成绩平均分为 85 分以上	培训结束	培训科
	反应层	学员满意度平均分为 85 分以上		
配套措施	沟通辅导	与部门经理做好沟通，强化后期跟踪辅导，必要时重点讲解	三季度期间	
	激励机制	将考核成绩纳入个人培训档案	培训结束	
		发动"销售战役"，设立临时性超额奖励机制	培训期间宣讲	薪绩科、培训科
课程设计	产品知识	培训大纲见附件 1	6月10日	
	销售技巧	培训大纲见附件 2		
场地设施	公司多功能厅；常规设施设备；《××日报》200 张，橡皮筋 500 条，大气球 150 个，小气球 300 个		6月15日	培训科
教学组织	1. 授课：讲授、游戏、案例研讨、有奖抢答 2. 考核：闭卷考试、角色扮演			

2. 案例，以本企业为主

研讨著名企业的经典案案例固然可以借鉴经验、拓宽视野，但外来的案例往往针对性不强。而来自企业自身的案例，生动、鲜活、语境相同。与外部案例相比，来自本企业的案例能够更好地了解表象和案例发生的内在原因、具体困境，以及参考价值较大的解决办法。

3. 记忆，多波次叠加

为了确保良好的培训效果，除了提高课程本身的实用性和趣味性之外，人力资源管理者还可以做很多有价值的工作。

(1) 增加培训过程中的趣味性，即每讲授一个重要的段落(比如段落 3)，就对上面段落(比如段落 1)中的重要知识点进行趣味抢答，并设置一些好玩的小奖品。

(2) 培训结束后提供指导手册，总结重要知识点和趣味性的行动指南，等等。

(3) 开设微课程。将重要知识点、重要技巧拆分为若干微课程，在培训结束一个月以后适时上传到公司内部网站上，并设趣味抢答题目，前十位抢答成功者可获得适当积分或奖励。

通过上述多重手段，可提升参训人员的记忆效果，增加培训的趣味性，增强培训效果，确保实现培训的最终目标——提高企业整体绩效水平。

(二) 培训组织技巧

1. 从多角度做好充分沟通

培训前,做好与部门经理及培训讲师的沟通,确保正常开班;培训中,做好与参训人员的沟通,动态跟踪培训效果,并将沟通结果及时反馈给培训讲师;培训结束后,做好与参训人员的沟通,及时了解在实际工作中运用所学东西的困境,并将这些信息反馈给部门经理和培训讲师,请他们做好后续辅导工作。

2. 不厌其烦地做好检查、改进工作

哪怕举办一次非常简单的培训,也会涉及上百个具体要素,诸如部门、员工、经理、培训讲师、公司领导,需要准备场所、设施、设备、道具、茶点,甚至还需要考虑交通、住宿、停车、餐饮,等等。即使已经举办了好几期的同样的培训,也总是会出现意料外的问题。要想不出任何差错地办好一次培训,对任何人来说都是挺难的,人力资源管理者需要不厌其烦地做好培训的检查、改进工作。

3. 在培训之外下功夫

(1) 建立师资库。师资库是培训组织者的重要资源。为确保万无一失,每门课程应至少储备 2~3 名培训讲师,因为谁也无法预料事前约定好的讲师会临时出现什么紧急事情(比如生病、航班突然取消等)。

(2) 随时了解培训动态。随时随地关注行业内外的培训动态,了解新的培训内容、形式、游戏、考核、验收等信息,确保自己与时俱进。

(3) 准备足够的备用品。备用品包括教学资料、公司文化宣传资料、培训游戏道具等。当培训开始时间已到,而培训讲师还满头大汗地堵在路上的时候,就会发现这些备用品是可以救场的。

(4) 如果有可能,邀请公司领导到场。

四、培训效果评估的技巧

在培训效果评估领域,目前应用最为广泛的是柯克帕特里克(Kirkpatrick)在其 1959 年完成的博士论文中所提出的"四层次评估模型",又称"柯氏四层次评估模型",如表 4-2 所示。

虽然有学者后来又增补了一个层面——投资回报率,但将这一指标归纳到柯氏四层次评估模型中的结果层也无不可,故本书不再单独介绍。

如表 4-2 所示,反应层和学习层在培训结束时及时进行评估即可,可参考表 4-3 所示培训效果评估表;对行为层和结果层的评估,则需要经历一个实践周期(比如培训

结束后 1～3 个月),因此可进行培训前后的对比评估。

表 4-2　柯氏四层次评估模型[1]

评估层面	代表性问题	衡量方法
反应层	• 受训者喜欢该项目吗? • 对培训和设施有什么意见? • 课程有用吗? • 受训者有什么建议	问卷
学习层	• 在培训前后,受训者在知识以及技能的掌握方面有多大程度的提高	笔试、绩效考核
行为层	• 培训后,受训者的行为有无不同? • 受训者在工作中是否使用了在培训中学到的知识	由上级、同事、客户和下属进行考核
结果层	• 组织是否因为培训获得了更好的经营业绩	事故率、生产率、士气、质量等

表 4-3　培训效果评估表(学员填写)

培训时间	20××年6月3日 09:00—18:00		培训地点		公司八层会议室(二)			
评估项目	评估内容	课程名称:中级领导力Ⅱ						
		100	90	80	70	60	50	小计
培训目标 (30%)	目标难易适中,具体明确(15%)							
	所学内容与学习目标紧密联系(15%)							
学习材料 (20%)	材料齐备,内容充实(10%)							
	简明扼要,条理清楚(10%)							
讲师授课 (40%)	讲授内容丰富,有启发意义(10%)							
	课堂气氛活跃,能够吸引我(10%)							
	我掌握了所讲授的知识(10%)							
	我掌握了所介绍的技能(10%)							
现场组织 (10%)	场地和设施等有利于专心学习(5%)							
	休息后,我能迅速恢复状态(5%)							
意见和建议								
课程方面								
讲师方面								
现场组织方面								

填表人姓名(非必填项):＿＿＿＿＿＿＿　　　　联系方式(非必填项):＿＿＿＿＿＿＿

---

[1] 赵步同,谢学保. 企业培训效果评估的研究[J]. 科技管理研究,2008(12):395-397.

五、建立培训激励机制的技巧

虽然学术界一直强调"以人为本",主张从自觉、自律的"自我实现人"角度来看待员工,但在现实生活中,如果一项工作不与激励机制挂钩,很多人都会不约而同地选择忽视。培训也是一样,很多人强烈要求培训,可一旦企业组织培训,又会有很多人迟到、早退,甚至无故不参加。

(一) 将课堂表现纳入考核

将参训人员的出勤情况、课堂表现情况纳入考核范围(如占培训总考核成绩的50%,其中考勤占20%,课堂参与和作业占30%),将明显有助于增强培训效果。

(二) 建立员工个人培训档案

将员工的综合考核结果(出勤情况、课堂表现、考试考核成绩、培训成果转化成绩等)交由员工签字确认,将考核成绩反馈给员工所在部门的经理,建立员工个人培训档案。

(三) 将培训结果与其他人力资源决策挂钩

将员工培训情况与公司奖惩性福利(如福利积分,可兑现一揽子菜单福利项目)结合起来,从而影响员工的福利水平;将员工培训情况与任职资格体系结合起来,从而影响员工的薪资水平;将员工培训情况与人才梯队建设结合起来,从而影响员工的职务晋升。

(四) 建立培训黑名单

对迟到、早退、无故缺勤、培训验收不合格等达到一定程度的员工,建立培训"黑名单",在一定期限内限制其参加公司举办或外派的培训项目。

上述 4 条激励措施可以理解为强化理论在培训管理中的具体应用。"打铁还须自身硬",做好培训最根本的途径是把培训的内容和形式设计好,选择有利的培训时机,并做好培训前的引导和培训后的辅导工作。

第三节 企业人才管理实践

在企业规模越来越大、市场竞争越来越激烈的大环境中,如果仍然将人才管理与人力资源管理混为一谈,一则容易形成人才浪费,二则容易出现人才流失。因此,将人才管理从传统的人力资源管理中独立出来是一个必然趋势。

受篇幅限制,本节只是对企业人才管理进行了简要探讨,有兴趣的读者可以结合其他文献(理论、案例)进行印证式学习。

一、什么是人才管理

(一) 企业眼中的人力资源

美国著名人力资源管理专家、康奈尔大学人力资源教授约翰·W. 布德罗认为,人力资源是指企业中雇佣的全体人员,而人力资源管理则是指企业中形成雇佣关系的一系列相互关系的决策[1]。虽然这一定义并非世界上最权威的定义,但对于企业实践来说则可能是最为实用的一个,也就是说,人力资源就是企业所雇佣的所有人,企业要把他们当成一种资源来开发和使用(关于此问题的深入讨论,请参阅本书第一章"导论"),并且要尊重人性。

(二) 企业眼中的人才

虽然我国自古以来都强调"人人是人才""天生我材必有用",但一个不可否认的事实是:人与人是有差别的,某些人可能做出的贡献要比另外的很多人所做的贡献大。

对于学术界来说,反复讨论"天生我材必有用"也许是一个非常重要的课题,但对于企业来说,找到那些能够为企业做出更大贡献的人并投入更多的资源,以更好地培育、保留、使用和激励他们,则不失为一种非常有效的办法。从这个角度去理解,企业眼中的人才就是能够为企业发展做出重要贡献的一部分员工。如果以 80/20 法则来解释,就是能够为企业创造 80%业绩的 20%左右的能力出众的员工。当然,这里面还有非常重要的问题值得探讨——现实能力和潜在能力的两维组合,如图 4-9 所示。

如图 4-9 所示,通过现实能力和潜在能力的两维组合,可以将企业中的人力资源分为四大类。其中,基本胜任当前工作且发展潜力小的员工即普通人力资源,对于这部分员工,做好培训教育、岗位配置(使用)和适当激励,是人力资源管理的日常工作,也是多数人力资源管理教材所讨论的范畴。而对于 A 级、BⅠ级和 BⅡ级人员,通常意义上所说的人力资源管理就显得"力不从心",因此需要从另一个层面进行探讨。

---

[1] 周启元,胡世明,韦进. 论人才学与人力资源管理学的区别与联系——兼论人才学的研究对象和内容[J]. 中国人才,2003(6): 20-21.

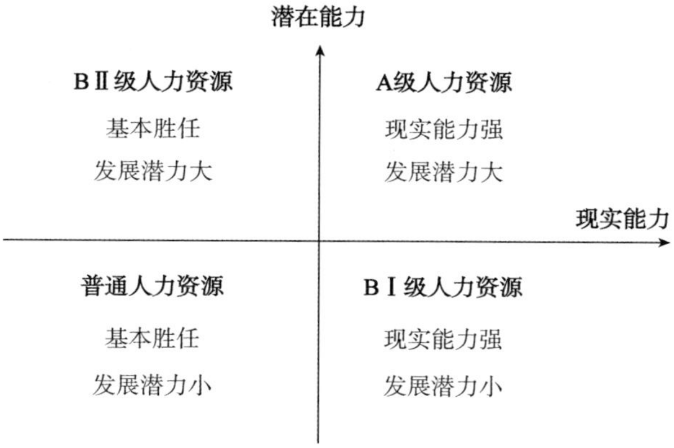

图 4-9 现实能力与潜在能力的两维组合[1]

(三) 企业眼中的人才管理

企业是以营利为目的的经济组织，追求效率和效果是企业管理的核心使命。从这个角度看，把有限的资源更多地投入更符合企业现实利益和长远价值的人员身上，似乎无可厚非。[2]因此说，企业眼中的人才管理就是对能够为企业创造80%业绩的20%左右的人才，以及能够为企业将来的发展创造80%业绩的20%左右的有潜力的人才的系统管理。

二、什么是人才开发

(一) 企业眼中的人才开发

从企业的视角来看，人才开发是指通过科学甄别以及随后的一系列安排，充分挖掘并合理使用人才潜能的过程。无论是从字面上看还是从企业实践角度看，人才开发都是人才管理中的一个重要组成部分。

---

[1] 注：本图中的最低起点是基本胜任当前工作的员工，至于那些不能胜任岗位工作且又缺乏发展潜力的人员，企业当初就不应该招聘进来。

[2] 注：本书的观点是：企业通过突出效率和效果来创造财富，并通过合法经营、照章纳税来履行义务。把资源和效率交给优秀的企业，让它们来实现富国强军；把优秀企业缴纳的更多的税收(效益好，自然税收多)交给国家，并通过国家机器(如社会保障系统)来确保社会公平。

(二) 企业人才开发的对象

1. 共同的要求

世界各国优秀企业选择开发对象的共同标准有两个：一是发展潜力要大；二是绩效水平不能太低。发展潜力大的员工开发价值大，这一条要求无须多言；至于绩效水平不能太低的要求，主要是为了避免向员工发出这样一个错误信号——员工的绩效水平越低，公司就会投入越多的精力来培养你。就图 4-9 来说，人才开发的对象主要是 A 级和 BⅡ级的人才。

2. 不同的要求

在学成之后的去留问题上，不同公司的要求有很大不同。惠普公司就曾规定："如果员工自愿业余进修深造，无论学习什么，攻读什么学位，需要多长时间，公司一律全额资助；而且学成后去留自便，不必负担任何偿还或强制留任年限之类的义务。"有的公司则对参与人才开发项目的人员有一定的服务年限的要求，如提前离职就需要缴纳一定的赔偿金。

(三) 人才开发与员工培训的差异

人才开发与员工培训的差异体现在以下方面。

(1) 培养对象不同。前面已经讨论过，人才开发一般是针对发展潜力较大且有一定绩效基础的人；而通常意义上所说的培训在很多情况下是针对所有员工的，比如新员工入职培训、岗位技能培训、规章制度培训、企业文化宣贯等。

(2) 终极目标不同。针对普通员工的培训，主要目的是提高生产运营的效率和效果，针对的是当前的绩效；而针对人才的开发，则主要是为了企业的长远发展，针对的是将来的绩效。

(3) 中间目标不同。针对普通员工的培训，主要关注的是弥补知识、能力、态度等方面的差距；而针对人才的开发，在弥补差距的基础上，更重要的是为了构建完整、有力的人才梯队。

(4) 强制力度不同。针对普通员工的培训，在很多情况下都要求员工必须参加，比如企业文化、操作规范、安全生产等培训。而针对人才的开发，在很多情况下是可以有选择的。比如，一位业绩较好且具有发展潜力(假设他在管理和研发两个方面均具有发展潜力)的员工，既可以申请参与人才开发项目，也可以不申请；既可以参加管理类开发项目，将来主要走管理路线，也可以选择参加专业技术类的开发项目，将来主要走技术路线，甚至两者都参加。

(5) 培养方式不同。针对普通员工的培训，很多是以传授知识和技能、改变行为与态度等方面的"讲授+互动"为主；而针对人才的开发，方式则要比普通培训更加丰富。

人才开发与员工培训的差异对照如表 4-4 所示。

表 4-4　人才开发与员工培训的差异对照

比较项目	员工培训	人才开发
培养对象	广大员工	有一定业绩基础的高潜力人才
终极目标	主要关注短期绩效	主要考虑未来绩效
中间目标	弥补能力素质差距	构建完整、有力的人才梯队
强制力度	普遍具有强制性	可以有很多自主选择
培养方式	讲授+互动	丰富多彩

需要说明的是，表 4-4 所列的是典型的人才开发与员工培训的差异。在很多情况下，人才开发都是以员工培训为基础的，它包括两层含义：一是参与开发的人才也需要参加员工培训，即他们也需要遵守基本的规章制度(在很多情况下，对他们的要求甚至比对普通员工的要求还要高)；二是人才开发的方式虽然丰富多彩，但"讲授+互动"的培训方式依然是最常见、最重要的方式之一。

三、人才开发的基础

(一) 人才测评的定义

在正式实施人才开发计划之前，一个非常重要的环节是人才测评。根据胜任力冰山模型，人的素质主要有 6 个层面，分别是知识、技能、社会角色、自我概念、特质及动机。人们所说的人才测评，就是采用一定的技术手段而进行的对上述内容中的一个或若干层面素质基本状况的测评。

(二) 人才测评的目的

1. 人员选拔

人才测评特别强调区分功能(如优、良、中、差)，要求过程客观，结果明确。人们所熟悉的高考就属于这种类型的测评，即考试成绩在一定程度上反映了学习效果。

2. 人员配置

研究表明，当任职者的能力、兴趣和工作动机等与职位要求比较吻合时，就有可能做出较大的成就。配置型测评与选拔型测评最大的区别在于，前者强调匹配，后者重在区分。

3. 组织诊断

诊断型测评主要用于对企业中人员现状的总体判断和把握，其诊断结果主要服务于特定的管理目的，因此测评项目不一定"大而全"，测评结果也一般不公开。

4. 水平鉴定

鉴定型测评的目的是验证测评对象的一种或若干素质是否达到了规定要求，因此其信度和效度就显得非常重要。

5. 人才开发

开发型测评主要以开发人员的潜能为目的。所以，这种测评的重点不在于区分能力的高低，而是综合判断测评对象在知识、技能、社会角色、自我概念、特质、动机等方面的现状，然后再根据企业需要与员工的个人意愿，共同设计职业生涯，共同探讨测评对象的潜能开发与职业发展路径。

(三) 人才测评的方法

人才测评的方法主要包括履历分析、纸笔考试、心理测验、笔迹分析、迷宫游戏、情景模拟等。为了确保测评过程的简便实用、测评结果的客观公正，很多企业会邀请专业人士参与测评，常见的测评工具多为由上述若干测评方法组合而成的评价技术。

理论研究和企业实践都充分表明，一个人的职位越高，其鉴别性胜任特征(社会角色、自我概念、特质、动机)发挥作用的比例就越大。因此，为了避免误人(人才)误己(企业自身)，在实施大面积人才开发计划之前进行人才测评是非常必要的。

四、人才开发的主要方法

(一) 正规教育项目

企业人才开发中的正规教育项目主要包括：专门为员工设计的脱产和在职培训计划，由专业顾问或大学提供的短期课程、EMBA课程，甚至包括脱产学习的非常正规的大学课程计划。

设计实施正规教育项目的主要目的是使目标人才获得系统的理论体系、专门知识、特殊技能等。

(二) 在职体验

企业人才开发中的在职体验是指有目的、有计划地把目标人才配置在特定岗位(如下放基层)上,使其在工作中承担主要任务,面对各种难题和不同需求,以帮助其锻炼才干、积累经验的做法。

在职体验的主要类型如下[1]。

1. 工作扩大化

工作扩大化又称工作扩展,即扩大员工的工作范围或增加工作的多样性,从而给员工增加工作种类和工作强度,进而扩展其经验和能力。

2. 岗位轮换

岗位轮换即让员工在公司的不同部门或同一部门内的不同岗位上平行移动,其职务级别一般不发生变化。

3. 工作丰富化

工作丰富化即在同一岗位的工作中,赋予员工更大的责任、更多的自主权或控制权。相对来说,工作扩大化和岗位轮换都是在同一水平上扩展或增加员工的工作内容,通俗地说,就是"比原来的活更多了"或"干与以前不同的工作";而工作丰富化是在垂直方向上增加员工的责任或权限,通俗地说,就是"比以前权力更大了",以前由上级拥有的部分决策权,现在下放给员工了。

4. 职位升迁

职位升迁包括垂直晋升(如招聘经理晋升为人力总监),也包括斜向晋升(如招聘经理晋升为行政总监),其目的都是给予目标人员更多的压力和责任,在升迁中锻炼其综合才干。

(三) 人际互助

人才开发中的人际互助,主要是指通过人与人之间的帮助或辅导而提高目标人员综合素质的方法。

1. 导师计划

导师计划是指企业特意安排有丰富经验的资深人员(一般级别较高),对目标人员进行多方面指导的做法。在多数情况下,导师计划可以发挥指导、示范、保护、提携、心理辅导、挽留人才等作用。

2. 团体辅导计划

团体辅导计划即一个导师面对多名人才,或多个导师面对一名或多名人才的导师计划。前者的优势是人才不仅可以向导师学习,也可以相互学习,开展良性竞争;

---

[1] 注:以下介绍的部分方法在第二章的工作再设计中有所提及,但由于工作目标不同,其具体做法也有相应的区别。

后者的优势是多个导师从不同角度辅导人才，可迅速补充或拓展人才的多方面能力。

第四节　培训体系开发与建设

无论是员工培训还是人才开发，当发展到一定程度的时候，就需要建立相应的培训体系。好的培训体系不是大量培训课程的简单堆积和罗列，而是具有内在逻辑关系的有机整合。

一、什么是培训体系

企业培训体系是基于企业发展、岗位要求及人员素质等综合情况而建立起来的一整套培训管理体系，包括课程体系、师资体系、制度体系3个重要组成部分。

(一) 课程体系

在培训体系中，各门课程都不是相互孤立的，而是有一定内在联系的课程系统。

图4-10所示的课程体系"三明治"模型，囊括了从新员工到公司最高领导，从基本素质到岗位素质再到领导者素质的所有课程类别：上一层为下一层的发展目标，下一层为上一层的发展基础，层层递进、环环相扣。可以说，课程体系是整个培训体系的灵魂。如果课程体系不科学，再好的培训讲师也只能使培训效果如"昙花一现"般暂时发挥作用。

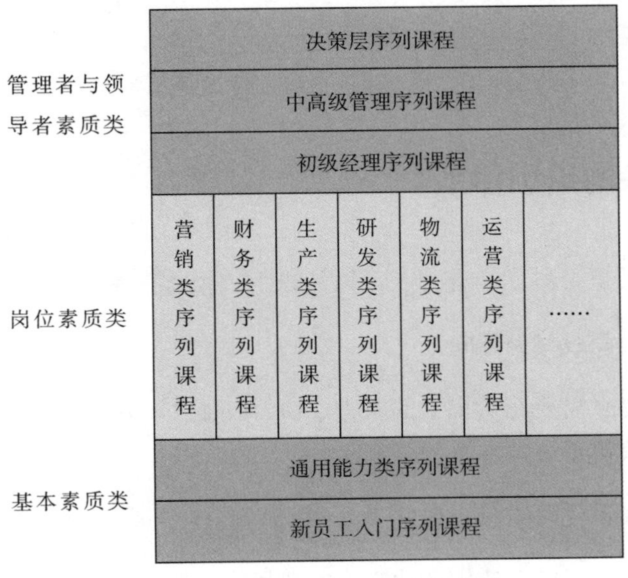

管理者与领导者素质类	决策层序列课程
	中高级管理序列课程
	初级经理序列课程
岗位素质类	营销类序列课程 | 财务类序列课程 | 生产类序列课程 | 研发类序列课程 | 物流类序列课程 | 运营类序列课程 | ……
基本素质类	通用能力类序列课程
	新员工入门序列课程

图4-10　课程体系"三明治"模型

(二) 师资体系

师资体系的建立一定要以课程体系为依托。同时，师资体系又会通过课程建设、教学创新等方式对课程体系进行完善和提高。

在师资体系建设方面，现代大企业的常见做法是：以内部师资为主，外部师资为辅；内部讲师主讲岗位技能和本企业特色课程，外部讲师主要进行知识更新和思维拓展。可以说，师资体系既是课程体系的重要传播媒介，同时又是课程体系的创新者和完善者。

(三) 制度体系

制度体系包括培训计划制订、培训预算管理、培训组织实施与考核验收、与培训相关的激励机制建设等。综合起来看，制度体系是培训体系的平台，课程体系与师资体系为相辅相成的两根支柱，三者之间有机互动，最终目的是实现企业的战略与战术目标，如图 4-11 所示。

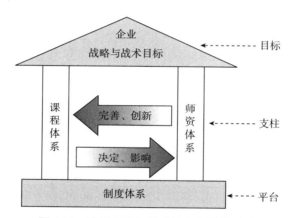

图 4-11　培训体系的构成及内在逻辑关系

二、什么是好的培训体系

一个培训体系是否科学、合理，可以从以下三个方面来衡量。

(一) 是否以公司战略为导向

培训体系的建立需要花费很大的人力、物力、财力，不瞄准公司战略的培训体系，这在一定程度上浪费了公司宝贵的资源。

(二) 是否着眼于公司的核心需求

对于任何一个功能完善的大企业来说，研发、生产、销售都可以说是核心领域。

培训体系的建立首先应该着眼于这些领域，然后才可以扩展到其他的辅助领域(可参考迈克尔·波特的价值链管理理论)。

(三) 是否依托于任职资格体系

本书第二章曾经讨论过，任职资格是指从事某一岗位工作所必备的知识、经验、技能、素质、行为及其关键责任与主要贡献等方面要求的总和。如果将任职资格与职类划分及职业发展通道结合起来，并为各级岗位建立清晰、明确的任职资格标准，就形成了人们常说的任职资格体系。究其实质，任职资格体系是以职位管理为基础，以对人员的知识、经验、技能、素质、行为及其关键责任与主要贡献要求等因素为核心的一整套管理工具。

从上面的简要介绍中可以看出，只有依托于任职资格体系的培训体系，才能找到自己立足的根基。换句话说，不依托于任职资格体系的培训体系，极有可能沦为"无源之水，无本之木"。

三、怎样建立培训体系

对于中小型企业来说，围绕岗位分析建立基本的能力素质模型，然后再根据能力素质模型建立系列性的培训体系，也没什么不好。但对于大型企业来说，既然要下决心建立培训体系，那么就应从建立培训体系之初就奠定好的基础。

(一) 构建以任职资格体系为基础的训练蓝图

1. 列出关键能力清单

本书第二章曾专门以销售工程师为例介绍任职资格体系的构建，任职资格体系中非常重要的一项内容是关键能力清单，如表 4-5 所示。

表 4-5　销售工程师关键能力清单(局部)

知识	技能	行为
1. 市场敏感性	1. 客户关系建立	1. 百折不挠
2. 商业敏感性	2. 沟通与影响力	2. 兼顾结果与过程
3. 客户价值识别	3. 商业谈判	3. 团队建设
4. 一般客户管理	4. 培训与辅导	4. 组织与协调
5. 关键客户管理	5. 发现与解决问题	5. 企业家精神

2. 划分基于任职资格的关键能力等级

假设一家公司将销售工程师分为 5 个大的级别，其关键能力等级划分如表 4-6 所示。

表 4-6 销售工程师关键能力等级划分(局部)

级别	称谓	定义
Ⅰ级	新手	掌握基础知识，能够在别人的指导下开展工作
Ⅱ级	熟手	熟悉流程与方法，能够独立开展工作，几乎不需要别人辅导
Ⅲ级	专家	业绩出色，主动改进工作，具有灵活性
Ⅳ级	教练	能够在完成专家工作的基础上辅导别人，并提供解释和示范
Ⅴ级	首席	能够完成教练工作，有战略眼光，对公司流程再造、业务革新、战胜竞争对手有重大贡献

3. 确定每一级人员所需的综合素质要求

根据关键能力档级定义，以及不同级别任职资格的关键能力(输入)、关键责任(过程)、专业贡献(输出)等要求，确定每级人员所需的综合素质要求，如表 4-7 所示。

表 4-7 销售工程师Ⅰ级所需的能力素质(示例)

项目	素质	理解	在他人帮助下能够完成	可以独立完成	可以独立开展，也可以指导他人	工作中的典范
知识	市场敏感性	√				
	商业敏感性	√				
	客户价值识别	√	√			
	一般客户管理	√	√	√		
	关键客户管理	√	√			
技能	客户关系建立	√				
	沟通与影响力	√				
	商业谈判	√	√			
	培训与辅导	√				
	发现和解决问题	√				
行为	百折不挠	√	√			
	兼顾结果与过程	√	√			
	团队建设	√				
	组织与协调	√				
	企业家精神	√				

4. 构建训练蓝图

根据对各级销售工程师的能力素质要求开发训练蓝图，销售工程师Ⅰ级训练蓝图如表 4-8 所示。

表4-8 销售工程师Ⅰ级训练蓝图(示例)

项目	1年以内		1年及以上	
	训练主题	时间	训练主题	时间
知识	SE-K11 发现竞争对手	4h	SE-K21 竞争趋势分析	4h
	SE-K12 谁是你的客户	4h	SE-K22 聚焦客户需求	4h
	SK-K13 客户管理技巧	8h	SE-K23 客户信息完善	3h
技能	SE-S11 商业沟通技巧	4h	SE-S21 读懂对方的暗示	3h
	SE-S12 客户关系建立	8h	SE-S22 客户深度开发	6h
	SE-S13 发现与解决问题	6h	SE-S23 系统化解决问题	6h
行为	SE-B11 打败你的只有你自己	3h	SE-B21 从失败到成功	3h
	SE-B12 你为什么需要团队	3h	SE-B22 组建团队的技巧	8h

(二) 开发以训练蓝图为基础的课程清单

表4-8所示为某公司销售工程师Ⅰ级的训练蓝图。围绕不同级别任职资格的关键能力(输入)、关键责任(过程)、专业贡献(输出)等要求,可以开发出针对不同级别销售工程师的训练蓝图,而这些课程蓝图其实也可以理解为针对销售工程师的系列课程清单。在此阶段,课程清单只是课程名称及简要的授课目标,尚未达到课程体系的要求和水平。

(三) 围绕课程清单打造师资体系和课程体系

1. 遴选师资队伍

在公司内外,根据课程清单初步遴选师资队伍,每门课程至少需要3名备选人员。要求:对该领域熟悉,有实战经验,还须有一定的理论高度;为人开朗大度,喜欢分享经验;有一定的沟通表达能力。

2. 举办师资培训

对遴选出的培训讲师分期、分批进行师资培训,传授课程建设、课件制作、课堂讲授、案例研讨、角色扮演等方面的知识与技巧。

3. 完善课程体系

经过课程建设、试讲、再培训、再完善等环节,逐步完善课程体系,同时也可以培养和确定相对稳定的师资体系(每门课程至少有两名经验丰富的备选师资)。

例如,国内某行业龙头企业的课程开发标准如表4-9所示。

表 4-9　国内某行业龙头企业的课程开发标准[1]

要求		具体内容
总体要求	方向定位	穿越思想屏障，直达企业意识深处，重塑心灵源代码，再建心智模式
	课程形式	公司培训学院的课程开发，不是编制 PPT 教材资料，而是监制教学案例视频和编演舞台剧
课程开发要求	故事真实	所有的故事都源于学员的工作实践，模拟的是最真实、当下最需要解决的情境问题
	参悟透彻	集体对案例研讨剖析，寻找解决问题的方案，挖掘潜在的规律
	立意精准	价值主张明确，学员能够明确地辨识所传达的立意
	呈现深刻	给故事中的人物进行灵魂画像，通过表演呈现人物的内心和潜台词，这些潜台词在生活中是被隐藏起来的
	包装专业	指课程的外在形式，可以融入音乐、灯光效果，并进行后期剪辑
角色要求		整个课程开发过程都离不开学员，从故事分享、案例研讨、剧本编写、编演呈现到分享点评，学员是主导，培训讲师的角色只是引导师

(四) 建立围绕课程体系和师资体系的制度体系

在上述环节的实操过程中，企业可组建专门团队，建立围绕上述培训相关工作的制度体系，包括培训计划制订、培训实施与考核验收、培训预算管理、培训请假与补考制度，师资遴选办法、师资考核制度、师资奖惩机制，课程建设管理、课程更新制度等。

(五) 培训体系的运行与完善

上述各个环节的具体实施既是一个初步建立培训体系的过程，也是一个不断试验、改进和完善的过程。围绕销售工程师职业发展路径各主要阶段，初步建立并经过至少一个轮次的试讲和完善之后，销售工程师培训体系的建立基本告一个段落。下一步的工作有两个：一是继续运行和完善销售序列的培训体系；二是借鉴以往经验，将培训体系逐步向研发序列、生产序列等核心业务线延伸，直至所有重要业务领域的培训体系全部建立并完善。

本章小结

第一节，对培训的定义和目的进行了分析，对培训组织的指导性流程及重要环节进行了讨论，对培训的方式、方法进行了简要介绍。相对来说，本书关于培训目的的

---

[1] 孙健．HR 干货分享：不懂人性就不要做培训[OL]．http://www.hr.com.cn/p/1423415361.

探讨更加深入,对培训流程的归纳也与其他教材有很大不同。对管理问题的处理,无所谓谁对谁错,更多地出于认识和理解上的不同。

第二节,在参考国内外最佳公司实践的基础上,进一步介绍了培训中的职责划分、培训需求分析的综合技巧、4+X 模型、培训组织与实施技巧、培训效果评估技巧,以及建立培训激励机制的技巧。相对来说,本节主要介绍培训实操技巧,其中的绝大部分内容是其他教材所不涉及的。

第三节,主要对人才开发进行了探讨。关于人才开发,不少文献将其视为员工培训的一个重要组成部分。本书在参考国内外相关文献的基础上,明确主张将人才开发单独分立出来(并非本书独创),并对人才管理和人才开发的概念,以及如何进行人才开发进行了简要介绍。本节内容不多,重在抛砖引玉。

第四节,是本章的难点所在。本节内容是任职资格体系管理(见本书第二章)的延续,主要对培训体系的概念、判断标准等内容进行了介绍,并以某公司销售工程师序列为例,对培训体系的开发与建设进行了重点探讨。相对来说,本节内容的难点较多,但对于管理规范的大公司来说,本节所讲内容具有较大的价值。

【关键术语】

培训	指导性设计过程	培训需求分析	培训计划
组织分析	任务分析	人员分析	培训组织实施
培训效果	人才开发	培训体系	

复习思考题

一、简答题

1. 绘图说明培训的目的及其因果关系。
2. 简要说明培训的指导性流程。
3. 简要说明美国学者雷蒙德·A. 诺伊关于培训需求分析的经典的"三层面"框架。
4. 有人说"培训工作是人力资源管理部门的事",你认同此观点吗?为什么?
5. 简要说明培训需求分析中的"4+X 模型"。
6. 简要说明人才开发与员工培训的差异。
7. 谈一谈你对培训体系开发与建设的理解。

二、案例分析

如果让你来，该怎样组织 C 公司的培训[1]

一般来讲，好的培训可以实现多重目的，如补充或更新员工所掌握的知识和技能，持续改变员工的行为和态度，提高或改善员工的工作产出，实现人才梯队的不断优化，促进企业绩效的持续提升。虽然听起来很简单，但并非什么人都能做到。

C 公司是一家专业灯具灯饰设计公司，多年来业绩一直稳步增长。设计部总共有 60 多个人，是公司业务发展的核心。大 S 是公司设计部的负责人，最近她听到很多员工反映：我们每天都在重复同样的工作，进步很慢，希望公司能提供一些培训，为员工的个人发展做一些规划。于是，大 S 多次向老板反映情况，希望老板能够满足员工的培训需求。几经考虑，老板最终同意为设计部安排一系列培训课程，总共培训 4 次，每次一天，但都要安排在周末。对此，大家都很反感，但考虑到公司已经做了一些让步，也就没有说什么。

第一次培训，公司请了一名培训学校教平面设计软件的老师，教大家 PhotoShop、CorelDRAW、Freehand 等软件的使用。结果大家很不满意，都觉得老师讲的内容太基础了，理论性太强，根本没有什么实质上的作用，而且老师设计的东西还没有员工做得好，太没水平了！

第二次培训，公司吸取了上次的教训，花重金请了一名美院的教授，讲了一些与色彩搭配相关的课程，员工觉得有些收获，但是侧重点不强，而且培训花费不菲，老板觉得这种方法不能持续。

第三次培训，老板托人请来一名很有名气的设计师授课，这次大家收获都很大。但是接下来，很多员工除了向培训师了解工作方面的事，还打听别家公司的工资和福利，然后拿来与自己做比较，并借此向公司提出各种"奇葩"要求。

三次培训的结果老板都不满意。于是他就跟大 S 商议，要求取消培训计划。老板对大 S 说："与外界接触太频繁会让他们没有心思好好上班，而且公司花了那么多钱，也没有为公司带来多少现实利益，我看就先搁置吧！"大 S 没办法，只好无奈地答应了，心想，估计回去员工又该发牢骚了！

我们的问题是：您认为这三次培训怎么样？老板的思路怎么样？应如何改进？

很多人认为这三次培训都不怎么样，老板的思路比较狭隘，建议在培训之前先搞好培训需求分析，然后再有的放矢。

(一) 关于三次培训

第一次培训有失"水准"。这次培训确实搞砸了，但错不在提高软件使用技能的培训方向上，而在于没有摸清大家的真实能力与水平，针对性不强。

---

[1] 周施恩. 如果是你，怎样组织培训？[J]. 企业管理，2018(4)：67-69.

一句话总结：培训方向没错，培训水平有误。

第二次培训缺点"佐料"。作为设计师，既需要掌握操作技巧，也需要有丰富的学识积累，否则设计出的东西就难免欠缺品位和内涵。第二次培训本身，无论是从立意来看，还是从实际效果来看，都是很好的，错就错在缺少事前引导，用专业术语来讲就是缺少"培训前的培训"。试想：如果大S自身功底过硬，她一定会在培训之前给大家来这样一道"开胃菜"："大家知道，雄厚的基础知识是优秀设计师与普通设计师的分水岭。光有技巧的人，能干活；而要想成为一流的设计师，就必须掌握广博的专业基础知识。大家不是要求公司为员工的个人发展做一些规划吗？此次培训，就是要给大家补充和更新专业基础知识，为大家将来的长远发展打好基础。今天，我们有幸请到了××美院的著名教授……"如果大S这么做，大家对此次培训的反应会怎样呢？恐怕是不言而喻吧！

一句话总结：培训本身没错，缺乏事前引导。

第三次培训过于"放纵"。经过前两次"试射"和校准之后，第三次培训可以说针对性非常强，这从大家的反应中可以看得出来。但由于缺少密切的监督和及时的把控，导致培训现场"跑偏"，出现了节外生枝的不利局面。如果大S派人跟随听课，当发现培训师讲到与课程无关的内容时，及时把培训师请到自己的办公室，与他做好沟通并提醒培训时应注意的问题，就能够做到防患于未然。

一句话总结：培训本身很好，缺乏及时把控。

(二) 关于老板的思路

老板的想法是让培训给公司带来现实利益，并试图将员工与外界隔绝，而一旦出现问题就"急刹车"。正如MBA高参们的分析，这位老板的想法确实有些狭隘。

其一，认识片面。培训有两种：一种是用来"治病救人"的，如操作技能培训、销售技巧培训、商务谈判培训等；另一种是用来"维持健康"的，诸如团队精神培训、企业文化培训、管理知识更新等。前者就像"退烧药"，要求立竿见影，如果不见效果就不是好培训；后者就像维生素，只有长期坚持"按量服用"才能慢慢看到效果——过多或过少都是错误的做法，甚至还会起反作用。所以，要求所有培训都能给公司带来现实利益是不可行的。

其二，井蛙观天。试图将员工与外界隔绝是严重错误的，在移动互联技术日益普及的今天，员工迟早会了解其他公司的情况。瞒得了一时，瞒不了一世。

其三，讳疾忌医。因为培训出现了问题，老板就采取了"急刹车"的做法，很多公司都存在这种"讳疾忌医"行为。因为问题始终是存在的，不会因为"急刹车"而得到解决。

(三) 改进策略

1. 要形成对培训较为全面的认识

总体来说，培训的内容可以分为四个主要方面：①知识，如色彩搭配；②技能，如掌握应用软件；③行为，如雷厉风行；④理念，如追求卓越。设计培训课程时要尽可能对这些内容进行相应组合，避免过于单调或过于复杂、冗长。一般来说，越简单的内容，培训起来就越容易见效，如"如何使用 Excel 工作表"；越有长远意义的内容，培训起来也就越困难，如"职业精神的养成""战略性思维的养成"等。所以，当一些培训不能为公司带来现实利益时，我们不应将其一棍子打死，而是要认真分析是培训组织得不好，还是这类培训本来就不可能在短期内见效，再采取相应的对策。

2. 要形成对培训需求的准确判断

做培训需求分析，重点要回答 4 个问题：①要不要培训？②如果需要培训，应该培训什么内容？③员工在这方面处于怎样的能力和水平？④员工在心理上和精力上做好接受培训的准备了吗？

只有把这 4 个问题全部都搞清楚了，才能说做好了培训需求分析。否则，只要对上述任何一个问题判断有误，就有可能使培训效果大打折扣。

3. 要注意全流程监控

无论是大公司的大面积培训，还是小公司的小规模培训，都可以参照图 4-3 中所归纳的基本流程来设计和实施(受篇幅限制，仅针对 C 公司情况予以分析)。

其一，参与课程设计。企业一定层级的员工基本都有正规教育背景，一般也从各种途径了解过相应的知识和技能，这就对培训内容的设计提出了更高的要求。因此在正式培训之前，培训负责人一定要参与课程设计，与培训师做好充分沟通，合理设定培训内容的深度和广度，以做到培训内容精准。

其二，即便是设计好的培训计划，也要根据公司当前的业务方向、员工心态等情况予以精密调整，确保在最佳时刻实施培训，"给水当渴时，送饭当饿时"，给早了或送晚了都会略显多余。

其三，培训前做好动员和引导工作。领导的出席、动员和鼓励是烘托培训气氛的重要法宝，而培训负责人在培训之前的简短说明、精确引导和热情鼓励则是确保培训效果的点睛之笔。

其四，在培训实施过程中，一定要注意做好密切监控，不能放任自流。以 C 公司的第三次培训为例，如果从一开始就与培训师约定好需要回避的问题(如薪酬、福利及其他禁忌事项)，就可以避免后面出现的混乱局面。即便当初疏忽了，没有跟培训师做好沟通，但如果能做到全程跟进，及时而巧妙地处理培训中出现的问题，也能够将问题扼杀在摇篮里，从而使培训按照既定的轨道进行。

4. 要注意及时总结和全面提升

每次培训结束以后，培训负责人都应该及时对此次培训进行全面的评估和总结。评估的内容包括培训需求分析是否准确，培训课程设计是否合理，培训实施过程是否严密，培训的最终效果能否得以保证，以及培训预算是否合理，场地与设施准备是否合适等。对这些问题的评估、总结与反思，既可以给老板一个准确而客观的交代，同时也是提高自己的专业能力，不断改进培训设计与实施水平最有效的途径。如果大S从第一次培训就这么做，那么后面的培训一定会越办越好，进而就能够做到员工认可、老板满意、自己成功。

如果评估报告再写得好一些——优点总结到位，问题抓得准确，分析鞭辟入里，对策简单实用，并建立完整的培训档案，就可以既提高自己的职业素养和职场威信，也给将来的继任者一个很有价值的文献参考。

【案例分析】

1. 培训评估报告应该包括哪几项主要内容？
2. 大公司培训与小公司培训主要有哪些异同？
3. 作为公司决策人(老板)，应该树立怎样的培训理念？

第五章

薪 酬 管 理

薪酬管理对任何企业来说都是一个比较棘手的问题。在市场环境越来越成熟和市场竞争越来越激烈的情况下，企业对薪酬管理水平的要求越来越高，而薪酬管理过程中同时要面临更多的挑战，诸如来自政府法律法规的约束，来自竞争对手的人才竞争，来自企业自身承受能力的限制，以及在不同时期对经营战略、用人理念的变革与调整等。可以说，薪酬管理不仅被企业所有者、管理者、劳动者所关注，也被一些外部人员和机构所关注。

学习目标
- 熟练掌握报酬相关概念群及其相互之间的区别与联系。
- 掌握薪酬管理的功能及薪酬的主要类型。
- 熟悉薪酬方案设计的前提及流程。
- 熟悉岗位价值评估与薪酬结构设计的操作步骤。
- 了解从经济学、心理学、管理学等多角度审视薪酬管理的方法。
- 掌握总体薪酬的概念及主要模块。

第一节 薪酬管理概述

本节主要探讨薪酬的基本概念和基本理论。熟练掌握本节内容，是提升薪酬管理理论水平、搞好薪酬设计的重要前提。

一、全面认识薪酬与福利

说到薪酬，人们很容易想到一个与之紧密相关的词语——福利。关于薪酬与福利，许多人存在一些似是而非的认识，因此本节首先要对相关概念进行必要的梳理。

(一) 报酬

报酬是指员工出于个人对企业的劳动付出而获得的一切其认为有价值的补偿。金钱是有价值的，免费的工作午餐是有价值的，宽敞、舒适的办公室也是有价值的。由此可见，报酬是一个非常宽泛的概念，需要进行进一步的划分和界定。常见的划分方式及其概念有以下 3 种。

1. 财务报酬和非财务报酬

财务报酬又称货币性报酬，是指以一定数量的货币为表现形式的报酬，以及能够以货币来进行客观衡量的报酬。前者包括工资、奖金、股票、利润分享等货币性收入，后者包括生日蛋糕、鲜花、特色小礼品等实物性报酬。

非财务报酬又称非货币性报酬，是指员工从企业或工作本身中获得的不是以货币为表现形式的一切有价值的东西，如宽敞、舒适的办公环境，良好的学习和锻炼机会，工作成就感，终身雇佣的承诺等。

一般来说，非财务报酬是企业独有的(比如良好的学习氛围和难得的锻炼机会)，或是员工即使离职也带不走的(比如舒适的办公室、优美的工作环境)，因此成为很多著名企业吸引和挽留人才的重要手段。

2. 直接报酬和间接报酬

直接报酬是指员工得到的与其工作付出紧密联系，而且是以货币或实物为表现形式的报酬，诸如工资、奖金、津贴等，或者因工作出色而获得的住房、汽车等实物奖励。

间接报酬是指与员工的工作付出没有直接关系的报酬，如大病保险、节假日礼金、带薪休假、住房补贴等，不论员工的绩效高低，都可按公司规定享受标准待遇。

3. 内在报酬和外在报酬

内在报酬是指员工在工作中所获得的心理满足感及其相关收益，例如，从事自己感兴趣的工作，能力与素质的提升，以及在工作中获得的成就与荣誉等。

外在报酬通常是指人们所获得的货币性收入和实物，以及优越的办公条件、诱人的职位头衔、物有所值甚至免费的工作餐等。

心理学研究表明，外在报酬的确可以起到吸引员工、激发其工作积极性的作用，但内在报酬是激发人们持久热情的动力源泉，也是人们获得事业成功、人生成功的根本所在。从这个角度看，"钱财于我如浮云"虽是一种调侃，但它与心理学的研究结论并不矛盾。

(二) 薪酬与福利

从实际应用情况来看，薪酬包括广义的薪酬和狭义的薪酬两个概念。

广义的薪酬是指员工从企业中获得的各种直接和间接的经济收入，即直接报酬和间接报酬中的货币性报酬。查阅资料就可以发现，国内外诸多教材大多以此概念来定义薪酬。

在实际工作和生活中，当人们谈论薪酬时经常用到的是狭义的薪酬概念，仅指员工从企业中得到的工资、津贴、奖金、股票等货币性的直接报酬，其日常说法为"薪资"；而保险、节假日礼金、带薪休假、住房补贴等间接报酬，则通常被人们定义为"福利"。本书只讨论狭义的薪酬。

(三) 相关概念之间的逻辑联系

综合上述分析，可以将报酬的有关概念及其相互之间的关系以图 5-1 予以直观展示。对于不同的报酬要素所发挥的主要作用，也可以简单归纳为绩效薪酬激励员工、内在报酬成就员工、非财务报酬保留员工。

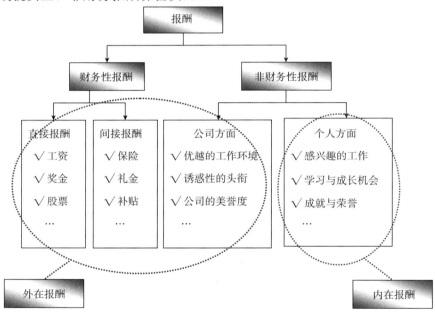

图 5-1 报酬的有关概念及其相互关系

(四) 薪酬管理

薪酬管理是指企业针对其雇员的薪酬安排进行规划、设计、实施、沟通和调整的过程，具体内容包括：明确用人理念和薪酬策略；设计薪酬水平、薪酬结构和计发办法；编制薪酬制度体系；向员工传达薪酬管理背后的基本逻辑和战略意图；根据实施反馈情况对部分环节进行必要的调整等。

二、薪酬管理的功能

企业所有者关注薪酬，主要是因为薪酬总额与所有者权益之间存在一定的此消彼长的关系，他们既考虑即期利益，还要兼顾长远发展；员工之所以关注薪酬，主要是因为薪酬水平、薪酬结构及计发办法会直接影响自己的现实利益和心理感受，他们既看重收入多少，也在意与别人相比是否公平；而管理者关注薪酬，是因为薪酬设计不仅会影响自己的收入，同时还要通过薪酬管理实现多重目标，即希望薪酬管理能够实现一举多得的复杂功能。

(一) 补偿员工的劳动消耗

补偿员工的劳动消耗是薪酬管理最基本的功能。因为不论员工的职务高低、贡献大小，其在工作岗位上都有一定的体力、脑力和时间的消耗，因此需要对此给予相应补偿。当然，这也是劳动力再生产所需的必备条件。

(二) 激励员工努力工作

好的薪酬设计，既能给员工一定的安全感，又能鼓励员工安心于自己感兴趣的工作，并持续释放个人潜能。举例来说，相对较高的底薪、具有诱惑力的业绩奖励，以及顺畅的职业发展通道，可以使专业技术人员安心于自己感兴趣的研究工作，并通过力争上游、持续创造佳绩来实现自己的人生价值(请参阅本书第二章有关内容)。

(三) 妥善应对人才竞争

真正称得上人才的员工，既看重收入的多少，也看重自己的收入—付出比与别人的是否相称，更看重个人能力的提升速度与发展空间的大小。

关于薪酬设计，有一种通俗的说法："固定工资，是让员工吃得饱的；绩效奖金，是让员工干得好的；各种福利，是让员工走不了的；整体感觉，是让员工心情好的。"

所以，聪明的管理者既不会刻意压低员工的收入水平，也不会盲目加薪以迎合个别员工的无理要求。恰恰相反，他们会审时度势、通盘考虑，以构思巧妙而又内容丰富的整体薪酬安排来积极应对所谓的人才竞争。好的人力资源管理，拼的是内功，而非单纯的金钱的力量。

(四) 有效配置人力资源

西方经济学认为，在正常情况下人们都是趋利避害的。通俗地说，除非在极特殊的情况下，人们总是倾向于选择对自己有利的事物，而努力回避对自己不利的事物。因此，好的薪酬管理+好的绩效管理，可以说是管理者调动员工的指挥棒，管理制度设计的利益指向哪里，多数员工就会朝着该方向前进。

举例来说，当管理人员的薪酬、待遇更有诱惑力时，人们就会想尽办法去"当官"，甚至还会出现"买官""卖官"等不正常现象；当各个职类的薪酬水平大体公平时，人们就会安心选择自己感兴趣的工作，并能够激情工作、快乐生活。从这个角度来看，薪酬管理和绩效管理就像构成脱氧核糖核酸(DNA)的"基因双链"，它们共同作用的结果就决定了企业的"根本特性"，决定了企业的"内在灵魂"。举例来说，如果企业想走创新驱动的战略路径，那就需要在绩效管理中加强对产品创新、工艺创新、管理创新等方面的客观计量与公正评价，并设计相应的薪酬奖励计划、荣誉表彰计划和职位升迁计划(都属于报酬范畴)。如果不在薪酬管理和绩效管理这条"基因双链"上做出上述安排，而仅通过领导讲话、大会动员、张贴标语等形式来宣贯创新驱动，其效果则是可想而知的。

(五) 激发员工学习的动力

当前，很多公司已经建立了任职资格体系，设计了管理序列、专业技术序列、营销序列等职业发展通道，对各序列中主要岗位的任职资格(知识、技能、经验、责任、贡献等)提出了明确要求，并配套设计了薪酬体系。这样的系统安排，一方面可以告诉员工，只要在自己感兴趣又有相应能力的职系里努力工作，就有机会获得很好的发展；另一方面，也可以非常明确地提示员工，如果想晋升到更高级别的职位，拿到更高的收入，就要加强学习，提高综合素质，积累工作经验，主动承担更多责任，争取做出更大的贡献。

(六) 传达企业的战略意图

在不同的发展阶段，面对不同的竞争态势，企业一般都会相应调整自己的战略方向和阶段性工作重点，甚至还会做出重大的文化变革。对于很多员工来说，对其讲1000遍战略与文化的重要性，不如在薪酬管理与绩效管理上做一次实质性的变革来得直接。

比如，创业期的企业推崇速度，成长期的企业打造品牌，成熟期的企业关注行业发展趋势，如果想让员工深刻理解企业在不同时期的战略与文化，开会传达、培训教育当然有用。而如果想让员工积极参与到重大变革中去，在薪酬管理与绩效管理两个方面做出支持性的举措(加大对变革的考核力度和奖励力度)，则是不可或缺的。

三、薪酬管理的原则

(一) 合法性

合法性是指企业的薪酬管理政策与实践要符合法律法规的要求。比如,《中华人民共和国劳动法》有关于最低工资标准的规定;《中华人民共和国个人所得税法》规定,个人因任职或受雇而取得的工资、薪金、奖金、年终加薪、劳动分红、津贴、补贴以及与任职或受雇有关的其他所得,简称工资、薪金所得,须按照有关规定缴纳个人所得税。

不论在全球哪个国家或地区,遵守当地法律法规都是有战略眼光的管理者所坚守的底线。

(二) 公平性

薪酬管理中的公平性通常包括三重含义:一是员工个人公平,即员工在企业中所获得的报酬[1]应该与其贡献大小成正比;二是内部公平,即在同一企业中,不同员工的报酬—贡献比(某员工所得报酬/某员工所做出的贡献)应该大体相等;三是外部公平性,即在不同企业中,在相似职位上做出相似贡献的人员,其所获得的报酬应该大体相等。

显然,当员工只能在这家企业工作而别无选择的时候,公平性似乎可有可无;而当员工有很多选择时,如果企业不能兼顾个人公平、内部公平和外部公平,员工一有机会就可能走人,因此企业不得不审慎对待。从这个角度看,打破垄断,充分发展市场经济,在多数情况下都是一种有利于实现长治久安的制度供给。

(三) 激励性

好的薪酬设计,不应该只是给予员工合法的劳动补偿,还应该能够在此基础上发挥适度的激励功能,激励员工为了提高工作业绩、实现企业目标而努力。

这里之所以用"适度"一词,是因为不同企业所处的行业不同,所信奉的公司文化不同,所追求的发展目标不同,激励水平的高低就需要恰当把握。比如,相对于钢铁、水泥等传统制造企业,高科技公司薪酬设计的激励性要强一些;相对于崇尚个人主义的美国公司,强调团队合作的日本公司在薪酬设计的激励性上要弱一些;相对于

---

[1] 注:虽然本章主要讨论的是狭义的薪酬,但在中国文化背景下,很多企业通常将货币性报酬和非货币性报酬统筹起来考虑,因此此处仍使用"报酬"的概念。举个简单的例子,如果某职位的未来发展前景较好,当前的薪酬低一些并不要紧。

立志要成为"领导品牌"的雄心勃勃的公司，只追求"小而美"的咖啡屋显然不需要在薪酬设计上搞得很激进。

(四) 集约性

很多文献用经济性来定义薪酬设计的原则，主要指控制薪酬开支，考虑企业的承受能力。但如果综合管理学、心理学、经济学等领域的有关理论，再结合我国当前的企业管理实践，用集约性似乎更为妥当。

"集约"原是一个经济学概念，与"粗放"相对。经济的粗放型增长主要是指通过增加要素投入而带来的经济增长，而经济的集约型增长则是由要素的生产率提高而产生的效应[1]。关于薪酬管理的集约性原则，本书的定义是要在外部竞争性、内部合理性、企业支付能力与长远发展之间寻找动态平衡。薪酬管理的集约性并非越低越好，也并非越高越好，既要考虑薪酬水平，更要考虑薪酬结构，还要考虑货币性薪酬与非货币性薪酬的相辅相成；既要考虑企业和员工的现实利益，更要考虑员工和企业的长远发展。当然，在此基础上还要做到简便易行，薪酬管理制度要让广大员工能够看得懂、能理解，便于在实践中操作。

(五) 动态完善

企业所面临的内外环境始终处于变化之中。从内部看，企业的规模和目标在调整，员工的数量和能力素质在变化，企业的管理理念、管理方式和管理手段在提高；从外部看，行业的发展前景在变迁，市场竞争的环境在变化，而国内、国际的政治经济环境又似乎捉摸不定。所以，每隔两三年就要对现行薪酬管理的理念、制度、实践等进行审视(这在业内被称为"薪酬盘点")，并针对内外环境的变化做出适当调整、动态完善，几乎成为优秀企业的通行做法。

当然，薪酬盘点的周期也要根据企业内外情况做出相应调整。在"野蛮生长"、竞争激烈、"互挖墙脚"现象严重的行业里，其行业内企业进行薪酬盘点的周期要短得多。笔者在近日召开的一次全国性互联网大会上了解到，像百度、腾讯、360、网易等互联网巨头，几乎每隔半年就要进行一次薪酬盘点和福利盘点，以确保扎牢篱笆，确保关键人才、核心人才不被竞争对手挖走。而在一些利润水平较低、人才竞争不那么激烈的行业(如钢铁、水泥)，一些企业甚至连续七八年都没有涨工资。

---

[1] 吴敬琏. 怎样才能实现经济增长方式的转变——为《经济研究》创刊40周年而作[J]. 经济研究, 1995(11): 8-12.

四、薪酬体系与薪酬的划分

(一) 薪酬体系的划分

企业在进行薪酬管理的初始阶段就要考虑薪酬设计的主要依据是什么。最主要的薪酬设计的依据不同,决定了薪酬体系的不同。

1. 职位型薪酬体系

如果企业进行薪酬设计时主要考虑的是基于职位的任职条件、决策权限、管理幅度及工作结果对企业绩效的影响程度等因素,就会形成以职位为导向的薪酬序列。以此为基础建立的薪酬体系,称为职位型薪酬体系。

(1) 职位型薪酬体系的优点。职位型薪酬体系主要有如下优点:有利于实现同工同酬[1];有利于实现中高级管理团队的相对稳定;有利于引导大家朝着更高级别的职位发展而努力。

(2) 职位型薪酬体系的缺点。如果没有其他配套办法的协同,职位型薪酬体系就有可能导致以下不合理现象:忽视能力或业绩上的差别,从而导致良莠不分;容易导致"官本位"文化,一些员工为获得晋升职位可能不择手段。

从上面的分析中可以看出,基于职位的薪酬体系主要适用于一般管理岗位较多的组织或部门(如政府机构、行政性事业单位、企业总部机关等)。

2. 能力型薪酬体系

如果企业主要根据员工所具备的知识、能力、经验等任职资格来确定其基本的薪酬水平,或在基于职位的薪酬设计中有关能力因素被赋予很大权重,就会形成以能力为导向的薪酬序列。以此为基础的薪酬体系,称为能力型薪酬体系。

从科学角度看,能力型薪酬体系中的能力,应该包括能够区分某类职位序列中的优秀者和表现平平者的鉴别性胜任特征(如动机、人格特质、自我认知、价值观等),也应该包括任职者所获得的可客观比较的有关知识、能力、经验,以及所肩负的责任、所做出的贡献等。但在现实社会中,很多企业为便于操作,将能力简单等同于学历学位、职称等级、技能等级、工作履历等,这样的薪酬体系显然是不够科学的。

(1) 能力型薪酬体系的优点。如果能被较好运用,能力型薪酬体系可以发挥以下

---

[1] 注:此处之所以用"有利于",是因为虽然职位型薪酬体系有助于实现同工同酬,但并非一定会实现同工同酬,具体能否实现,还要看其他因素的综合作用。比如,人员选聘是否公平、公正,任务分配是否大体均衡,绩效管理是否科学、有效,等等。本书中其他章节中所使用的"有利于",基本可以参照本解释来理解。

作用：保留能力较强的员工，从而增强企业实力；鼓励员工学习、积累企业所重视的知识、能力和经验，从而引导员工快速成长。

(2) 能力型薪酬体系的缺点。能力型薪酬体系的运用可能会形成"能者为王"的公司氛围，从而对团队协同形成冲击，甚至会引起其他职位序列人员的不满或流失；能力强未必业绩好，可能导致企业在短期内支付过多的"冤枉钱"；如果没有好的工作目标和过程监控，企业对能力所支付的薪酬也不可能形成长期收益。

从上面的分析中可以看出，能力型薪酬体系适用于科研院所、高等院校、创新型企业等组织中的专业技术人员。

3. 绩效型薪酬体系

如果企业进行薪酬设计时将工作业绩作为最重要的影响因素，而且在员工的货币性报酬中，绩效薪酬占据了较大比例(如50%以上)，就会形成以绩效为导向的薪酬序列。以此为基础建立的薪酬体系，称为绩效型薪酬体系。

绩效型薪酬体系的前身为计件工资制，其基本特征是将员工的工作所得与其工作业绩紧密挂钩。现代意义上的绩效型薪酬体系不再是简单意义上的将实得薪酬与所生产的产品数量挂钩，而是建立在系统而严密的管理逻辑和管理程序基础上，与定量业绩(如产量、销量、收入、利润等)和定性业绩(如领导力、团结协作等)相关联的一系列制度安排。

严格来说，绩效型薪酬体系不是一个独立的薪酬类型。因为如果加大绩效薪酬在总薪酬中的比例，职位型和能力型薪酬体系也可以同时演变成以绩效为导向的薪酬体系。

(1) 绩效型薪酬体系的优点。如果能被较好运用，绩效型薪酬体系可以发挥以下作用：调动员工的工作积极性，鼓励员工创造佳绩，进而提高企业的经营绩效；将薪酬分配向业绩好的人员倾斜，使企业向员工支付的薪酬物有所值，而且又不会形成工资刚性[1]；鼓励员工终身学习，不断提高创造更好业绩的能力。

(2) 绩效型薪酬体系的不足之处。实施绩效型薪酬体系需要好的绩效管理系统作为配套，否则会加剧员工的不公平感；绩效薪酬的比例过大，可能会对团队文化形成冲击，甚至有些员工会在背地里相互拆台；基础工资的比例过小，容易导致员工的不安全感，增加心理压力，长此以往会导致人才流失。

---

[1] 注："工资刚性"为经济学术语，原意是劳动力为一种商品，工资是劳动力的价格。其他商品的价格主要受供求关系的影响，当供大于求时价格下降，但由于受人们的心理因素、工会、政府劳动人事部门的影响，工资往往只能升，不能降，因此便具备了刚性。而增加绩效薪酬就不会形成刚性——绩效好时，可以多拿；绩效差时，只能少拿。

从上面的分析中可以看出，绩效导向的薪酬体系适用于生产、销售、采购等工作业绩直观、量化，或者会对企业经营业绩产生直接影响或重要影响的部门或人员(如公司高管)。

4. 混合型薪酬体系与多元组合型薪酬体系

通常情况下，很少有企业会采取单一的薪酬体系策略。恰恰相反，那些管理成熟、理念先进的领袖企业，往往采取混合型乃至多元组合型薪酬体系策略。

(1) 混合型薪酬体系。混合型薪酬体系是指对不同的职类采取不同的薪酬体系。比如，对管理岗位采取以职位为导向的薪酬体系，对生产、销售、采购等部门采取以业绩为导向的薪酬体系，对研发、企划、财务等部门采取以能力为导向的薪酬体系。

(2) 多元组合型薪酬体系。即便是针对同一职位序列，管理成熟的企业也会根据实际情况采取不同的薪酬体系策略。以研发部门为例，好的薪酬体系既保持能力导向，又强调业绩在薪酬分配中的作用。例如，设置研发类奖项，奖励销售业绩好的研发成果；给每一个研发团队规定明确的预算，团队成员根据项目绩效领取个人报酬；同时，对研发队伍中的不同层级的部门或团队领导发放基于职位的岗薪，因此又将以职位为导向的薪酬体系引入其中，从而形成"能力导向+绩效导向+职位导向"的多元有机组合。其他人员多、层级多的部门，如生产、销售等部门，均可采取相同办法处理。

(二) 薪酬的划分

在用工形式持续多元化的今天，薪酬核算与发放的周期也越来越多元化，进而形成了不同的薪酬类型。

1. 时薪

时薪制度下，工作量及薪酬以小时为单位进行计算，每工作一小时就有一小时的薪资，不干则没有。如果每天工作超过 8 小时，还可以享有加班费。采用时薪的岗位，除法律规定外，一般不享受为长期雇员所提供的企业自主设计的福利。这种用工方式相对灵活，有助于企业控制用工成本，一般适用于临时工、实习生等短期雇用人员，以及当前被广泛讨论的灵活就业人员。

2. 日薪

日薪制度下，工作量及薪酬以日为单位进行计算，享有加班费，其优点和适用对象与时薪制度相似。

3. 月薪

月薪制度下，工作量及薪酬以月为单位进行计算，薪酬核算及发放方式相对常规、简单，操作方便，普遍适用于除高管及其他关键人才之外的广大员工。

4. 年薪

年薪制度下，薪酬以年为单位进行计算，不再衡量简单的工作量或工作时间，而往往以主要工作业绩为考察对象(通常伴有系统、严密的绩效计划制订，以及过程监控与绩效评估系统)，不享有加班费，但享受法律规定的及企业自主设计的各种福利，综合条件优越。这种薪酬核算与发放方式能够将薪酬支付与企业中短期经营业绩紧密挂钩，有利于激励任职人员聪明而高效地开展工作[1]，一般适用于企业高管，以及各主要业务领域的高级别精英人才。

5. 长期激励

一般情况下，只有周期在一年以上的激励才可以称为长期激励。长期激励计划的设计源头诞生于西方发达国家的公司治理结构理论。该理论认为，职业经理人是"理性经济人"，多挣钱是其重要的工作出发点，在信息不对称的环境里，他们有可能偷偷做出损害企业利益的选择甚至非道德行为或违法行为；而董事会是代表股东利益的，他们希望职业经理人都克己奉公、积极进取、阳光廉洁，但这显然是与"理性经济人"假设相矛盾的。因此，长期激励计划就应运而生。其基本逻辑是，通过长期激励计划将职业经理人的利益和公司的利益绑定在一起，进而实现著名经济学家约翰·纳什(John Nash)提出的"合作博弈"。从根本上说，长期激励已超出了"薪"的范畴，而更多体现为"酬"，一般适用于高管团队、经营骨干等稀缺人才，其主要目的是留住人才，并激励他们为实现企业长远目标而努力。也有部分企业尝试过全员持股计划，但并没有被大范围仿效。

长期激励计划刚刚引入中国时的确是一种新鲜事物，在激励和保留职业经理人方面都发挥了显著作用，后来逐渐向研发、销售乃至职能管理领域的高级别人才和关键人才延伸。现在，很多新创办的民营企业都已经开始设计实施长期激励计划，以至于股权激励在一些竞争激烈的行业里已被"戏称"为保健因素而非激励因素[2]。

相对常见的长期激励的形式包括任期绩效工资、股票期权、股票溢价奖励等。近年来，随着企业竞争(包括市场竞争和人才争夺)越来越白热化，管理理念和管理模式越来越先进，长期激励的形式越来越丰富多样。

(1) 业绩股票。年初确定业绩目标，如果在考核期末(一般指年内)达到了预定目标，

---

[1] 注：在相当长的一个时期内，国内企业非常强调"早出晚归""兢兢业业""三十年如一日"。究其实质，这种做法是强调工作过程中的态度和精神，而现代管理思维则更强调正确方向下的高效率。换句话说，就是快乐、高效地把业绩做好，不要把自己和大家搞得那么辛苦。

[2] 注：之所以说是"戏称"，主要是因为管理学中的保健因素和激励因素不是这么划分的(参见赫茨伯格的"双因素理论"，此处不再赘述)。这里所说的保健因素的实质意义是指，由于行业里很多公司都有，因此长期激励计划由早期的诱人条件变成了一个家家都有的必备条件——有了并不代表有多么吸引人，而如果没有则连最基本的条件都达不到。

则授予激励对象一定数量的股票(提取奖励基金购买公司股票,或以较低的约定价格购买公司股票)。、

(2) 股票期权。公司授予激励对象的一种权利,即激励对象可以在规定的时期以事先约定的价格(一般低于公司股票正常的市面价)购买一定数量的本公司股票。行权的数量和价格都可以根据未来若干年的经营业绩来分档、定量。

(3) 虚拟股票。授予激励对象一种虚拟的股票,激励对象可以据此享受一定数量的分红权和股价升值收益,但一般没有剩余索取权、表决权,不能转让和出售,通常也会在激励对象主动离开公司(往往指"跳槽")时自动失效。

第二节 薪酬管理实务

薪酬管理实务是薪酬管理的重点和难点,如果读者带着思考对本节内容认真阅读、加深理解、稳步推进,初步掌握薪酬设计的要领也并非难事。

一、薪酬方案设计的前提

(一) 明确公司战略方向及发展步调

根据世界著名战略管理大师伊戈尔·安索夫(Igor Ansoff)所提出的战略计划模型,战略的关键是差距分析并采取行动,即"弄清你所处的位置,界定你的目标,明确为实现这些目标而必须采取的行动"[1]。被誉为"大师中的大师"的彼得·德鲁克(Peter E. Drucker)也曾谈到,为达成决策目标,"必须采取行动塑造未来,权衡今天的手段和未来的成果"[2]。

可以说,如果企业是认真的,则不同的战略就会有不同的发展路径和管理模式,其薪酬策略就会有很大的不同。就如同在 20 世纪末 21 世纪初,IBM 决定从计算机供应商转变为一家信息技术和业务解决方案专家,计算机硬件工程师在新战略下的地位显然不如软件工程师或咨询师重要,于是其薪酬策略的调整就成为一种必然选择。

由 IBM 公司的案例可以看出,明确公司的战略方向及发展步调是薪酬变革的大前提。只有战略方向、突围路径和发展步调清晰了,薪酬变革的思路才会明确。而如果企业的发展战略不清晰,甚至还处于不断的摇摆之中,那么贸然启动的薪酬变革就只

---

[1] [美]斯图尔特 克雷纳. 管理大师 50 人[M]. 柳松,秦文淳,译. 海口:海南出版社,2000:4.
[2] [美]彼得 德鲁克. 管理的实践[M]. 齐若兰,译. 北京:机械工业出版社,2006:74.

能做一些小修小补的工作。

(二) 完成工作分析并形成相应成果

对于大公司来说，参与薪酬设计的人力资源专家及部分中高层人士并不一定知道所有岗位的基本情况。因此，进行薪酬方案设计的另一个前提就是做好工作分析，并形成客观而清晰的岗位群落图、岗位职级表、职位说明书及工作规范等成果。薪酬设计人员可以此为依据，对不同岗位的相对价值做出判断。

如果没有这些前期成果，大家只能凭印象对不同岗位的相对价值进行评估，就可能出现错误判断，进而影响薪酬设计的内部公平性。

(三) 做好内部薪酬诊断

企业做薪酬变革，要么是出于战略调整的需要，要么是因为现在的薪酬体系出了明显问题。无论是出于哪种原因，在进行实质性的薪酬设计之前，对企业现行的薪酬制度进行全面而深入的诊断都是有必要的。

1. 薪酬诊断的内容

(1) 薪酬政策方面：薪酬政策与公司的战略方向是否一致，薪酬政策与其他人力资源管理环节是否协调，等等。

(2) 薪酬水平方面：本公司薪酬水平在行业内处于什么位置，本公司薪酬水平与主要竞争对手之间有多大差距，企业内部各主要岗位的薪酬是否存在不公平现象，等等。

(3) 薪酬结构与相关组合方面：薪酬结构与薪酬水平是否协调，基本工资、绩效工资、奖金福利等方面的组合是否合理，薪酬结构是否有利于保留和激励员工，等等。

2. 薪酬诊断的方法

较为常见的薪酬诊断方法包括访谈法、座谈法、问卷调查法、理论推演法、专家小组法等。这些方法的优点、缺点及适用范围在本书的前面几章已经讨论过，此处不再赘述。

(四) 明确薪酬策略

如果说经营战略是公司一切工作计划和资源调配的指挥棒，那么薪酬策略就是落实公司战略的主要举措，同时也是促进其他方面变革的助推器。

举例来说，前一阶段我国很多企业的成长都是靠营销拉动的，重视渠道建设、加强销售奖励的策略就是这种经营逻辑下的产物。而当企业发展遇到瓶颈，需要靠"创新驱动+营销拉动"来实现战略突围时，适时调整薪酬策略就是一种必然选择，即上一自然段中所说的"主要举措"。同时，通过对技术创新、产品创新、管理创新、营销创新的薪酬激励,又可以将公司战略中所强调的内容变成多数员工的实际行动,即上一自然段中所说的"变革的助推器"。

薪酬策略主要包括薪酬水平策略(市场领先、市场跟随、成本导向)、薪酬增长策略、薪酬结构策略、薪酬倾斜策略(即向哪些部门和人员倾斜)等。各企业可根据自身情况及内外环境进行抉择。

综上所述,当公司战略方向及发展步调明确,并据此对公司组织架构进行了调整,形成了岗位群落图、岗位职级表、职位说明书以及工作规范等成果,对公司现行薪酬制度的优点、缺点进行了全面、客观的诊断,经公司高层认真研究并进一步明确了下一阶段的薪酬策略,就可以说薪酬变革的主要前提已经具备,可以着手开展薪酬方案设计工作了。

二、企业薪酬方案设计的流程

为了体现薪酬设计的针对性和科学性,规模较大的公司一般会采取混合型或多元组合型薪酬体系策略。比如,对管理人员选择以职位为导向的薪酬设计,对研发人员选择以能力为导向的薪酬设计,对销售人员选择以绩效为导向的薪酬设计,对生产人员采取以岗位为导向和以绩效为导向的组合型薪酬设计(兼顾劳动环境和产量、成本)。不同的薪酬导向,就决定了不同的岗位评估要素,但其工作流程基本大同小异。下面以比较常见也是相对比较有挑战性的、以职位为导向的薪酬体系设计为例来进行说明。

(一) 成立工作团队

1. 领导小组

为便于工作的顺利开展,工作团队一般由公司分管人力资源工作的高层领导任领导小组组长,其他副总裁级别的人员任副组长。如果公司总裁分管人力资源工作,则可以委派熟悉人事工作且近期工作又相对不忙的副总裁(或总裁助理)担任组长。

2. 团队成员

工作团队由人力资源部负责人直接领导,薪酬经理牵头并负责组织实施。为确保薪酬方案的科学性和严密性,一些公司还会聘请外部人力资源专家做兼职顾问,有的公司甚至直接将项目打包交给咨询机构来做。但无论是否外包,公司内部都需要成立工作团队,以便有效开展沟通联络、组织协调、方案审查、项目验收等一系列工作。

(二) 实施岗位价值评估

岗位价值评估也称岗位评估或工作评价,是指采用一定的方法对企业中各种岗位的相对价值做出判断的过程,其核心是确定企业内部各岗位的相对价值,确保内部公平。岗位价值评估的方法有很多，比较常见的有排序法、要素比较法、要素计点法等。与非量化的评价方法相比，要素计点法的评价更为精确，评价结果也更容易被员工接受，因此本书以要素计点法为基础进行讨论。

1. 岗位评估的原则

为了确保岗位评估工作的顺利开展及评估结果客观、有效，有以下原则可供参考。

(1) 对事不对人。只评价岗位的价值，而不考虑被评价的岗位上目前的任职者是谁。

(2) 因地制宜。包括两个主要方面：

第一，岗位选取要适宜。大公司岗位较多，全面评价不仅费时费力、意义不大，而且由于评估人员对各岗位的情况了解不够全面，有时还会形成评估结果上的误差。所以，比较常见的做法是选择一些基准岗位(在同类公司相对通用，权责范围大致相同，代表本公司一个重要的管理层级，等等)进行评价，然后再将其他岗位根据实际情况安插进去即可。

第二，评估方法要适宜。目前岗位评估的成熟方法和工具有很多，如合益集团(Hay Group)开发的海氏(Hay)评估系统、美世管理咨询公司(Mercer Management Consulting)开发的美世评估系统 IPE(international position evaluation)等，都有各自的优点、缺点及适用范围，企业应根据自身情况因地制宜予以选择。

(3) 过程参与。由于岗位评估涉及公司所有重要的基准性岗位，评估结果也会影响公司所有员工的薪资水平，因此让部分具有代表性的员工(小公司可全员参与，大一点的公司可邀请员工代表参加)参与岗位价值评估工作，一方面可以提高评估结果的客观性(多角度看问题)，另一方面也容易让他们对岗位价值评估的结果产生认同感，便于薪酬变革方案的顺利推行。

(4) 结果公开。岗位价值评估结果应该向员工公开。透明化的岗位价值评估标准、评估程序和评估结果，有利于员工形成对企业价值取向的理解和认同，提高员工对薪酬的满意度，减少无谓的猜疑和抱怨。

2. 付薪要素的思考与选择

1) 付薪要素及其经典组合

付薪要素是进行岗位价值评估时需要考虑的为任职者支付薪酬的重点因素。关于付薪要素，有以下几个经典的观点。

(1) 美国《同工同酬法案》：技能、努力程度、责任、工作条件。

(2) 合益集团的海氏评估法：技术诀窍、解决问题的能力、所承担的责任和义务。

(3) 美世咨询公司：影响、沟通、创新、知识、危险性[1]。

---

[1] [美]加里·德斯勒，曾湘泉，文跃然，等. 人力资源管理(中国版)[M]. 10版. 北京：中国人民大学出版社，2007：367.

2) 付薪要素的主要特征

确定付薪要素是职位评价的核心问题。一般来说,付薪要素具有如下特点。

(1) 付薪要素是一套组合。决定岗位价值的付薪要素不止一个,因此通常以要素组合的方式出现。

(2) 付薪要素的选取要针对评估对象。不同岗位的核心价值会有所不同,在进行岗位评估时应有所体现。比如,评估中高层管理岗位,决策能力就很重要;评估基层操作性岗位(车间普通工人),工作条件的危险性、恶劣程度等就需要充分考虑,而决策能力反而变得可有可无。

(3) 付薪要素应相辅相成。该评估的要素一定要纳入评估体系,且各评估要素之间界限清楚,既不重复评估,又有一定的互为补充的关系。

3) 付薪要素的选择与确定

选择付薪要素之前,首先要选择的是评估方法。虽然世界著名咨询公司所研发的评估方法及评估工具都有很高的理论水平和实践参考价值,但实践中还是要根据公司规模的大小和所评估岗位的层级、种类数量的多少,因地制宜地予以选择。

(1) 要素选择的逻辑。不同的评估方法有各自的评估逻辑,也都有其不同的优点、缺点,其中一个比较常规又非常简单的逻辑可供中小公司参考:岗位投入(知识、能力、经验、体力等)→保质保量完成工作(达到可以接受的程度)→最终给公司带来贡献(岗位的责任与产出)。

(2) 要素选择的技巧。MECE 是麦肯锡的第一个女咨询顾问巴巴拉·明托(Barbara Minto)在金字塔原理中提出的一个很重要的原则。MECE 是 mutually exclusive collectively exhaustive 的英文缩写,其中文意思是"相互独立,完全穷尽",也就是对于一个问题,要能够做到分析的角度和内容不重叠、不遗漏,以便有效把握问题的实质,并有效解决它。这一原则对付薪要素的选择也有很好的指导作用,如表 5-1 所示。

表 5-1 某公司中层及以下一般管理岗位评估要素与权重分配

岗位价值构成要素	评估要素	评估子要素	点数
岗位特点(20%)	知识、经验	资格要求	50
		经验要求	50
	压力、条件	工作压力	50
		工作条件	50
工作过程(40%)	管理幅度	下属数量	130
		下属级别	

(续表)

岗位价值构成要素	评估要素	评估子要素	点数
工作过程(40%)	工作沟通	复杂程度及艰巨程度	130
		沟通范围	
	解决问题	规范性	140
		开创性	
岗位贡献(40%)	业绩影响	收入	140
		利润	130
		安全生产	130
合计(100%)	—		1000

表 5-1 所呈现的评估要素与权重分配不一定尽善尽美，但人力资源专家及公司管理层团队一致认为，这套体系能够涵盖该公司中层及以下一般管理岗位的评估要素——指标相互独立，重要事项完全穷尽，而且权重设置也能体现公司的管理理念与管理实践。其最终的实际评估结果也符合公司高层团队、职工代表大会、监事会的预期，应用效果良好。

3. 打分环节的组织与实施

1) 因地制宜组织打分

设计好评估工具以后，下一个非常重要的环节就是组织有关人员对各个目标岗位进行打分。为了保证打分结果的客观性，应该选择那些熟悉被评估岗位的公司资深人员，如公司中层以上各部门正职、职代会资深成员等；而如果公司规模很大，各部门相互之间不是很熟悉，那么就应该实施分组打分。比如，研发人员为研发部门岗位打分，市场部人员为市场或销售部门岗位打分，人力资源部门人员为人力资源和行政部门岗位打分，即所谓的"分序列打分"；而如果某部门的基准岗位较少(如企划部)，则可以将其与关系密切的部门(如总经办)合并起来共同相互打分。

2) 如何保证打分结果的客观性和公平性

针对这一问题，很多咨询公司都有自己不同的处理方法，其中有两个把控环节：

(1) 根据打分人数的多少，决定去掉 1~3 个最低分和最高分，目的是剔除那些故意打高分或恶意打低分的影响。

(2) 对打分主体设置不同的权重。一般的做法是部门正职和副职打分的平均分占 60%~80%的权重，部门其他人员打分的平均分占 20%~40%的权重。这一办法背后的逻辑是：部门正职对本部门业绩的好坏负总责，部门副职对本部门业绩的好坏也负有很大责任，由于他们当年的绩效工资和未来的职务晋升都要受本部门绩效成绩的影响，所以有较大可能性对各岗位的价值进行客观打分；而把部门其他成员的打分结果纳入进来，把不同人的意见均考虑在内，则可以体现过程参与原则，以便最终结果被大家所认可和接受。

(三) 设计薪酬结构

薪酬结构是指企业对其内部不同职位或不同技能员工所得薪酬的各种安排，主要内容包括薪酬等级的数量、同一薪酬等级内部的薪酬变动范围、相邻两个薪酬等级之间的交叉与重叠关系，等等。它反映了企业对不同职位和能力的重要性及价值的看法，体现了企业的人才理念及战略意图。

1. 划分薪酬等级

根据岗位评估的点数大小对职位进行排序，同时根据排序结果对各职位点值情况进行观察，初步将点数相近的职位归于同一个级别。

划分方式可以是自然断点，如100～200、201～300，也可以同时参考这些岗位的职级高低，尽量将职级相同的岗位划归于同一级别，比如将所有部长级的岗位定义为一个薪酬级别。为了方便起见，本书以自然断点为界线来对职位等级进行划分，如表5-2所示。

表5-2 职位等级划分与市场薪酬水平[1]

职位等级	评价点数	点数跨度	典型职位	市场薪酬水平/元
4	565	500+	市场部经理	5350
4	545	500+	总经办主任	4620
3	470	401～500	项目经理	4030
3	405	401～500	招聘主管	3560
2	355	301～400	会计	3200
2	345	301～400	总经理秘书	2720
1	260	200～300	行政主办	2230
1	210	200～300	出纳	1850

在企业实践中，通常无法也没有必要对所有职位都实施职位评价，因此，确定了典型职位的评价点数后，还应该把未进行评价的非典型职位与已经评价的典型职位进行比较，估算这些非典型职位的点数，然后根据实际情况将它们安插进去。

2. 计算薪酬区间中值

1) 市场薪酬调查

对外部劳动力市场的薪酬状况进行必要的调查，是确保本企业薪酬体系具有竞争力的一个重要环节。薪酬调查应注意以下事项。

---

[1] 邢伟. 基于回归分析的企业薪酬结构设计[J]. 中国劳动，2014(12)：42-44.

(1) 为确保调查结果具有参考价值，一般以针对主要竞争对手的薪酬调查为主，以本地区同行业的整体薪酬状况调查为辅。如有可能，最好能与企业其他情况结合起来调查，如收入、利润、人员数量等。

(2) 薪酬调查不应只调查薪酬水平，还应调查薪酬结构、发放方式等与薪酬制度有关的较为全面的薪酬信息。此外，在不同的公司里，头衔相同的职位所肩负的责任可能有较大差异，所以如有可能，还应尽可能了解更多的岗位职责、任职条件等信息。

(3) 由于中低级职位主要以本地员工为主，而高级别职位则有可能来自全国，所以针对中低级职位的薪酬调查可以本地区情况为主，而针对高级别岗位的薪酬调查还应参考全国同类公司的薪酬情况。

(4) 由于很难搜集到其他企业中与岗位、薪酬有关的全部资料，所以在实际操作中通常只调查那些相对统一、大家又比较熟知的基准性岗位，然后再以此为基础对其他岗位的薪酬进行回归和修正。

2) 对薪酬数据进行回归

对于典型职位，通过薪酬调查获得其市场薪酬水平，就可以得到两组数据：一组是评价点数，另一组是市场薪酬水平。设 X 为评价点数，Y 为市场薪酬水平，对这两组数据运用最小二乘法进行拟合，即可得到如下回归方程：

$$Y = -25.31 + 8.88X$$

根据此方程可以计算出本公司各职位等级的薪酬区间中值。具体计算步骤如下：

(1) 将各职位等级薪酬点数的最低值加上最高值除以2，即得到该职位等级的薪酬点数中值。

(2) 以这个评价点数中值作为 X 代入回归方程，就可以计算出薪酬区间中值 Y（见表5-3)，而薪酬区间中值是薪酬结构设计的重要基础。

表5-3 各薪酬等级对应的薪酬区间中值[1]

职位等级	点数区间	评价点数中值(X)	薪酬区间中值(Y)/元
4	501～600	550	4859
3	401～500	450	3971
2	301～400	350	3083
1	200～300	250	2195

---

[1] 邢伟. 基于回归分析的企业薪酬结构设计[J]. 中国劳动，2014(12)：42-44.

3. 对薪酬区间中值进行微调

(1) 计算薪酬的外部比较比率,计算公式为

薪酬的外部比较比率 = 薪酬区间中值/外部市场薪酬水平

薪酬的外部比较比率常用于衡量薪酬区间中值与市场薪酬水平的差异,以准确判断哪些职位的薪酬可能存在问题,如表5-4所示。通常情况下,比较比率减去100%之后,如果结果在±10%以内都是可以接受的;而对于那些结果超过±10%的职位,就极有可能需要进行微调。

表5-4 薪酬区间中值与市场薪酬水平的比较[1]

职位等级	典型职位	评价点数	市场薪酬水平/元	薪酬区间中值/元	比较比率
4	市场部经理	565	5350	4859	91%
	总经办主任	545	4620		105%
3	项目经理	470	4030	3971	99%
	招聘主管	405	3560		112%
2	会计	355	3200	3083	96%
	总经理秘书	345	2720		113%
1	行政主办	260	2230	2195	98%
	出纳	210	1850		119%

(2) 考虑对薪酬进行微调。从表5-4中可以看出,出纳、总经理秘书、招聘主管三个职位的比较比率偏高,如果其薪酬在企业薪酬总盘子中所占比例不大,则可以适当增加其岗位职责而不必调整薪酬中值;反之,对于那些与市场薪酬水平相比明显过低的职位,就可以考虑提高该薪酬区间中值,以保留熟练员工。

4. 设计薪酬结构

(1) 确定薪酬变动比率。对薪酬区间中值进行系统梳理后,还需要进一步确定各薪酬区间的变动比率,计算公式为

薪酬变动比率 = 某薪酬等级中的(最高值－最低值)/该薪酬等级中的最低值

薪酬变动比率又称薪酬变动范围系数,是衡量某薪酬等级变动宽度的重要依据。一般来讲,薪酬变动比率越大,某薪酬等级中可容纳的人员数量就越多;薪酬变动比率越小,某薪酬等级中可容纳的人员数量就越少。企业可根据人员的多少、人员之间差异性的大小等因素自主选择。为确保同级别岗位不同人员之间的公平性,一般以不超过50%为宜。

(2) 计算各薪酬等级的最高值和最低值。一旦薪酬区间中值和薪酬变动比率确定之后,就可以计算各薪酬等级的最低值和最高值,计算公式为

---

[1] 邢伟. 基于回归分析的企业薪酬结构设计[J]. 中国劳动,2014(12):42-44.

薪酬等级的最低值=薪酬区间中值/(1+薪酬变动比率/2)

薪酬等级的最高值=薪酬等级的最低值×(1+变动比率)

(3) 综合考虑薪酬区间重叠幅度。薪酬区间重叠幅度是指相邻的几个薪酬等级之间的薪酬区间交叉与重叠程度，它由薪酬变动比率和薪酬区间中值之间的级差共同决定。在实际操作中，大多数企业倾向于将薪酬设计成有交叉重叠的结构。其主要原因有两个：其一，避免因各职级间的薪资差距过大而导致的"晋升竞争的白热化"现象；其二，可使年资久而职级较低的员工获得相对公平的对待，从而有效缓解其心理压力。

当然，如果相邻若干薪酬等级之间的重叠度过高，也会导致"混日子""熬资历"等消极情绪出现。因此在一般情况下，相邻两个薪酬等级之间的重叠部分不宜超过60%，有重叠薪酬的等级以不超过3个为宜。

(四) 设计薪酬管理制度

薪酬管理制度是企业对薪酬相关问题进行阐述和规范的一整套管理文件。大的模块一般包括公司背景、薪酬理念、薪酬构成(如基本工资+绩效工资+奖金+福利等)、薪酬与绩效考核挂钩的方式、兑现方式、晋级条件与报批流程、申诉办法与申诉流程等。网上有大量相关资料，此处不再赘述。

三、薪酬方案的运行与完善

虽然很多企业在薪酬方案实施前都会进行大量模拟测算，甚至还采取"就近就高"的人性化的套入办法以减少新方案实施的阻力，但新方案仍有可能存在许多不合理的地方。因此，新方案实施前需要进行一定时期的试运行，一旦发现问题就采取相应对策予以修正，确保薪酬方案具有如下特点：

(1) 既合情合理，又合法合规；

(2) 既能激励员工，又能保持适度公平；

(3) 既不亏待员工，又能促进企业的长期可持续发展。

第三节 战略性薪酬管理

作为一个志存高远的管理者，仅仅把眼前的事处理好是远远不够的。本节引入了劳动经济学、心理学和管理学的部分内容，试图拓展人力资源管理从业人员的视野，使读者能够从多个角度看待同一个问题，从而使自己设计的实操方案贴近人心，既立足当下，又兼顾未来。同时，对完整薪酬方案的介绍，也可以给读者提供一个既照顾员工的"腰包"又满足员工内心需求的、站在理论前沿的实用套路。

一、从经济学角度看薪酬

从经济学角度看，劳动力也是一种商品，其价格(薪酬)也会受供求关系影响，如图5-2所示。

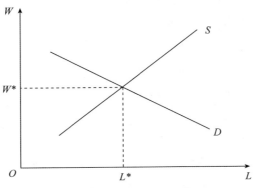

图 5-2　劳动力供需与均衡价格

图 5-2 中，横轴代表劳动力数量，纵轴代表薪酬水平；D 为劳动力的需求曲线，S 为劳动力的供给线，两者的交叉点代表供求平衡点，此时劳动力的需求与供给相等，均衡数量为 L^*，均衡价格为 W^*。

这个简单的经济学图形至少可以给我们以下两个重要启示。

(一) 招聘有发展潜力的员工，然后把他们培养成才

经济学把劳动力视为一种无差别的标准化商品，而现实生活中的人是有差别的。招聘庸才虽然便宜，但他们给企业创造的价值有限；招聘"高手"固然能够增强企业实力，但企业必须为此花费很大代价。一个明智的选择是以低廉的价格(薪酬水平)招聘目前水平不高但很有发展潜力的新手，然后把他们培养成才，进而为企业做出更大贡献。在这个过程中，员工收获了经验与能力，企业以很小的代价(低薪+少量培训费)获得了高水平人才，双方都"赚到了"。宝洁公司之所以喜欢招聘工作经验欠缺但有发展潜力的应届大学毕业生，就是有此考虑。

当然，这一美妙安排的背后也存在漏洞：随着潜力不断被挖掘出来，人才对薪酬的期望也会越来越高，甚至还会跳槽。这也是困扰很多国内企业的一个由来已久的问题。

这个问题看似无解，其实也有解。人员能力提高了，业绩提升了，企业当然要给他提薪酬，但企业还是"赚到了"：因为企业给他增加的薪酬，永远只是他给企业多创

造价值的一小部分。说到这里,不得不提一个非常普遍的现象:公司里最能干的20%的人薪酬看似很高,但他们几乎在所有的公司里都是被"剥削"的人;公司里最不能干的20%的人薪酬看似很低,但他们几乎在所有公司里都是"占了便宜"的人。为什么这么说呢?大家可以尝试着自己分析。

(二)涨薪要把眼光放远,反复思量

即便某企业目前的薪酬水平较低,也不一定马上涨薪,一方面,基本薪酬往往具有刚性,在多数情况下只能升,不能降;另一方面,企业还要将眼光放远一些,了解政府的政策动向、行业的发展趋势、企业的发展态势,以及当前高等院校和职业院校相关人才培养的数量(目前的在校生,几年后就是市场上的人才供给)。如果行业景气度有下降的趋势,就意味着需求量将会下降,D 曲线向下移动形成 D_1;在校生的数量有明显上升的趋势,就代表未来几年供给增加,S 曲线向右移动形成 S_1。新的均衡数量为 L_1,均衡价格为 W_1。如图 5-3 所示,这意味着整个行业将会以显著下降的薪酬水平雇佣数量稍微增多的人员(还有一种情况,即薪酬水平和雇佣人员数量双双下降)。而如果某企业的薪酬现在涨起来了,到经济衰退时再下降很多,就会引起员工的不满,甚至导致大规模罢工,将给企业的声誉和经营带来双重打击。

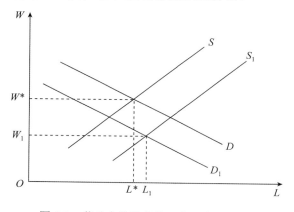

图 5-3 劳动力供需变化及其影响

二、从心理学角度看薪酬

从心理学视角来研究企业薪酬问题,主要是将薪酬作为一种满足员工外在需求的要素和手段,以激励员工的工作积极性和主动性,从而从个体层面提高员工的工作绩效。

(一) 将目标设置理论与强化理论紧密结合

1. 目标设置理论

目标设置理论(goal-setting theory)最早由美国马里兰大学心理学教授艾德温·洛克(Edwin A. Locke)于1968年提出。洛克教授和他的同事们通过大量研究发现，大多数的激励因素(如奖惩、工作评价和反馈、期望、压力等)都是通过目标来影响工作动机的。因此，尽可能设置合适的工作目标，是激励员工努力工作的重要环节。

洛克等人的研究发现，从激励的效果和工作行为的结果来看，有目标的任务要比没有目标的任务效果好；有具体目标的任务，要比目标空泛、抽象的任务好；难度较高但又能被执行者接受的目标，要比没有困难或难度太大以致难以实现的目标好。综合起来看，合适的目标，即具体、难度较大而又被员工接受、可以衡量和反馈的目标，可以发挥很好的激励作用。

2. 强化理论

强化理论(reinforcement theory)最初由哈佛大学心理学教授布尔赫斯·斯金纳(B. F. Skinner)于1938年提出，并在随后的时间里不断得到完善与发展，为当代激励理论提供了行为主义的视角。一般来说，强化的方式可分为3种，分别是正强化(如肯定、奖赏)、负强化(如否定、惩罚)和消退强化(即对不良行为不予理睬)。

强化理论认为，人的行为只是对外部环境中的刺激所做的反应，受外部环境刺激的调节和控制，人们通过改变刺激就能改变行为。因此，该理论又称为修正理论。强化理论的基本观点如下：人的行为受到正强化后会趋向于重复发生，受到负强化后会趋向于减少发生；为激励人们按照一定的要求和方式去工作，奖励往往比惩罚更有效，因此要以正强化为主，并应根据对象的不同而采用不同的强化物和强化手段；反馈是强化的一种重要方式，应该让人们通过某种途径以适当的形式及时了解行为的后果；为使某种行为得到加强，奖赏应在行为发生以后尽快提供，延迟奖赏会降低强化的作用。

3. 两者有机结合

实践证明，目标设置理论和强化理论在组织管理中具有相当明显的效果，也被国内外几乎所有的企事业单位所采纳。而如果将两者有机结合起来，设置合理的、有挑战性的目标，同时将薪酬中的一部分(绩效薪酬)与目标的完成情况相结合，达成目标即拿到全额绩效薪酬，超额完成目标则设置一定奖励，没有完成目标则扣罚一定绩效薪酬，则整体的激励效果将会十分明显。

(二) 公平理论

公平理论(equity theory)由美国学者斯泰西·亚当斯(J. Stacy Adams)于20世纪60

年代初提出，是在社会比较中探讨个人所做贡献与得到的报酬之间如何平衡的理论，它侧重于研究工资报酬的合理性和公平性对个人工作积极性的影响。所以，公平理论又称作社会比较理论。公平理论认为，每个人会不自觉地把自己付出的劳动与所得到的报酬进行比较，会把自己的劳动—报酬比与其他人的劳动—报酬比进行比较，会把自己的劳动—报酬比与个人历史上的劳动—报酬比进行比较。当这些比值相当时，便会认为是公平的、应该的，因而心情舒畅，劳动的积极性会增加；当这些比值相差悬殊，特别是自己的劳动—报酬比低于别人时，就会产生不公平感，内心充满怨气。为了消除怨气，人们一般会采取下列行为。

(1) 改变付出。通过消极怠工、出工不出力、降低工作质量和数量等方式，来求得某种公平和满足。

(2) 试图改变结果。例如通过采取种种手段来改变他人的报酬，或通过要求增加工资或得到晋升来提升自己的报酬。

(3) 改变心理认知。通过心理调节、自我解释、自我安慰等途径来重新看待有关问题，以实现心理的平衡。比如，中国古语中的"知足者常乐""退一步海阔天空"等，就是规劝人们改变心理认知的警句。

(4) 改变参照对象。常见的做法是，通过选择另外的参照对象(通常是较低层次的对象)来降低对报酬的要求，形成"比上不足、比下有余"的自我满足感。

(5) 采取极端行为。公开不满，被动忍耐或离职；发牢骚，泄怨气，制造人际矛盾；或暂时隐忍，等感到极度失望时辞职，一走了之，甚至常常采取故意的破坏性行为，使组织或他人蒙受损失，以从中得到心理补偿。

这里所说的劳动既包括无形的脑力劳动、责任心、时间与精力等方面的付出，也包括各种有形的劳动。这里所说的报酬也包括两个方面：一是工资、奖金、福利等有形的物质报酬；二是职位、权力、荣誉、发展机会等无形的报酬。而劳动—报酬比的均衡是员工获得公平感的关键。

三、从管理学角度看薪酬

从管理学角度看，薪酬设计既是战略分解过程中的一个重要环节，也是确保战略目标最终实现的重要手段，如图 5-4 所示。

当前的很多企业急须从原来的"产品抄袭+营销拉动"战略转变为"创新驱动+工匠精神+营销拉动"战略。其中，鼓励研发人员实现产品创新，鼓励管理人员实现制度创新，激励生产人员实现工艺与流程创新，激励营销人员实现营销模式创新等战略模式和价值观念的转变，都需要从薪酬管理和绩效管理系统变革的角度来实现。

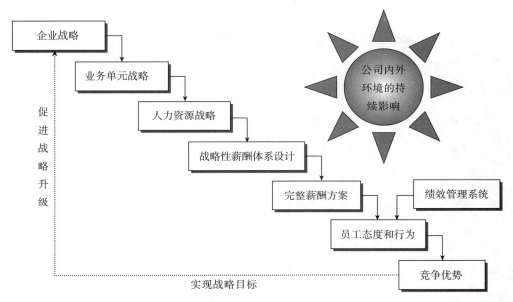

图 5-4 从管理学角度看薪酬

用一句话来概括就是，企业重视什么人才，鼓励哪种行为，提倡什么精神，就要在薪酬水平与薪酬结构设计等方面体现出来；否则，再雄伟的战略目标，再美好的价值观念，也只能是纸面上的文字。

四、全面报酬的概念与实践

(一) 薪酬概念的百年演变

在刚刚过去的 100 年左右的时间里，薪酬管理的思维与方式一直在发生变化。现代管理中的"薪酬"的发展经历了一个从重视现金发放到强调全面发展，从日工资结算到长周期激励的发展过程。

1. 货币报酬时期

大约在 1920 年以前，薪酬主要按天计酬、鲜有福利；20 世纪 20 年代至 80 年代，按月计酬、鲜有福利的薪酬成为主流；20 世纪 80 年代至 2000 年，薪酬中增加了奖金和福利的比重。

2. 总体报酬时期

2000 年，美国薪酬协会(WAW)拓宽了薪酬的内涵，提出了总体报酬(也称完整报酬)的概念。这一概念在内涵上延伸到企业因工作而回报给员工的所有有价值的东西，创造性地将非货币形式的回报纳入总体报酬的框架之中，从而解决了工资刚性对企业的困扰，也顺应了员工需求越来越多样化的趋势。

2006年，美国薪酬协会调整了总体薪酬的结构，将原属于工资板块的认可激励和原属于工作环境板块的工作与生活平衡独立出来，使总体薪酬的概念进一步拓展为货币报酬、福利、工作与生活的平衡、绩效与认可和发展与职业机会五大板块。[1]

(二) 现代企业的"大薪酬"结构

经过多年实践，国内外管理成熟的优秀企业已经将总体薪酬从概念落实到具体的管理实践当中，如表5-5所示。

表5-5 现代企业的"大薪酬"结构[2]

模块	主要内容	举例
工作体验	沟通方式	是平等沟通还是等级森严？是畅所欲言还是压抑性格？等等
	管理风格	是民主、透明，还是集权、暗箱？等等
	工作与生活的平衡	激情工作和快乐生活，两者较少相互"侵扰"
培训与开发	长期开发计划	职业生涯规划、海外工作经历、职务轮换等
	短期培训计划	更新知识、学习技能、掌握技巧、团队建设等
福利	小额福利	生日礼物、聚餐、联欢、郊游等
	带薪休假	主要针对中层以上的管理者、贡献突出者、骨干员工
	补充福利	补充医疗保险、养老保险等商业性保险
	强制福利	"五险一金"等国家或地方政府强制性福利
狭义薪酬	长期激励计划	股票期权、工龄补偿、退休计划等
	短期激励计划	浮动工资、绩效奖励等
	固定津贴	固定的岗位津贴、交通费、通信费等
	额外工资	年终增发一个月或数个月的基本工资
	加班费	工作超时补偿、节假日加班费
	基础薪水	基本的工资性收入

之所以发生如此深刻的变化，是因为越来越多的企业发现：货币性薪酬的确可以在短期内激发员工的工作积极性，但员工的"心"是很难用钱买来的，久而久之，甚至还会形成"唯钱是问"的公司风气。况且，任何企业的薪酬水平都会受到其经济实力以及未来发展潜力的限制，企业间的人才竞争如果只由钱来决定，就会形成你争我夺、骑虎难下的恶性循环。

---

[1] 文跃然，周欢. 从货币报酬思维走向总体报酬思维[J]. 中国人力资源开发，2015(2)：12-20.

[2] 周施恩. 用事实说话：大薪酬的解读与反思[J]. 中外企业文化，2009(8)：14-16.

盖洛普公司在一项历时 25 年、涉及 8 万名经理人和 10 万名员工的研究中得出这样一个掷地有声的结论:"员工来到一家公司,离开一位上司。"具体来说,吸引员工到一家企业里来的是公司本身,包括其薪酬水平、品牌形象、发展前途等;而当员工下决心离开一家公司的时候,则主要是因为自己的直接上级让人"感觉很糟糕""心情不愉快"。根据盖洛普公司的调查,以此原因离职的人员高达 70%左右[1]。

盖洛普公司的上述研究结果在某种程度上与美国薪酬管理学会的观点不谋而合。美国薪酬管理学会所强调的重点已经从原来单纯的薪酬和福利扩展到了工作体验,其主要观点是,员工在一个组织中工作所获得的报酬,并不仅仅包括能够以货币衡量的薪酬福利,还有更重要的东西——员工在工作中的身心体验,即员工在工作过程中所体会到的尊重、快乐、自我价值成长与进步等。

根据马斯洛的需求层次理论,好的货币报酬方案可以满足员工的生存需求和部分安全需求(生活中的经济压力得以暂时缓解,从而感到一定程度的安全),但公司盛行"唯钱是问"的风气使得他们又不知道自己哪一天会被公司扫地出门,同时,"唯钱是问"的公司风气也使得员工的社交需求(爱与被爱的需求)、尊重需求和自我实现需求难以有效满足。长此以往,员工士气低落、缺乏团队精神、离职率高等现象的出现将难以避免。而好的总体薪酬方案既可以使员工得到应有的货币报酬,还能使员工感受到来自公司的理解、体贴和关怀。而员工既可以从工作中体验到激情和快乐,也能在公司里找到自己的位置,明确未来的发展方向,积累可以终身受益的知识、技能和宝贵经验。能够在一家这样的公司里工作,谁还愿意随便跳槽呢?

回到本章第一节讨论过的内容:固定工资,是让员工吃得饱的;绩效奖金,是让员工干得好的;各种福利,是让员工走不了的;整体感觉,是让员工心情好的。好的人力资源管理,拼的是内功而非单纯的金钱的力量。聪明的管理者既不会刻意压低员工的收入水平,也不会盲目加薪以迎合个别员工的无理要求。恰恰相反,他们会审时度势、通盘考虑,以构思巧妙而又内容丰富的总体薪酬安排来积极应对人才竞争。

本 章 小 结

第一节,重点介绍薪酬管理的基础理论。本章首先介绍了与薪酬有关的概念群组,梳理了若干概念之间的相互关系。熟练掌握这一系列概念的定义及相互之间的区别和联系,对提高人力资源管理理论水平和实战能力都有很大帮助。随后,本节又着重介

---

[1] 刘昕. 从薪酬福利到工作体验——以 IBM 等知名企业的薪酬管理为例[J]. 中国人力资源开发,2005(6): 62-65.

绍了薪酬管理的功能、原则和主要类型，以进一步拓展相关知识和技能。

第二节，重点介绍薪酬管理实务。本书总结、归纳了薪酬方案设计的前提、薪酬方案设计的流程和薪酬方案的运行与完善。其中，岗位价值评估和薪酬结构设计是薪酬管理中技术含量最高的部分，也是薪酬管理中的难点。由于篇幅关系，本节对岗位价值评估方法介绍不多，对薪酬结构设计的验算相对简单，对薪酬管理制度的设计几乎一带而过，不是它们不重要，而是因为网上有很多相关资料可以查阅，只要认真阅读都可以熟练掌握。

第三节，跳出了薪酬管理的模块化思维，先后从经济学、心理学和管理学的角度解读薪酬管理，以进一步拓展读者的视野和看待问题的角度。本节还介绍了总体薪酬的概念与企业实践，用墨不多，目的在于引发大家的思考，然后基于自己的兴趣去搜集相关资料，以进一步构建和完善自己的知识和技能体系。

【关键术语】

报酬	薪酬	财务报酬	非财务报酬
直接报酬	间接报酬	内在报酬	外在报酬
完整报酬	岗位价值评估	付薪要素	薪酬结构
强化理论	工作与生活的平衡	战略性薪酬管理	

复习思考题

一、简答题

1. 举例说明货币性报酬和非货币性报酬包括哪些主要内容，以及它们在企业管理中分别发挥什么作用。

2. 有人说："钱不是万能的，但没有钱是万万不能的。"根据在本章学到的知识，对此说法进行简要评论。

3. 用简单的数据分析说明相邻两个薪酬等级的重叠度、相邻两个薪酬等级的区间中值级差、薪酬变动范围系数三者之间的关系。

4. 本章介绍了从目标设置理论、强化理论、公平理论的角度看待薪酬管理的一些思考，你还能用其他哪些理论来分析和研究薪酬管理问题？

二、案例分析

从全面报酬的角度解析企业"招工难题"[1][2]

近年来,"招工难"成了困扰许多中小企业生产经营的痼疾。根据央视财经频道2021年4月份的一则报道,很多企业即便工资增加20%也依然难以招到足够的人手。更有甚者,江苏一家电子厂以月薪8000元招来的普工,转眼就被隔壁的厂子以月薪1万元的价码"抢"走了。然而,国家统计局2021年4月16日披露的数据显示,截至2021年3月份,我国16~24岁年轻人的调查失业率高达13.6%;同期所做的一项样本量超9万家规模以上工业企业的广泛调查表明,全国约有44%的企业反映"招工难是他们面临的最大问题",这一比例再创历史新高。一方面,年轻人调查失业率居高不下;另一方面,很多中小企业却普遍面临"用工荒"的难题。这背后到底隐藏着什么玄机?又应该如何应对?

表面现象:工作枯燥+身心疲惫+情感荒芜

我国市场上并不缺乏劳动力。权威数据显示,我国劳动力人口接近9亿,是名副其实的世界劳动力第一大国。但有些年轻人宁愿接受每月4000元的薪资去售楼处当保安,也不愿意到"收入翻倍"的工厂里去打工,其中一个被各类媒体广泛讨论的原因是工厂工作内容枯燥、劳累和管理苛刻。

这些"工业文明中的人类问题"不由使人联想起20世纪二三十年代梅奥(George Elton Mayo,美国管理学家、行为科学的奠基人、现代人际关系学说的创始人)教授所主持的霍桑试验的研究情境——大规模工业化生产极大提高了生产效率,同时也使得当时的工人成了流水线的附属物,他们渺小、微不足道,和能够在市场上买到的任何一件廉价劳动工具没有本质区别。

长期趋势:劳动力迁移+技术替代

纵观世界各国的经济发展史,两个基本且又难以抵挡的大趋势呼之欲出。一个重大趋势是随着经济的持续发展以及人们对美好生活的不懈追求,劳动力从第一产业向第二产业、第三产业次第转移,从业人员的数量结构从原来的金字塔型逐渐转向倒金字塔型(见图5-5)。这一趋势不仅是当今世界各发达国家的共有现象,同时也被我国的权威数据所证实。根据国家统计局披露的数据,2008—2018年,我国从事制造业(第二产业)的农民工平均年增长率为-2.84%,而同期第三产业所容纳的劳动力数量却在迅猛增长。

---

[1] 周施恩,付鹏. 谁是招工难的"罪魁祸首"?[J]. 企业管理,2021(08):43-46.

[2] 注:原文《谁是招工难的"罪魁祸首"?》在《企业管理》杂志年度公众号推送点击量TOP20中排名第一。

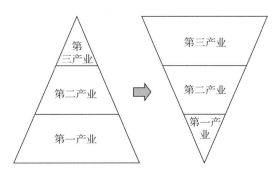

图 5-5 劳动力转移的宏观趋势

另一个重大趋势是技术替代人工。第一次工业革命，机器替代了人力、畜力，工厂替代了手工作坊；第二次工业革命，大规模生产极大地提高了生产效率，催生了巨无霸型的垄断组织；第三次工业革命，以电子计算机、空间技术、生物工程和原子能为代表的新技术、新材料，深刻影响了人们衣食住行等工作与生活的方方面面；而发轫于21世纪初的第四次工业革命，利用信息技术催化产业变革，人类步入基于智能化和大数据技术的智慧化时代。以近年来被热炒的阿尔法狗(AlphaGo)为例：围棋是蕴含了攻与守、舍与得、俗手与机巧、愚形与轻灵的世界上最复杂的棋盘类游戏，曾一度被认为是计算机技术难以攻破的人类智慧的"最后几块阵地之一"。围棋机器人阿尔法狗在2016年12月29日到2017年1月4日的短短几天时间里，以60战全胜的战绩横扫所有的世界围棋冠军，可以说打得人类精英们"毫无招架之力"，以至于世界排名第一、中国围棋史上最年轻的"八冠王"柯洁九段宣称："对于阿尔法狗的自我进步来讲，人类太多余了。"

虽然阿尔法狗的战绩并不能代表人工智能的全面胜利，但不论个人选择漠不关心，还是积极应对，智能生产、智能工厂、智能化全球产业链等新兴事物正逐渐成为此次工业革命中一个不可逆转的发展趋势。随着机器人技术的飞速发展，以及生产、使用、维护、升级、淘汰等全寿命周期视角下的综合成本的大幅度降低，标准化、规程化、重复性操作的工作岗位将率先被"不叫苦、不喊累，并且不要加班费"的工业机器人所取代。

因此，对于就连世界玻璃大王、我国著名实业家曹德旺先生都宣称"搞不懂"的社会现象——"现在的年轻人宁可去送外卖，也不愿意进工厂上班"，与其说是现代年轻人吃不得苦、挑不起担的体现，还不如说是一个"歪打正着"的权宜选择。因为无论一个人在工厂里如何勤学上进，其所从事的生产劳动岗位迟早会被工业机器人所取代。

深层原因：国民财富的增长＋择业意向的变迁

细究起来，年轻人调查失业率居高不下、制造业频频遭遇招工难困扰，这一对矛盾绝对不是冷笑话似的"噱头"，而是充分反映了时代进步背景下人们择业观念的变迁。

现在20来岁的年轻人基本出生于世纪之交。彼时，中国改革开放的财富效应已经开始显现，我国人均GDP从1978年的156美元增长到了2000年的959美元，合计增长了 514.74%[1]；2018 年，我国人均国民总收入超越中等收入国家平均水平；2019 年，我国率先进入 5G 时代，人均 GDP 突破一万美元大关。可以说，现代年轻人的生活条件、平均受教育水平都与父辈们有着天壤之别。改革开放之初，父辈们面临养家糊口、摆脱贫困的巨大压力。由于受工农业产品"价格剪力差"的直接影响，到工厂打工的收入要远高于在家务农，因此在外打工虽然很累但是也很光彩。如今，进厂打工的收入并不见得高，工作又苦又累并且看不到希望，因此很多年轻人宁愿去做外卖骑手也不愿进厂打工。

虽然当骑手也同样看不到希望，但是骑手入职门槛不高，工作相对自由，也不那么枯燥，如果苦干＋巧干，其月收入还要高于进厂打工。如果能够接受较低的收入，他们可以在离家较近的小城镇送外卖，既摆脱了背井离乡之苦，也不用受工厂中严苛的管理制度的束缚，闲暇时间里还可以享受家庭的温暖，因此其整体报酬就显得相对"丰厚"。央视财经频道 2018 年披露了一组数据，当年国内外卖小哥的总人数接近 700 万，其中超过 1%的从业者为硕士及以上高学历人才，其总量有 7 万人之多。整体报酬对各色人等的吸引力由此可见一斑。

路径依赖：老板们认识上的局限＋做法上的粗鄙

经过市场经济的洗礼，那些能够生存下来的大大小小的企业老板是眼光敏锐、胆大心细、敢于冒险、不知疲倦的一个特殊群体。因此，如果说国内企业老板缺乏前瞻性，那肯定是不客观的。但现实生活中的一系列反常现象又充分说明了他们这一特殊群体在认识上的局限性，以及在工作方法上的"路径依赖"。如果不及时改变固有观念，不果断放弃侥幸心理，这些企业最终将会被时代所抛弃。

(1) 没有意识到劳动力市场的巨大变化。曾几何时，到工厂当工人既体面又实惠，也可以说是大多数考不上大学又没有家庭背景的年轻人唯一的出路。而现在，互联网的广泛普及迅速催生了电商、快递、主播、带货等新诸多新业态，试吃员、网约车、网约导游、定制服务等自由职业纷纷涌现，这给了思想活跃、渴望新鲜事物的年轻人以更多的就业选择，也使得生产制造业所处的劳动力市场发生了重大变化，想到工厂打工的人数要远远小于工厂所需要的人数，低端劳动力供小于求的态势已成定局，并且不可逆转。

(2) 仍然沿用 140 多年前的逻辑。马克思在 140 多年前出版的《资本论》中揭示了资本家攫取剩余价值的多种手段，其中最原始的就是延长劳动时间、增加劳动强度。将近一个半世纪过去了，国内一些企业老板们仍然对其青睐有加。殊不知，由于低端制造业技术门槛低，资金需求量也不大，导致竞争者大量涌入，最终形成了低端产能的结构性过剩。为了能拿到订单、延续生存，许多老板把供货价格压得很低，导致本已微薄的利润空间被挤压，甚至就连明知不挣钱的订单也在做。在水电费、房屋租金和原材料价格持续上涨的大背景下，企业唯一能够想到的就是从人工费里"挤油水"。具体来说，企业所标榜的月薪 8000 元基本都是"噱头"。通过对搜狐网、腾讯网所披露的信息进

---

[1] 数据来源：国家统计局. 中国统计年鉴 2018[M]. 北京：中国统计出版社，2018.

行相互印证发现：在深圳沙井一个很大的工业园区，电子厂普工的底薪是每月2200元左右，工作日加班每小时19元左右，周末加班每小时25元左右。如果想拿到8000元，工人每天要辛苦劳作11小时(扣除中午1小时吃饭时间之后)，每月至少工作26天。如果是在二、三线城市打工，其每月拿到手的钱就更少。

这种"榨汁机"似的盈利模式，使得现代年轻人唯恐避之不及。因此说，我国并不缺乏劳动力，而是年轻人不愿再做辛苦、廉价又看不到前途的大规模流水线上的附属物。他们希望通过自己的劳动来挣钱，但同时也希望得到底薪＋计件工资之外的更多的无形回报。

解决对策：迭代管理理念＋重塑战略模式

就大多数缺乏技术含量的生产制造企业而言，"资本雇佣劳动"的大门即将关闭，通过人口红利来赚取利润的时代正在成为历史，未来将属于能够充分认识到发展趋势并能够做出积极应对的企业。

(1) 迭代管理理念。在改革开放以来的第一代打工人眼里，其可选择范围内的较为满意的求职公式为

$$\max(职业追求)=相对较高的收入=较低的底薪+辛苦劳作挣计件工资$$

在这个公式里，max代表"取最大值"。简单来讲，该公式的含义就是：出于贫困的境遇，他们的职业追求是尽可能多挣钱，但由于学识水平不高且欠缺劳动技能，因此他们只能接受较低的底薪，然后通过辛苦劳作多挣计件工资。但是，现代年轻人从小生活在相对富裕的环境里，并且受到了无微不至的关心、爱护和包容，他们的求职公式就相应变为

$$\max(职业追求)=满足多样化需求$$
$$=可以接受的收入+法定休息日+工作中的尊重+成长空间+\varepsilon$$

这一公式很好地解释了很多工厂深陷招工难困境的原因。

为了解决招工难题，企业只有从改变作息安排、推行完整报酬的角度来考虑。完整报酬是美国薪酬协会自2000年以来提出并仍在不断完善的一个重要概念。简单来说，此概念创造性地将非货币回报纳入总体报酬之中，把员工的劳动所得逐渐拓展到企业向员工提供的所有有价值的回报这一更加宽泛的领域，其中包括：基本工资、绩效工资、奖金、股票等货币性收入；五险一金、带薪休假等国家法定福利；生日蛋糕、节假日小礼品、补充商业保险等企业自主福利；舒适的工作环境、人性化的工作安排等工作体验；培训学习、轮岗锻炼等个人成长方面的潜在收获；理解尊重、工作认可、参与管理等有"温度"的管理模式。

当然，推行完整报酬的基本前提是企业有足够的盈利空间，否则一切都是空谈。而要想提升盈利空间，就必须从市场定位和战略路径说起。

(2) 重塑战略模式。近年来一些生产加工企业"遇冷"，并不代表我国生产制造业的整体衰退，而仅仅意味着低水平重复生产时代的终结。根据工信部2021年3月份披露的数据，自2010年以来，中国连续11年保持世界第一制造大国的地位；"十三五"

时期，我国工业增加值由 23.5 万亿元增加到 31.3 万亿元，中国制造业在世界制造业中的比重接近 30%。更加引人注目的是，中国高端制造业增加值年均增速高达 10.4%，高于规模以上工业企业增加值平均增速 4.9 个百分点。我国从制造"大国"走向制造"强国"是一个不可阻挡的发展趋势，这对于国内广大生产制造企业来说，可谓机遇与挑战并存。通过上述宏观与微观因素的综合分析可以发现，目前广大中小生产制造企业实际上只有两条路可走。

第一条路，见好就收。改革开放 40 多年，我国企业发展的原动力已经从原来的"抓机会""抢空白"转变为"优化布局"和"战略制胜"。对于多数行业来说，过去跑马圈地的时代已经结束，开启未来的精深发展时代已经来临。但是，我国很多中小企业习惯了短缺经济时代"强力推销+熟人订单+快速生产"的盈利模式，技术积累几乎为零，管理创新聊胜于无。从老板的胸襟、视野到管理的机制、文化，从企业的设施、设备、技术到人员的能力、素养、协同，都已不再适应工业互联背景下的新的竞争方式与合作模式。企业与其在"温水煮青蛙"的生存状态下苦苦挣扎，不如及早看清形势，以见好就收乃至金蝉脱壳的方式撤出"貌似了然于胸，实则早已陌生"的生产制造业，到自己能够驾驭的领域另谋出路。

第二条路，涅槃重生。基于大数据、云计算、智慧物流的柔性生产和灵捷制造颠覆了生产制造业原来的商业模式。原有的产业链条被打碎，然后在以数据挖掘需求、智能参与生产、速配引导物流的"数字大神"的撮合下被有机整合起来，以精确、靶向、便捷的方式把产品递交到客户手中。在新的产业格局中，"物理空间"已不再是制约生产制造企业发展的主要障碍，"宁为鸡首，不为牛后"的传统思维必须让位于前瞻的趋势判断、精准的市场定位、清晰的战略路径和坚定的技术升级步伐。具体来说，就是要前瞻性地判断市场竞争与跨界合作的格局，以自身的独特优势为基础，主动依附于有长期发展前景的产业集群，主打某类标准化程度低、经济附加值高、供货期要求严格的小批量特种部件(平板玻璃、航空燃油等批量大、标准化程度高的产品，中小企业根本无法涉足，技术实力、资金实力、人才实力都不允许)，抓紧技术升级，争取早日在"创造大国"的主战场中谋好篇、布好局、站好位、扬好名、走好路。

能治病的良药，大多是苦的。真正值得参考的有价值的建议往往是难以接受的。对于广大中小生产制造企业来说，要么见好就收、果断退出，要么壮士断臂、涅槃重生，除此之外基本没有第三条道路可走。

这一点，对世界各国的同类企业来说可能都是适用的。

【案例分析】
1. 在职业追求上，现代年轻人和改革开放之初的父辈有什么不同？
2. 从全面报酬的角度来看，如今我国的代工厂普遍存在什么问题？
3. 从全面报酬的角度谈一谈企业应该如何激励人才、留住人才？

第六章

绩 效 管 理

绩效管理对企业的成功起到至关重要的作用,好的绩效管理系统可以引导员工做出有利于企业发展的积极行为,而坏的绩效管理系统则可能对员工士气形成致命打击。绩效管理是企业人力资源管理工作中最具挑战性的工作之一。因为它既涉及企业目标的分解,又涉及对员工的工作评价,甚至还会影响员工的薪资调整和职位晋升,可谓牵一发而动全身。更为重要的是,绩效管理和薪酬管理的"基因双链"决定了企业的根本特性和内在灵魂。

学习目标
- 掌握绩效的结构和定义。
- 了解绩效的特征及其启示。
- 熟练掌握绩效管理及其重要价值。
- 掌握绩效管理实务各环节。
- 了解战略性绩效管理的内涵及整体架构。

第一节 绩效管理概述

虽然本节被命名为"概述",但其中的很多内容属于思辨式探讨,希望读者对绩效管理有更加深入的认识和了解。

一、绩效的结构和定义

自人力资源管理理论引入我国以来,"绩效"一词就成为业界的一个重点讨论话题。如今,企业里没有几个人不知道"绩效",但人们对绩效却有许多不同的理解。为了统一讨论口径,首先对绩效的结构和定义进行简要探讨。

(一) 结果论学派的观点

早在 1977 年,美国绩效评估专家哈特瑞(P. H. Hatry)从评估城市政府公共服务的角度提出了绩效的 3 个评估标准:有效性、效率、工作量。这套标准侧重于工作的结果或产出,具有典型的"结果"特征,并由此拉开了"以结果论英雄"的公共部门绩效评价的序幕。结果论学派的重要代表人物伯纳丁(H. J. Bernardin)明确提出,所谓绩效,是指"对在特定的时间内、由特定的工作职能或活动所创造的产出的记录或工作的结果"[1]。

(二) 行为论学派的观点

坎贝尔(Campbell)等人认为,绩效并非产出或结果,并提出绩效可以被视为行为的同义词,它是人们实际采取的行动,而且这种行动可以被他人观察到。根据这一定义,绩效应该只包括那些与组织目标有关的,并且是可以根据个人的能力进行评估的行动或行为。

沿着这一思路,Organ 等人于 1983 年创造性地提出了组织公民行为(organizational citizenship behavior,OCB)理论。1986 年,Brief 和 Motowidlo 在 OCB 理论的基础上提出了超组织行为(pro-social organizational behavior,POB)理论。POB 理论与 OCB 理论虽然提法各异,但都强调组织中的合作和助人行为,强调自发性行为。两者的区别在于:POB 可以是职务内行为,也可以是职务外行为,而 OCB 则仅指职务外行为;POB 有可能在对个人有利的同时对组织造成不利影响,但 OCB 指的是有利于组织的行为。[2]

(三) 综合论学派的观点

尽管在理论研究中存在结果论和行为论的分野,但人们越来越认识到采用两重性逻辑的必要性,即将绩效理解为结果和行为的有机结合。其中,行为是达到结果的条件,结果是所有行为的指向。据此,Brumbrach 认为:"绩效指行为和结果。行为由从事工作的人表现出来,将工作任务付诸实施。行为不仅仅是结果的工具,行为本身也是结果,是为完成工作任务所付出的脑力和体力的结果,并且能与结果分开进行判断。"[3]

(四) 本书的观点

本书认为,无论是结果论学派还是行为论学派的绩效定义,都有其诞生背景。从科学角度讲,人们判断一个政府的好坏,真谛不在于公务员们有多么辛苦,而在于这

---

[1] 李艺,钟柏昌. 绩效结构理论述评[J]. 技术与创新管理,2009(5):299-301.

[2] 李艺,钟柏昌. 绩效结构理论述评[J]. 技术与创新管理,2009(5):299-301.

[3] 李艺,钟柏昌. 绩效结构理论述评[J]. 技术与创新管理,2009(5):299-301.

届政府是否公正、平等、高效地给其治理下的人民带来好处,即是否有好的结果。以美国为代表的现代企业管理,强调详尽的工作分析、明确的岗位职责、量化的绩效考核、实在的货币性报酬,这本没有错,但过于强调各个岗位"井水不犯河水"的管理逻辑使得人们失去了对职责之外的组织公民行为的关注。所以,行为导向的绩效管理可以理解为对其原有管理逻辑和管理实践的有益补充。对政府的评价强调结果论,对员工的评价增补行为论,两者都没有错,都是特定情境下的特定选择。

鉴于中国强调"天时、地利、人和"的系统化的思维习惯,本书认为,基于综合论的绩效观可能更适合国内企业,只是在不同的情境下有不同的侧重点而已。比如:对于负责卫生、安全、客户服务的基层人员,行动和过程就很重要,否则最终的安全和客户满意度将无从谈起;而对于高管人员,经营业绩(结果)指标就很重要,否则就无法达成企业目标。为方便理论学习,同时也为了方便企业的管理实践有所指向,本书在充分借鉴前人理论的基础上,将绩效定义为:在组织运行过程中,任何可以被客观评价和有效调控的与过程有关或与结果有关的因素。其中:

(1) 客观评价,可以是绝对客观,如生产了几件产品;也可以是相对客观,如运用科学方法对员工态度予以评价和比较。

(2) 有效调控,绩效管理的目的就是追求更好的目标(行为或结果),将不能有效调控的东西纳入绩效考核并没有实际意义。

(3) 与过程有关,如出勤率、行为的规范性、工作的积极性和主动性等。

(4) 与结果有关,如销量、成本、产品美誉度、收入和利润等。

二、绩效的特征及其启示

无论是行为绩效还是结果绩效,它们都是与人密切相关的。了解绩效的特征,有助于全面认识、客观分析并积极调控个人、团队和企业绩效,因此具有非常重要的理论价值和实践价值。

(一) 多因性

绩效的多因性是指绩效的好坏不是由单一因素决定的,而是受多种主客观因素的综合影响。从员工个体的角度来看,绩效的多因性可以用图 6-1 表示。

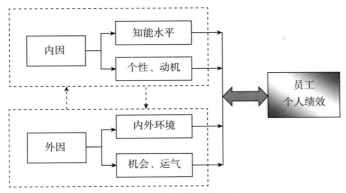

图 6-1 员工个人绩效的多因性

如图 6-1 所示，影响员工个人绩效的因素包括内因和外因两个方面。内因主要包括员工个人的知识和技能水平(简称知能水平)，员工的个性、动机、价值观念等；外因包括员工所处的公司内外部环境(如公司内部的激励机制，公司外部的社会文化氛围、竞争对手的情况等)，以及员工所获得的机会和个人运气的好坏[1]。

内因和外因不仅影响员工个人绩效，同时又在相互影响。比如，好的内外环境有助于提高员工个人的知能水平，积极进取(个性)的员工较容易获得好的机会，等等。而绩效水平持续的好与坏，又会影响员工个人的内因及外因。比如，业绩持续向好的员工，既锻炼了个人能力，又容易得到领导认可，从而赢得好的内部环境；而业绩持续垫底的员工，往往抱怨环境和运气不好，甚至在私下里开始怀疑自己的能力，见风使舵的同事也不把他放在眼里(坏的环境)。

从这个角度看，对于绩效好的员工，不应该简单地表扬了之，而应该分析有什么好的经验和做法可以推广；对于绩效差的员工，也不应该马上批评，而应该进一步分析工作是否安排得当，同事们是否支持、配合，公司的激励机制是否科学、公正等，进而对症下药，从系统的角度科学地解决绩效低下的问题。

(二) 多维性

绩效的多维性是指员工的工作绩效可以体现在多个方面，因此需要从多个维度进行分析和评价。常见的评价维度有以下 3 个。

(1) 工作能力，如战略把控能力、人际关系能力、专业技术方面的能力等。

---

[1] 注：运气是一个很奇怪的东西，有些人相信，有些人不相信，但有一个直观的例子似乎可以证明运气的存在：世界著名的足球运动员，个人技术很好，本人积极负责，球队上下都很支持，广大球迷也很期待，但就是在点球决赛中把球给踢飞了，或者对方把球门守死了，一个看似不可能进的球，结果命中横梁或门柱意外地弹进网窝。

(2) 工作态度，如积极性、主动性、团队协作等。

(3) 工作业绩，如工作完成的及时性、工作成果的质量、完成任务所消耗的成本等。

理解绩效的多维性，有助于企业从科学、公正、系统的角度去评价员工的绩效，既不求全责备，也不以偏概全。

(三) 动态性

绩效的动态性是指员工的绩效不是一成不变的，在员工内在主观因素和外在客观因素发生变化的情况下，任何人的绩效都有可能发生较大变化。绩效的动态性给企业实践提出以下要求。

(1) 要及时开展对员工绩效的集中评价。及时评价是指每当工作进展到一定阶段就要及时予以评价，否则就有可能失去时效性。集中评价是指要对同一类人员在同一时间节点进行评价，以确保评价的公平性。

(2) 及时、有效的监督与调控有助于提高当期绩效。对工作过程进行必要的监督，发现问题及时解决，就有可能在看似不可能的情况下实现预期目标。

(3) 长期有目标、有计划的调控，有助于提高长期绩效。从长期来看，员工的个性是可以适度改变的，员工的知能水平是可以提高的，企业的激励机制是可以逐步完善的，基于科学的制度，也可以实现员工之间的机会均等。进而，在高明的人力资源负责人的积极推动下，企业的综合绩效也是完全可以持续提高的。

三、绩效管理及其重要价值

(一) 绩效管理的概念

对绩效的不同理解，就会导致对绩效管理的不同认识。正如麦格雷戈所言，"任何管理都是建立在设想、假设与归纳的基础之上的，也就是说，是以一定的理论为基础的"[1]。

基于对绩效的概念及其特征的理解和认识，本书将绩效管理定义为：为了实现组织的战略或战术目标，创造性地运用人力资源管理理论、工具和方法而系统开展的绩效计划制订、绩效沟通与辅导、绩效评估与绩效反馈等一系列相关活动的过程。有的文献将绩效考核结果的应用纳入绩效管理中，也有一定道理。

---

[1] 王艳艳. 绩效管理的理论基础研究：回顾与展望[J]. 现代管理科学，2011(6)：95-97.

(二) 绩效管理的核心理念

虽然好的绩效管理系统可以实现多重管理目标,但其最根本的核心理念只有两个。

(1) 各级人员(含管理者与普通员工)的一切行动都应该以既定目标为导向。这里所说的目标,既包含长期战略目标、年度经营目标,也包括以改善某种现象(如效率低下)为目的的管理目标。

(2) 目标的实现是各级管理者认真监督、悉心辅导和正确引导得来的,而不是绩效考核考出来的。绩效考核只是对绩效结果的验收,此时只能接受现状而无回天之力。要想提高绩效,最需要把控的是目标引导下的绩效管理的全过程(参见本章第二节中绩效管理的小循环相关内容)。

(三) 绩效管理的重要价值

绩效管理是企业人力资源管理中非常重要的一个环节。这是因为,任何企业的经营活动都可以大致分为价值创造、价值评估和价值分配三个基本环节,如图6-2所示。

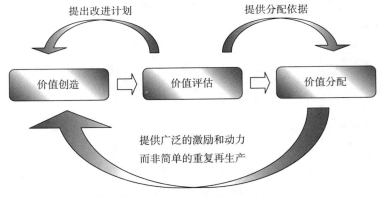

图 6-2 基于价值评估的"微笑曲线"

好的价值评估,可以对企业价值创造活动的优劣做出判断,进而提出下一步的改进计划;还可以对价值创造过程中每个人所做贡献的方式和大小做出比较客观的评价,进而为价值分配活动提供重要依据。

而客观、公正的评价和令人心服口服的价值分配,又可以为下一阶段的价值创造过程提供广泛的激励和动力——干得好的人,因得到了较高的报酬而充满干劲;业绩差的人,即便少拿了钱也不会觉得不公平,他们反而会争取在下一阶段干好一些,以证明自己的价值并获得更高的回报。

这样一来,企业下一阶段的价值创造过程就不再是简单的重复再生产,而是实现了螺旋上升式的持续优化和提高。整个图形的有机组合就形成了基于价值评估的"微笑曲线"。

第二节　绩效管理实务

正如前面的讨论，绩效管理并不等同于人们通常所提到的绩效考核，而是一个相对完整的闭环系统，如图 6-3 所示。由于主要针对的是部门、车间等职能完整又相对独立的工作单元，所以此闭环系统又可称为绩效管理的小循环。

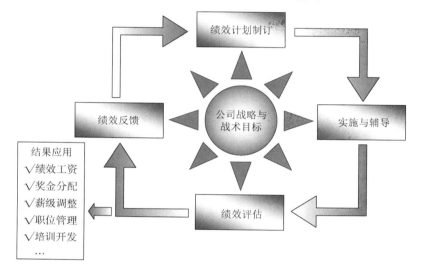

图 6-3　绩效管理的小循环

相应地，这一绩效循环主要由各部门经理来完成，即非人力资源经理的人力资源管理职能。在此循环中，人力资源部门只负责流程制定、模板设计、咨询服务和检查督促工作。

一、绩效计划制订

(一) 绩效计划制订的含义

从具体表现形式来看，绩效计划是用于指导和约束员工行为的计划书，同时也是对员工的绩效进行评估的重要依据。而绩效计划制订是指管理者和员工就努力方向、工作内容、工作目标和评估方法等内容达成一致意见并形成契约的过程。

(二) 绩效计划制订的内容

在上一个绩效周期结束、新绩效周期开始之前，管理者和员工一起讨论：针对员工在新的绩效周期将要做什么，为什么做，须做到什么程度，何时做完，员工权限有多大，以及对所需资源与支持等问题进行识别、理解、沟通并达成共识。

(三) 绩效计划制订中的"三方角色"

1. 人力资源管理者

在绩效计划制订环节，公司人力资源管理者需要扮演好以下角色。

(1) 流程的设计者。根据一般原则，针对公司具体情况，设计本公司绩效计划制订流程。

(2) 组织实施者。按时间节点，督促各部门做好针对每个员工的绩效计划制订工作；做好各部门员工绩效计划的备案工作(大公司一般由各部门自己备案，人力资源部只进行抽查)。

(3) 人力资源专家。编制《员工个人绩效计划》模板，对各部门经理及员工提供必要的解释、指导和帮助。

2. 部门经理

在绩效计划制订环节，各部门经理需要扮演好以下角色：

(1) 公司战略的传达者；

(2) 部门目标的分解者；

(3) 员工成长的指导者，员工绩效计划的共同制订者；

(4) 部门绩效的最终负责人。

3. 员工本人

在绩效计划制订环节，每位员工需要扮演好以下角色：

(1) 个人绩效计划制订的参与者；

(2) 个人绩效目标的共同设计者；

(3) 有关工作条件和资源的申请者；

(4) 协议绩效目标实现的承诺者。

(四) 绩效计划制订的"三步走"

1. 员工动员

召开部门级会议，由负责人宣讲公司战略、年度经营计划，上级对本部门的期望以及所下达的工作任务和目标要求等。同时，部门经理也会根据自己的规划和设想提出一些补充要求。

2. 计划起草

让员工就上一阶段的工作进行反思，并结合下一绩效周期的目标要求起草个人绩效计划,然后在规定时间内上交。计划的主要内容包括员工姓名、岗位名称、直接主管;每项任务的名称、完成时限、工作成果、衡量标准、权重设置、考核评价人;基于上一绩效周期考核结果的能力发展计划及验收标准等(部分企业并没有这一项),如表6-1所示。

表6-1 XX公司市场部经理个人绩效计划书(示例)

员工姓名:张某某　　　　　　　　岗位名称:大客户部经理
直接主管:市场部总经理　　　　　　绩效期间:2021年1月1日至2021年12月31日

工作目标	主要产出	完成期限	衡量标准	评判人/数据来源	权重分配
修订《大客户管理规范》	修订后的《大客户管理规范》	2021年1月底	1. 大客户管理责任明确; 2. 大客户管理流程清晰	主管评估	20%
优化本部门的组织结构	团队的人员组成与工作协同性	2021年3月15日	1. 能够以小组面对大客户; 2. 团队成员的优势互补性	主管评估、下属评估	10%
完成对大客户的销售目标	大客户数量、销售额、客户保持率	2021年12月底	1. 大客户数量达到30个; 2. 销售额达到2.5亿元; 3. 客户保持率不低于80%	销售记录	50%
及时更新大客户数据库	大客户数据库	每月进行一次	大客户信息全面、准确,并做到动态更新	主管抽查(不少于15%)	20%

3. 沟通与确认

经理对员工的个人绩效计划进行初步审核,然后根据轻重缓急的不同,分别与员工就其个人的绩效计划展开讨论,双方阐述观点、沟通探讨、达成共识,并共同签署针对员工个人的绩效计划书,如表6-1所示。

上述绩效计划制订"三步走"的做法,既可以培养员工的工作主动性,又可以使沟通和讨论做到有的放矢、高效周全,因此也有助于获得员工的理解和支持。

(五) 关键绩效指标提取的主要方法

关键绩效指标(key performance indicator,KPI)是指衡量公司、部门或人员业绩好坏的关键指标。如果关键绩效指标设置合理,当所有这些指标都得以很好完成时,就意味着人员大体上得以较好履职,部门的重要工作得以较好完成,公司的经营目标应该能够基本实现。

从这个角度看,关键绩效指标既是对公司战略规划、重点工作和经营管理中关键节点的全面把控,同时也是牵引部门及员工努力方向的有效指针。如果绩效计划不能有效涵盖这些关键领域中的关键节点，则从一开始就为公司或部门的经营失败埋下了伏笔。

1. 战略目标(年度计划)解读法

顾名思义，绩效指标提取的战略目标(年度计划)解读法，就是通过解读公司战略与年度经营计划，从中找到工作重点，然后将其转化为绩效计划及相应的考核指标。比如，假如某生产制造企业打算实实在在地培养"工匠精神"，并将其列为公司文化建设的重点，该怎么提取指标呢？

美国的一个经典故事可以给我们一些启示。第二次世界大战期间，美国空军降落伞的合格率为99.9%。虽然质量已经很好了，但这也从概率上意味着：每1000个伞兵中，就会有一个因这0.1%的不合格率而面临被摔死的风险。因此，军方要求必须达到100%的合格率。厂家负责人说他们已经竭尽全力，99.9%已是质量的极限，"除非出现奇迹"。后来军方改变了验收规则——每次交货前，军方就从整批供货中随机挑出几个降落伞，让厂方代表亲自试跳。从此，奇迹出现了：降落伞的合格率达到了100%！

这则故事告诉我们，"工匠精神"也是可以考核的。当然，我们不能完全模仿战争年代的一些极端做法，而是要通过人性化的考核来促进。比如，面包房在食材、外观、香气、口感等方面，皮鞋制造商在规格、质量、品牌形象、穿着舒适度等方面，认真提取相应关键绩效指标并严格考核，就可以在一定程度上促进"工匠精神"的落地。

2. 鱼骨图分析法

鱼骨图是由日本管理大师石川馨先生开发出来的，故也称石川图。鱼骨图最早被用来分析质量管理中的问题，因此它实质上是一种因果图。用于因果分析的鱼骨图，将鱼头置于右侧并填写待解决的问题；然后画出长长的鱼脊，并在鱼脊上画出与鱼脊成45°角的大刺；以小组讨论的形式分析问题形成的主要原因，并将这些原因标注在鱼刺上；将问题细化并标注在小刺上，直至基本穷尽。鱼骨图在绩效指标提取上的应用以某公司人力资源部提取的关键绩效指标为例进行说明。

(1) 确定当年的业务重点或工作目标，假设为"打造团结、高效的人力资源部"。

(2) 确定哪些因素会对这些业务或目标产生重要影响。经分析，主要影响因素包括招聘、培训、绩效、薪酬、文化建设、制度建设。

(3) 将这些因素进一步细化，直至穷尽。

(4) 审定工作计划。根据实际情况，将那些不重要也不紧急的工作暂时放弃(或放在日常事务中考核，而不计入KPI指标)，只保留关键动作。

(5) 提取关键绩效指标。根据实际情况，围绕关键动作提取关键绩效指标，最终成果如图6-4所示。

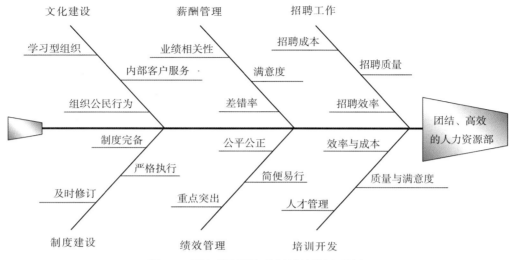

图 6-4 用鱼骨图提取关键绩效指标(示例)

3. 职责分析法

绩效指标提取中的职责分析法是指通过对部门职责、人员职责进行认真分析并提取关键绩效指标的方法,其最基本分析对象为《部门职责说明书》和《职位说明书》。其中,《部门职责说明书》常用于对部门(机构)和部门负责人(人员)的绩效指标提取;《职位说明书》一般只用于对人员的绩效指标提取。

用职责分析法提取关键绩效指标的流程如下。

(1) 清晰界定部门和岗位职责。只有职责明确、界限分明,才能够将指标毫无争议地落实到人(见本书第二章"工作分析与任职资格体系构建")。

(2) 选择、分解或设定员工绩效指标。第一,将上级下达的指标分解、落实到具体的责任人身上。比如,将"招聘及时性"分解给招聘主管,将"薪酬发放差错率"分解给薪酬主管。第二,根据岗位职责提取部门内部的 KPI 指标。并非所有员工都可以在上级下达的指标体系(一般由公司人力资源部编制,并经绩效管理委员会审批,内容相对精炼、突出重点)中找到相关的关键绩效指标,因此就需要根据岗位职责进行另行设定,或对目前的指标进行进一步分解。

(3) 确定指标权重。对于不同层级的员工,其绩效计划中结果指标和行为指标之间的权重有所不同。一般而言,对于职级高的职位和主要业务部门的职位,其定量(结果)指标的权重大于定性(行为、能力等)指标;中层管理职位,定量(结果)指标与定性(行为、能力等)指标并重;基层操作岗位,定量(结果)指标权重大于定性(行为、能力等)指标。

(4) 确定绩效标准。基本标准值,可根据公司董事会批准的年度计划、财务预算及岗位工作计划,由相关部门提出,经上级领导审核,最后由绩效委员会批准。基本标准值侧重于考虑可达到性,如完成则意味着工作达到公司期望的水平(比如,销售收入的增长率保持不降)。

卓越标准值,可以参照行业标杆、本企业的历史数据、国家或国际标准、上级对本单位考核的目标值等,有针对性地予以综合确定。卓越标准值侧重于考虑挑战性,如果完成则意味工作达到了一个较高的水平(比如,销售收入增长率比主要竞争对手高10%)。

(5) 检查与审定。作为绩效计划制订结束前的关键一步,要从横向、纵向两个方面检查指标设计是否维持了统一的标准:从横向上,检查相同单位、相同职务的绩效指标设定的难易程度和权重的分配等标准是否统一,以确保对同级人员考核的公平、公正;从纵向上,根据公司战略及业务计划、职位工作职责描述等,检查各级绩效指标是否在下属中得到了合理的分担或进一步分解,能否保证公司发展战略目标和业务计划的实现。

4. 平衡记分卡

20 世纪 90 年代,哈佛商学院的罗伯特·S. 卡普兰教授(Robert S. Kaplan)和诺朗诺顿研究所所长大卫·P. 诺顿(David P. Norton),对在绩效测评方面处于领先地位的 12 家公司经过为期一年的研究后,开发出了一种全新的组织绩效管理方法,即平衡记分卡(balanced score card,BSC)。他们认为,在工业时代,注重财务统计指标的管理方法是有效的,但在信息社会里,企业只有通过在客户、供应商、员工、组织流程、技术和革新等方面的投资,才能得到持续发展的动力。

目前较为公认的观点是,平衡记分卡是将组织的战略落实为可操作的衡量指标和目标值的一种新型绩效管理体系,它将关键绩效指标系统地划分为财务、客户、内部运营、学习与成长四个维度,从而将当前的绩效和未来的绩效有机结合起来。

平衡记分卡的开发流程如下。

1) 开发战略地图

一般工作方法是:在绩效评估专家的帮助下,由公司中层以上骨干人员参与,大家就公司的战略目标与年度计划展开充分讨论,按照"相互独立,完全穷尽"的 MECE 原则(见本书第五章"薪酬管理"),界定影响公司经营成败的关键要素。

以深圳某装备制造企业为例,经反复讨论,其当前及未来几年成功的关键要素包括提高管理水平、提高员工向心力、确保产品品质、合理控制成本、准时交货、提高销售人员素质、开发和保留大客户,其战略地图如图 6-5 所示。

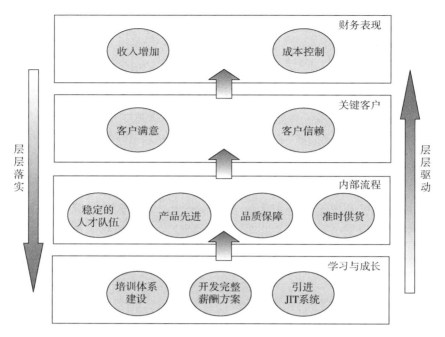

图 6-5 深圳某装备制造企业的战略地图(示例)

2) 开发行动方案

围绕上述关键要素,开发相应的行动方案。例如,建立培训体系(包含管理、研发、生产、营销四个序列),建立完整薪酬方案,加强采购管理,加强质量管理,引进准时制(just in time,JIT)生产系统,加强大客户管理。

如图 6-5 所示,从财务表现、关键客户、内部流程一直到学习与成长,为层层落实关系,即要想实现上一层次的目标,必须分解并落实下一层次的行动;从学习与成长、内部流程、关键客户一直到财务表现,为层层驱动关系,即如果下一个层面的任务完成了,上一个层面的目标就应该能够实现。

3) 设计平衡记分卡指标

根据上述行动方案提取关键绩效指标,设定指标值,合理分配权重,设计相应考核办法。以品质管理序列为例,其相应关键指标如下。

(1) 学习与成长:与品质相关的系列人员的培训覆盖面,满意度(包括培训计划、培训内容、培训效果等方面,参见本书第四章"员工培训与人才开发")。

(2) 内部流程:采购、生产、运输、交货过程的验收合格率,各环节及时性;对相关检验检测设备采购的质量、成本、时间等方面的考核指标,等等。

(3) 客户指标:客户对产品质量的满意度,对交货时间的满意度,对综合服务水平的满意度,等等。

4) 部门分解与落实

将上述指标分解并落实到相关责任部门及责任人员,此处不再赘述。

5. 标杆管理法

标杆管理法由美国施乐公司于1979年首创,西方管理学界将其与企业流程再造、战略联盟一起并称为20世纪90年代三大管理方法[1]。标杆管理的实质是向行业内外最优的公司学习,其基本做法是:不断寻找一流公司的最佳实践,对其优势做法进行认真解读、分析和判断,再结合自身特点制订学习和改进计划,最后将自己变成一流公司。用到绩效指标值提取上,就是寻找优秀公司的考核指标、指标值及考核办法,再施以有针对性的借鉴。

这一方法的优点是简便易行、见效快;缺点是不能完全把握标杆公司设置该指标的详细背景情况,搞不好会"东施效颦"。对标杆管理法比较恰当的应用思路是:与其他方法配套使用,充分发挥标杆管理查漏补缺、启发灵感的作用,而不是全面依赖。

综合起来看,战略目标(年度计划)解读法和平衡记分卡,可用于公司级、部门级关键绩效指标的提取;职责分析法,一般用于对人员考核的关键绩效指标提取;鱼骨图分析法和标杆管理法,则既适用于公司和部门,也适用于人员。

(六) 绩效目标设定的基本原则

1. 战略相关性

所有部门级的关键绩效指标都应该是公司战略目标和年度经营计划的层层分解、层层落实,因此战略相关性原则首当其冲。换句话说,当这些指标能够很好地予以完成时,公司的战略目标就应该能够实现。

2. 体现职位特色

所有落实到人头的关键绩效指标,都应该与该员工的职位相关,即应该是该职位员工可以控制或产生重大影响的指标。比如,将人才流失率落实在招聘主管身上就有失公允。这是因为在试用期内的人才流失可能是招聘失误造成的(参见本书第三章"招聘管理");而试用期结束以后出现的人才流失,则有70%左右的可能性是由用人部门负责人管理不当引起的,而与招聘主管没有直接关系。

3. 可测量

所有关键绩效指标都应该是可以测量的,最好是量化指标。即便是非量化指标,也应该将其细化(参阅本章绩效评估方法中的"档级评定法"),否则便是无效指标。

---

[1] 白晓君,孟凡波. 标杆管理的得与失[J]. 企业管理,2003(11):22-24.

4. 有明确时间表

工作完成的时限、评估考核的节点等都应该有具体的时间表。不设截止时间的考核指标不是完整的指标，在具体执行时往往会造成一拖再拖，甚至不了了之。此外，由于绩效具有动态性，不设时间表的考核指标可能会导致对评估结果不一致的认识，甚至还会丧失评估的公平性。

5. 足够激励

指标值太高，人们就会放弃努力；指标值太低，人们就不需要努力。所以，指标值的设计要有一定的激励性，即要使员工通过努力才能完成。从心理学角度看，完成有挑战性的任务即意味着增加了员工的成就感和自豪感，是最有效的内在激励。

6. 综合平衡

综合起来看，在不同部门中同一级别的不同人员之间，其指标的多少、指标完成的难易程度等应该大体相当。这样才能体现绩效管理的公平性，减少员工对公司管理的不满情绪，提升员工的工作体验(总体薪酬的一个重要组成部分，见本书第五章第三节"战略性薪酬管理")。

二、绩效计划实施与辅导

(一) 经理人在绩效计划实施中的双重责任

1. 对下级

在绩效计划实施过程中，经理人对下级的责任包括：

(1) 做好绩效监控，适时与员工沟通，充分了解相关情况；

(2) 提供必备资源，排除员工遇到的障碍；

(3) 有效激励员工，激发员工的积极性和主动性；

(4) 针对员工遇到的瓶颈问题，及时给予辅导。

在绩效计划实施阶段，管理者的作用就像对已发射的导弹进行全程跟踪和雷达引导，直至最后击中目标——完成任务，实现目标。

2. 对上级

(1) 主动与上级沟通，汇报绩效进展以及面临的困难和障碍；

(2) 主动汇报可能会影响绩效目标实现的其他重要信息；

(3) 主动从上级处寻求绩效反馈，并将重要信息及时传达给员工。

(二) 绩效监控

绩效监控是指在整个绩效周期内,管理者采取恰当的方式对重点工作和员工状态(如工作进度、心态、士气等)进行必要的跟踪与阶段性检查的过程。

1. 监控的主要目的

即时把握与工作计划执行有关的主要情况,为采取相应的改进措施提供信息与数据支持。

2. 监控的主要内容

监控的主要内容包括:工作进度,并与既定计划进行比较;工作成就与主要问题,并分析背后可能存在的有重要价值的信息;员工的身体与心理状态,并采取相应的激励措施,等等。

3. 监控的大致范围

对于中基层员工而言,绩效监控重点在于内部情况;对于中高层领导来说,除了要监控内部绩效,更要关注环境变化(环境扫描),以便及时掌握全面情况并进行动态调整。特别是在国际局势动荡不安,"去全球化"和"新贸易保护主义"浪潮风起云涌的时代,对国际国内局势进行动态扫描可以说是中高层领导的必修课。

(三) 建设性绩效沟通

建设性绩效沟通是指在不损害甚至可以改善和巩固人际关系的前提下进行的,能够解决特定问题的、具有积极意义的沟通。

1. 建设性绩效沟通的原则

为了确保绩效沟通是建设性(非破坏性)的,有以下原则可供参考。

(1) 对事不对人。沟通时应该说事,而不是否定人,不要给人留下公报私仇或树立亲信的不良印象。

(2) 责任导向。除非极特殊情况,沟通的对象应该是事件的责任人,不要涉及其他人。

(3) 事实导向。沟通时,应该摆事实、讲道理,而不能捕风捉影。

(4) 相互理解与尊重。相互理解与尊重是建设性绩效沟通的基础,高高在上的管理者会引起员工的反感,从而达不到有效沟通的目的。

(5) 倾听与表达相结合。管理者要表达自己的意见,但首先要尊重对方表达的权力。让对方先说然后再表达自己的看法,是聪明的管理者在与下级沟通中的一个通行做法。

2. 建设性绩效沟通的技巧

(1) 尊重对方的人格与表达个人意见的权利。

(2) 不要随意打断对方发言。

(3) 认真分析对方可能存在的"语句之外"的言辞和语境。

(4) 及时向对方好的意见和观点恰当地表达认同。

(5) 简要概括对方表达的内容，得出一个结论。

(6) 获得对方对概括的认可，以避免歧义。

(7) 对对方不清楚的地方予以适当解释，以增进了解。

(8) 用适当的方式解释自己的观点，避免出现防御、抵触心态。

(9) 学会站在对方的角度考虑问题，避免强加于人。

(10) 学会克制自己，避免矛盾激化。不激化矛盾就存在解决矛盾的可能性，而矛盾一旦被激化，就有可能出现无法回旋甚至两败俱伤的结局。

(四) 绩效辅导

1. 绩效辅导的定义

绩效辅导是指在绩效管理过程中，管理者对员工进行的一种有计划、有目标、有步骤的培训和辅导。

2. 绩效辅导的目的

绩效辅导的目的在于发现并分析制约员工绩效提升的因素，进行对症下药的辅导，使得员工的知识、技能、工作方法、工作态度及工作的价值等得到系统性的改善和提高，从而发挥出最大的潜力，提高个人和组织的绩效，推动组织和个人不断进步，最终实现组织、经理人和员工的共同发展。

3. 如何成为教练型经理

面对业绩不好的员工，经验丰富的教练型经理并不会马上开展辅导，而是根据具体情况进行具体分析。一般来说，员工业绩不好的原因大致如下：

(1) 员工未掌握相关知识和技能；

(2) 员工缺乏经验；

(3) 员工的态度问题；

(4) 员工最近的情绪状态不好；

(5) 其他员工不积极配合；

(6) 经理对工作的安排不当，或提出了过高的要求。

作为管理者，应该及时发现问题、认真分析问题，然后根据实际情况对症下药地进行适当辅导。

三、绩效评估

绩效评估又称绩效考核或绩效考评，是指对照工作目标或绩效标准，采用科学方法，有针对性地评估员工在一定期间的工作任务完成情况、工作职责履行程度以及其他方面工作表现的过程。

(一) 绩效评估的常见方法

1. 相对评价法

相对评价法主要包括排序法(直接排序或交叉排序)、配对比较法和强制分布法。排序法和配对比较法操作简单，主要适用于管理松散的中小公司的绩效评估，或用于大公司的人员选拔。强制分布法可修正评估标准过于宽松或过于严苛带来的不公平，通常作为绩效评估结果的处理方法，而不作为单独的绩效评估方法使用。

2. 绝对评价法

绝对评价法主要包括目标管理法、关键绩效指标法、档级评定法、平衡记分卡等方法。由于前面对关键绩效指标、平衡记分卡有所涉及，此处只讨论目标管理法和档级评定法。

(1) 目标管理法。目标管理法的基本思想由管理大师彼得·德鲁克在其1954年出版的《管理的实践》一书中提出。自20世纪60年代以来，目标管理法被世界各主要发达国家的企业所广泛使用。它评估的主要对象为工作业绩而非员工的行为，可以引导员工把注意力集中在实现最终目标而非工作过程上，因此对我国早些时候过于强调奉献和服从的做法有一定矫枉过正的作用。同时，由于关注目标，员工会有持续提高效率(干同样的活，可少花些时间和精力)的动力，在工作过程中也会拥有相对更多的自由，因此有助于培育享受工作、快乐生活的公司文化。

(2) 档级评定法。档级评定法的操作形式是事先给出评价要素(如工作积极性、工作主动性等)不同档级的定义和描述，然后以档级描述情况给员工的表现进行打分(评定档级)，各项得分的累加即为总的评价。

档级评定法的优点：操作简单，可以对员工的行为、能力等定性指标进行较为细化的评价。

档级评定法的不足：由于不够量化，评价时可能敷衍了事；主管人员倾向于为自己的下属打高分，进而导致难以区分优劣；如果评价标准抽象、模糊，就有可能在评价时产生歧义。

3. 描述法

绩效评估中的描述法主要是对员工的工作过程或结果予以重点描述，从而对一些定性指标(如工作主动性、责任意识等)进行客观评价的方法。目前较为常见的描述性绩效评估方法主要是关键事件法,其操作步骤包括：上级对下级的工作过程进行动态跟踪；发现其中特别好的或特别不好的关键事件；对这些事件的情境、任务、行动、结果进行记录；在绩效评估时将这些记录呈现出来,用于对员工某些指标的评估、打分。

常见的绩效评估方法及其主要特点、使用说明如表 6-2 所示。

表 6-2　常见的绩效评估方法及其主要特点、使用说明

评估方法分类	方法细分	主要特点	使用说明
相对评价法	排序法(直接排序、交叉排序)	以行为或能力评价为主；常为定性评价,间或辅以定量评价	适用于中小公司或大公司人员选拔
	配对比较法	以行为或能力评价为主；常为定性评价,间或辅以定量评价	适用于人员选拔
	强制分布法	可修正评估标准过于宽松或过于严苛带来的不公平	主要用于评估结果处理
绝对评价法	目标管理法	以结果评价为主；常为定量评价,可辅以定性评价	可分解战略或战术目标
	关键绩效指标法	以结果评价为主；常为定量评价,可辅以定性评价	可聚焦重要结果或工作节点
	等级评定法	细化定性指标；可用于行为、能力、结果等综合评价	须配套使用档级评定表
	平衡记分卡	综合运用定性与定量方法,可对行为、能力、结果等综合评价	可视为战略管理的工具
描述法	关键事件法	常为定性评价,也可用于定量评价	一般不单独使用,常用于补充性说明

(二) 绩效评估的导向作用

好的绩效评估,不仅可用于绩效期间结束时评估员工的工作业绩及综合表现,更重要的是它还能发挥一些较为明显的行为导向作用。

1. 评估主体引导员工服务内部客户

谁来评估,员工就会在平时的工作中注意做好与谁的协调配合工作。因此,事先有针对性地明确评估主体,有助于引导员工做好对这些部门和人员在工作上的支持与配合,以更好地服务于公司内部客户。

2. 评估周期引导员工关注工作进度

事先将重要工作按照关键的时间节点确定评估周期,有助于引导员工按照领导预期的进度完成工作,进而确保各主要工作流程的相互配套与衔接,实现预定的管理步调。

3. 评估指标引导员工关注工作方向

现实生活中有一个普遍现象:领导考核什么,员工就关注什么。因此,将重要的工作内容、不能出现纰漏的事项纳入考核,有助于引导员工关注正确的工作方向,进而达到事半功倍的管理效果。

4. 评估标准引导员工不断提高工作目标

在充分竞争的市场环境中,原地踏步是没有出路的。企业可以通过有计划、有步骤、循序渐进地提高评价标准,来促进员工不断提高工作目标、创造更好业绩。

(三) 绩效评估的主体选择

1. 绩效评估中常见的评估主体

(1) 直接上级评估。由直接上级对员工进行绩效评估最为常见,因为直接上级通常对下属的工作情况了解得最全面,他们对所评估的内容通常也比较熟悉。由上级评估下属有助于实现一定的管理和开发目的。

(2) 自我评估。要求员工对自我表现进行评估,至少会给员工提供一个思考自身优点、缺点的机会,因此有助于上级与其展开有针对性的绩效反馈,并共同探讨提高个人绩效的途径和方法。

(3) 同事评估。同事们经常以一种不同于上级且更现实的眼光来看待某一员工的工作绩效。此外,由于与其朝夕相处,同事也容易接触到员工较为真实的一面。因此,同事评估可以说是对上级评估的一种有益补充,但由于存在一定程度的利益相关性,同事评估可能会受到相互关系的影响,如相互标榜或相互压制。

(4) 下属评估。下属对上级的评估,可以使组织的高层管理人员更多地了解中基层管理者的管理风格,找出组织中潜在的管理问题,因此常用于评估管理者在管理职能中的绩效表现。但过于强调下属评估可能会导致管理者有意讨好下属,在工作中放不开手脚。

(5) 客户评估。通过客户评估,可以了解那些只有特定外部成员才能感知到的绩效情况,例如,在没有上级监督的情况下,销售团队的工作风气、敬业精神到底怎样。同时,通过客户评估,也可以引导被评估者(销售人员、安装调试人员、客服人员等)关注客户需求、维护公司形象。

2. 评估主体的选择依据

如果让上述评估主体全部参与评估,就形成了所谓的 360°绩效评估。全方位的评估当然有助于全面、客观地评估目标人员，但由于需要占用大量人员的大量时间，评估费时费力，有时还会影响管理者正常、高效地开展工作。因此，全方位的评估通常只用于人员晋升、调动等选拔决策，以及对组织运行情况的管理诊断与改进工作(通常每年或每两年进行一次)，而较少大范围应用于对员工日常的绩效评估。

在日常的绩效评估中，对评估主体的选择一般应坚持以下3个原则。

(1) 知情原则。绩效评估主体对所评估的内容有较为全面和深入的了解。

(2) 重点涵盖。评估内容和评估主体只要涵盖被评估对象的重要方面即可，无须面面俱到。

(3) 管理促进。评估内容和评估主体的选择要能实现一定的管理目的。比如，想要突出哪方面工作，就要加强该工作的考核权重；想要突出谁的作用，就要加强其打分的权力和比重。

四、绩效反馈

(一) 绩效反馈的重要性

对于员工个人能力与潜质、绩效的好坏，员工及其上级有不同的认识，如表6-3所示。

表6-3 员工及其上级的不同认识组合

上级对员工的认识	员工对自己的认识	
	自己知道	自己不知道
上级知道	原野地带(区域Ⅱ)	自己的盲点(区域Ⅰ)
上级不知道	保护地带(区域Ⅲ)	黑暗地带(区域Ⅳ)

(1) 区域Ⅰ：员工自己不知道，但其上级知道。该区域为员工自己的盲点。

(2) 区域Ⅱ：员工自己知道，其上级也知道。该区域为一目了然的原野地带。

(3) 区域Ⅲ：员工自己知道，但其上级不知道。该区域往往为员工的自我保护地带。

(4) 区域Ⅳ：员工不知道，其上级也不知道。该区域为大家都不清楚的黑暗地带。

表6-3所展示的只是一个理想状态。在现实生活中，上级由于层级比较高，向其汇报的人比较多，甚至还会有人偷偷向其打"小报告"，因此上级知道的情况要相对多一些，其不知道的情况要相对少一些；而员工的层级较低，信息源相对单一(甚至还会有不少员工刻意对其隐瞒信息)，因此其知道的要相对少一些，而不知道的要相对多一些。具体到表6-3，就是员工自己的盲点(区域Ⅰ)要远比自己的想象大得多，员工自己的保护地带(区域Ⅲ)要远比自己的想象小得多。

俗话说,"兼听则明,偏听则暗"。只有经过坦诚而有效的绩效反馈和沟通,才能提高员工及其上级的认识,进而达到提高员工和部门绩效的目的(实现双赢)。

(二) 如何进行绩效反馈

1. 绩效反馈的前置作业

1) 上级需要准备的事项

为确保绩效反馈的质量和水平,上级须做好以下准备工作:

(1) 尽可能提前告知员工面谈的时间和地点,以便员工做好相应准备;
(2) 要让员工知道,上级很期待此次面谈,很想了解员工的意见;
(3) 准备好员工绩效考核成绩、行为表现记录等材料;
(4) 拟定与员工面谈的问题及措辞;
(5) 预先准备如何回应可能出现的"尖锐"问题或尴尬局面。

2) 员工需要准备的事项

在实施绩效沟通之前,员工也需要做好相应准备,诸如:

(1) 就面谈时间、地点与上级达成共识;
(2) 重新审视自己的职位说明书、绩效计划书(目标责任书)等,确保有的放矢;
(3) 认真撰写述职报告,仔细填写自我评估表;
(4) 整理绩效期间上级对自己的指导记录、沟通纲要等资料。

2. 绩效反馈的4个核心环节

关于如何进行绩效反馈,有一个包括7个环节的指导流程(见表6-4)。虽然这7个环节对于一个高效、愉快的绩效反馈来说都是必需的,但其中最为核心的环节有4个,下面重点介绍这4个核心环节。

(1) 倾听记录。由员工做简要的述职报告,陈述自己的自我评估结果。上级认真倾听,并做简要记录,在此期间尽量不要打断员工的思路,要让员工把表6-3中的区域Ⅱ原野地带充分展示出来。

(2) 重点反馈。与员工认识一致的部分(区域Ⅱ)可一带而过,但一定要让员工知道你知道了,重点陈述员工没有提及的事实(表6-3中的区域Ⅰ自己的盲点或从其他员工那里了解到的区域Ⅳ黑暗地带)。在此环节,上级可以就员工没有讲清楚的地方进行追问,以进一步核实有关事实。同时也应该明白,适度的肯定和赞美是非常必要的。

(3) 沟通评估。双方就不一致的认识进行沟通,直至达成共识(形成更大面积的区域Ⅱ);然后对员工的表现进行客观评估,评估的过程也应一直伴随必要的沟通(进一步减小区域Ⅰ、Ⅲ、Ⅳ)。

(4) 改进方案。上级结合员工的素质和潜能,就员工的绩效表现与绩效标准之间的差距对员工提出期望和要求,并与员工共同开发下一绩效期间的行动方案。高水平的上级会趁机帮助员工梳理职业生涯规划,向员工进一步指明其未来可能的发展方向。

表6-4 绩效反馈评估表(上级适用)

基本技巧		具体内容	使用情况			自我改进计划
			得心应手	略有疏漏	问题突出	
1	开场破冰	简要说明反馈目的、沟通内容与所需时间,建立相互信任的心理环境				
2	倾听记录	员工述职,自我评估;上级认真倾听,并做必要的简短记录				
3	重点反馈	上级简述共同认识,重点就员工不知道而自己知道的事实进行反馈;肯定成绩,指出不足				
4	沟通评估	双方就不一致的认识进行平等沟通,并对员工的综合表现做出评估				
5	综合意见	就沟通结果形成一个相对完整、客观的综合意见				
6	改进方案	上级对员工提出期望和要求,并与员工共同开发下一绩效期间的行动方案				
7	愉快收场	再次肯定员工成绩,提出更高期待,为员工打气加油,并对员工的辛勤付出表示感谢				

(三) 如何提高绩效反馈的水平

正式的绩效反馈一般包括7个基本环节,分别是开场破冰、倾听记录、重点反馈、沟通评估、综合意见、改进方案、愉快收场,如表6-4所示。每次反馈结束后,上级也应该对自己的行为表现进行评估,并根据评估结果提出自我改进计划。

第三节 战略性绩效管理

很多学者将战略性绩效管理定义为"以战略为导向的绩效管理"[1],而无论从字

---

[1] 程慧君. 战略性绩效管理在我国的应用与展望[J]. 中国商贸,2010(4):95-96.

面、观念还是从实操层面看,战略性绩效管理都应该是从全局性、系统性、长远性和抗争性(与竞争对手的抗争)等角度来设计绩效管理的逻辑,并实施其操作方法。究其实质,战略导向的绩效管理仅为战略性绩效管理的一个重要组成部分。

一、战略性绩效管理的三重境界

(一) 确保战术目标落地

战略性绩效管理并非时时紧扣令人心驰神往的"战略",在更多情况下,它是从全局性的角度,有计划、分步骤地解决一个个战术问题开始的。年度经营目标的落地便是其中最为重要的环节,如图6-6所示。

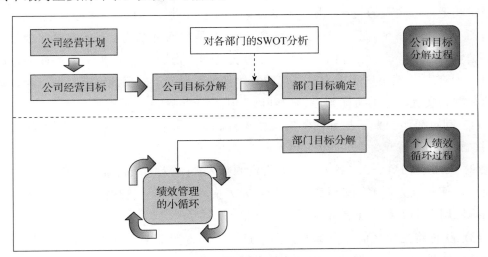

图6-6 绩效管理的大流程

绩效管理的大流程是指从公司经营计划(一般为年度计划,即战术动作)开始一直到员工个人(绩效管理的末端)的绩效管理的全过程。正如北京师范大学的王建民教授和钱诚博士的论断:"绩效管理是战略管理的必要条件和物质基础。在战略的管理中实现卓越绩效,在卓越的绩效下成就组织战略。"[1]公司战略目标的实现正是从一个个战术目标的有效落地开始的。没有成功的战术,就没有成功的战略。

图6-6中,上半部分"公司目标分解过程"一般是由人力资源部来负责实施的,具体操作步骤如下。

---

[1] 王建民,钱诚.哈佛大学战略绩效管理:实践与启示——以肯尼迪政府学院为例[J].科学管理研究,2009(10):112-116.

(1) 人力资源部负责解读公司经营计划和经营目标。读懂公司经营计划和经营目标的真实意图，必要时可向自己的主管副总裁及其他副总裁请示、询问。

(2) 对公司各部门的未来规划和发展现状进行深入分析。深入和全面地了解其优势、劣势、机会、威胁(即进行 SWOT 分析)，进而较为精确地把握其发展的底线和经过努力后应该能够达到的高度。

(3) 将公司经营目标分解、落实到具体的部门和分公司。由于有前两个步骤的充分准备，这一操作就相对科学和客观，而且也相对容易。但各部门、各分公司肯定要对分解给自己的指标讨价还价，其主要目的就是想给自己争取较少的指标数和较低的指标值，进而在年底得高分、多拿钱。而如果人力资源部对前两个步骤思考周密、准备充分，就完全可以采用摆事实、讲道理、懂人性、促人奋进的方式，把看似很难实现的目标分解下去，并因此赢得各部门、各分公司的理解、信任和尊重。用大白话说就是：我把难以实现的目标"压"给你了，你不仅不生气，还会感激我！

图 6-6 中，下半部分"个人绩效循环过程"是本章第二节一开始就讲的绩效管理的小循环，这一步是由各部门负责人、各分公司的人力资源部(或人力资源业务合作伙伴)来完成的，虽然不属于人力资源部的具体任务，但为了确保此环节有章可循、有序规范和顺利实施，人力资源部应该做到以下几点

(1) 制定简明扼要、指导性强的工作流程和工具模板，如《××集团总部机关各部门绩管理指导意见》《员工个人绩效计划书(模板)》等。

(2) 对各部门负责人、各分公司人力资源部人员(或人力资源业务合作伙伴)进行适当培训，使其充分理解绩效计划制订的重要意义，掌握绩效管理的流程和方法，并能够熟练应用有关流程、工具和模板。

(3) 及时监控和督促。在重要时间节点，人力资源部要及时督促大家做好绩效计划制订、监控与辅导、绩效评估、绩效反馈等工作，并将有关考核成绩备案——各部门、各分公司及其负责人的考核成绩由人力资源部备案，普通员工的考核成绩由其所在部门备案。

(二) 推动战略目标滚进

任何公司战略目标的实现都需要一个长期滚动发展的动态过程。在很多时候，仅从公司的年度经营计划及经营目标中，很多人是看不出其长期战略规划的，如表 6-5 所示。

表 6-5 WS 公司 2021 年度重点工作及核心经营目标(局部)

事项	工作计划/指标	成果/指标值	完成时限	考核办法
重点工作	梳理公司组织架构	重组后的组织架构及全部配套文件	2021 年 6 月 30 日	略
	修订公司章程	修订后的公司章程(以股东大会通过为准)	2021 年 9 月 30 日	
	改进公司人力资源管理系统	公司薪酬制度与绩效管理制度优化	2021 年 12 月 31 日	
经营目标	A 生产线收入	15 360 万元	2021 年 12 月 31 日	
	A 生产线利润	1800 万元		
	B 生产线收入	5600 万元		
	B 生产线利润	1000 万元		

就表 6-5 所呈现的内容，如果问"WS 公司的战略规划是什么"，恐怕资深管理人员也很难回答。因为这是一张静态表格，任何公司在任何战略背景下都有可能制订这样的年度计划及经营目标。

实际上，WS 公司 A 生产线的收入和利润近 5 年来一直在萎缩，而 B 生产线于 4 年前投产，3 年来的年复合增长率(平均)高达 150%。由于 WS 公司掌握 B 生产线的多项核心专利技术，且该生产线前景广阔，急需扩大产能，WS 公司雄心勃勃但一直难以从银行得到足够贷款。为此，WS 公司计划于 2022 年到我国香港地区上市，以从一级市场直接融资的方式扩大产能。

如果此时再看表 6-5，我们就会解读出：加强对 A 生产线收入和利润的"榨取"是战术计划，即为了获得短期内更多的回报；加强对 B 生产线的扶持是为了使其尽快成长起来，将来可以对股民讲好"财富故事"；而表中所列出的 3 项重点工作则是上市前的必要准备，是对"到香港上市"战略目标的分解落实。如果上升到理论，可以理解为好的战略性绩效管理可以促进企业战略目标的滚动式发展。

(三) 促进使命、愿景的可视化

1. 使命、愿景与企业经营成败

在企业文化的构成要素中，使命、愿景是最为核心的部分。

所谓企业使命，是对企业存在意义的高度概括与陈述，是企业制定战略规划与从事生产经营活动最根本的纲领性文件。它主要回答 3 个问题：①本企业主要从事的是什么业务？②本企业是为了什么人而存在？③本企业的重要价值体现在哪里？

所谓愿景，是对企业清晰而遥远的未来的终极目标的描述。相对于使命来说，愿景更加具体和清晰，更加可量化，也揉入了更多关于竞争方面的意愿。提炼公司愿景就是用一句通俗易懂的话把一个"胆大包天"的设想表达出来。因此，好的愿景可以激发员工士气，使员工每天早上为了振奋人心的未来而早早起床，而不是不情愿地被闹钟吵醒。

在多年的理论研究与实践探讨的过程中，笔者得出了这样的结论："如果只是为了短期盈利，企业文化可有可无。但要想缔造百年老店，企业文化则不可或缺；一个奇妙的想法、一个天大的机会、一个伟大的企业家，只能使企业获得暂时的成功，而企业的长远发展，则需要以优秀的企业文化来激活企业的管理系统。从这个角度来看，管理方式与管理工具的正确选择，与其说是出于管理者的个人偏好，不如说是企业文化的外延；一切只顾眼前利益而忽略文化建设的企业，注定要走向失败！"[1]

2. 使命和愿景在绩效管理中的量化

我们可以做这样一个比喻：战术目标是脚踏实地的现在，战略目标是清晰、量化的未来，而使命和愿景，则是企业美好而壮丽的地平线。如果把绩效管理上升到战略性的层面，那就一定要确保战术目标、推动战略目标、兼顾使命愿景。

(1) 使命的量化。以沃尔玛公司为例，其使命为"使平民大众有机会购买富人购买的商品"。它很好地回答了3个问题：从事的什么业务——超市；为什么人而存在——平民大众；本企业的重要价值体现在哪里——质优价廉的商品。在这一使命的召唤下，沃尔玛公司的绩效管理不仅要推动年度经营目标落地(确保收入、利润指标完成，否则就难以生存)，还要推动战略目标的滚动发展，如完善物流系统，开更多、更好的门店，等等。同时，还要将公司使命纳入绩效管理系统之中，比如鼓励质量保证、处罚以次充好，鼓励成本降低、惩罚无谓消耗，等等。通过这些具体而量化的措施，原本抽象而遥远的使命就变得清晰、具体起来。

(2) 愿景的量化。以微软公司为例，其愿景为：让每张桌面上和每个家庭都有一台电脑，并使用微软的软件。为了使这一美好愿景落地，微软的绩效管理中既加强了对日常经营指标的考核，如收入、利润、质量控制、招聘及时性等，还加强了对战略目标落地的关注，如关键人才流失率、新市场开拓、新产品研发等，更加强了对愿景落地的考量，如提高软件使用的便捷性，以便更多人使用；提高软件的新颖性，以便更多人喜欢用；确保软件的稳定性，以便更多专业人士敢用，等等。

---

[1] 周施恩. 企业文化的铁三角——一个关于企业文化根基的探讨[J]. 企业研究，2006(4)：59-61.

二、战略性绩效管理的操作思路

(一) 面向公司长远目标的策略分解

为了实现战略性绩效管理,有多种策略分解工具可供选择,比如我们前面介绍过的战略解读法、平衡记分卡、鱼骨图分析法、关键绩效指标法等。这些工具各有优点与不足,如果能够因地制宜地加以综合运用,就可以起到优势互补、事半功倍的作用。

由于公司长远目标相对空泛或与企业现实情况差距较大,所以从长远目标解读到具体指标设计之间还需要增加一个重要环节——关键行动开发。举例来说,如果公司未来5年的长远目标是实现从"产品模仿+销售拉动"到"创新驱动+营销驱动"的战略转型,就需要在创新人才引进、创新机制建设、创新产品迭代、品牌内涵升级等方面开发切实可行的行动方案,然后再针对每一年的具体行动方案设计相应的考核指标。而且,在具体指标设计上还要做到以下几点。

(1) 指标的设计一定要与行动目标相匹配。具体来说,就是如果指标完成了,则对应的行动目标就应该能够实现,否则就是无效指标。

(2) 虽然目标很长远,但指标不能太笼统。越是长远的发展目标,就越需要当下具体的考核指标来支撑,否则目标就永远是"镜花水月"。

(3) 指标要相互独立,且能够以相辅相成的方式指向目标。如果指标之间不独立,则部分内容就有重复考核之嫌;如果指标之间相互"离散",就有可能导致缺乏秩序的行动过程,形不成合力效应。

(4) 客户反应类指标要能指向问题的改善。举例来说,单纯设计客户满意度指标是没有实际意义的。因为客户满意度低能够说明什么问题?应该怎样改善?员工并不了解。所以客户反应类指标的设计,一定要具体到对哪些方面不满意,以及不满意的原因是什么,等等。此外,对行动开发和结果改善没有实际意义的指标也应该剔除,因为它不仅起不到应有的作用,并且还会对其他有意义的指标形成不必要的干扰。

(5) 由于针对长远发展的考核指标可能没有可供借鉴的先例,即没有行业标杆可以参考,标杆管理法的使用受限,因此在指标最终确认之前,最好能够征求一些专业人士的意见,避免出现看似"高大上"但实际"很幼稚"的指标[1]。

---

[1] 注:这一部分内容最初源自首都经济贸易大学劳动经济学院15级人力资源管理班和15级人力资源管理实验班的课堂讨论,后经清华总裁班和亚洲城市大学MBA班、EMBA班就山东某床上用品公司的具体实践进行研讨、验证,并经后期的系统整理和逐步完善而成。

(二) 加强与人力资源管理其他模块的内在联系

企业人力资源管理包括若干大的工作模块：基于能力素质和工作职责的职位分析，兼顾公司现状与未来发展的人力资源规划，基于人力资源规划和职位分析的雇员招聘，基于绩效差距分析和未来发展要求的员工培训与开发，基于 3P+2M 的薪酬管理系统，基于战术目标、战略目标和使命愿景的绩效管理系统，基于内外环境扫描和公司发展定位的员工关系管理，等等。绩效管理只是其中的一个环节，如果想做好战略性绩效管理，就必须加强绩效管理系统与上述主要工作模块的有机联系。

举例来说，对人员的考核肯定要基于岗位职责；对不胜任人员的轮岗、培训或辞退(人力资源规划内容)，对雇员招聘成功或失败的判断，必须基于公平、公正的绩效考核结果；而薪酬管理是否具有集约性、激励性、公平性等特点，首先要看绩效管理是否科学、合理；员工关系管理的好坏，其本质不在"好言相待"(虽然也很重要)，而在于薪酬管理与绩效管理的有机互动，等等。

从战略和战术综合的角度看，影响本公司员工薪酬的主要因素包括：

(1) 外在因素，如法律法规、物价水平、劳动力市场状况、其他企业的薪酬、行业的特点及惯例等；

(2) 内在因素，如本公司的经营战略、发展阶段、企业财务状况、高层领导的态度(高层领导的态度决定本公司的薪酬策略)、劳资谈判、雇佣压力(是否急须招人)等；

(3) 个人因素，如员工的职位、能力素质、绩效表现、工作年限，以及员工的雇佣状况(如是否为派遣工)。

企业进行薪酬管理时，要综合考虑上述因素，上述因素中，有些属于参考因素，有些属于核心因素。基于 3P+2M 的薪酬管理系统中，"3P+2M"就是指其中的核心因素，其中：3P 是指岗位职责(position)、个人能力(people)、实际业绩(performance)；2M 是指行业市场(industry market)、人才市场(talent market)。

综合起来看，员工的岗位职责、个人能力和实际工作业绩是核心因素中的内因，而行业市场和人才市场是核心因素中的外因(参见本书第五章薪酬管理中的战略性薪酬管理)，两者的有机结合基本可以决定某个员工可以挣多少钱。

(三) 加强与麦肯锡 7S 模型的有机整合

麦肯锡 7S 模型是麦肯锡公司将影响企业成败的 7 个关键要素有机整合而形成的理论模型。这 7 个要素分别为结构(structure)、制度(system)、风格(style)、员工(staff)、技能(skill)、战略(strategy)、共同的价值观(shared value)，如图 6-7 所示。

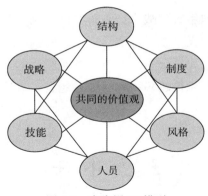

图 6-7 麦肯锡 7S 模型

在此模型中,战略、结构和制度被认为是影响企业经营成败的"硬件",风格、人员、技能和共同的价值观被认为是影响企业经营成败的"软件",软件和硬件具有同样重要的作用。

麦肯锡的 7S 模型提醒世界各国企业的高级经理们,企业仅具有明确的战略和深思熟虑的行动计划是远远不够的,因为战略及其行动计划只是其中的一个要素,只有将这 7 个要素有机整合起来,企业才有可能走向持续成功。

三、战略性绩效管理的整体架构

如果将上述内容全部整合起来,就形成了战略性绩效管理的整体架构,如图 6-8 所示。

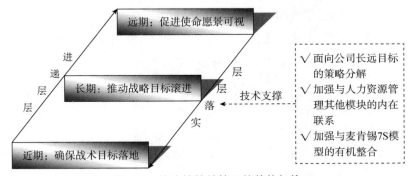

图 6-8 战略性绩效管理的整体架构

从近期到长期再到远期,为层层递进关系;从远期到长期再到近期,为层层落实关系。在推进战略性绩效管理的具体实践中,面向公司长远目标的策略分解、加强与人力资源管理其他模块的内在联系、加强与麦肯锡 7S 模型的有机整合等思路与方法,则为其提供相应技术支持。

荀子《劝学篇》中的警句"不积跬步,无以至千里"用于绩效管理中可以解释为:

如果不通过良好的绩效管理系统把战术计划落实好,则"美好的愿景"和"宏伟的战略"就无从谈起。但是,如果"积了跬步",而且还是积了"很多跬步",就可以"至千里"了吗?那也不一定。如果公司的发展方向是错误的,或者绩效考核指标的具体指向是错误的,那"跬步"积得越多、考核考得越勤,人才"跑"得就越多,公司也难逃失败的结局。

本 章 小 结

第一节,为了加深大家对绩效的理解,首先对绩效的结构和定义进行了归纳与总结,同时提出了本书对于绩效的定义。随后,对绩效的特征进行了分析,对其给管理者所带来的启示进行了抛砖引玉式的探讨。本节最后提出了绩效管理的定义,并针对其重要价值提出了基于价值评估的"微笑曲线"。

第二节,本节内容是本章的重点和难点。针对绩效管理的小循环,本节对绩效计划制订、绩效计划实施与辅导、绩效评估、绩效反馈进行了重点介绍,其中既有世界著名的理论模型,也有较为常见的分析工具,还有非常实用的操作流程与关键技巧。熟练掌握这一节的内容,对人力资源管理者及其他部门经理来说都是非常有必要的。此外,对于绩效评估中的误区(如晕轮效应、近因效应、对比效应等)及矫正方法,很多课程已有详细介绍,本书不再赘述。

第三节,简要介绍了学界对战略性绩效管理的主流观点,在综合相关理论与企业实践的基础上,提出了笔者对战略性绩效管理的理解,并对主要观点进行了简要阐述。其中有些观点并不十分成熟,欢迎大家多提宝贵意见。

【关键术语】

绩效	绩效管理	绩效计划	关键绩效指标
目标管理法	平衡记分卡	绩效辅导	绩效评估
强制分布法	绩效反馈	战略性绩效管理	使命
愿景	麦肯锡 7S 模型		

复习思考题

一、简答题

1. 在结果论、行为论和综合论学派的关于绩效结构的观点中，你更认同哪一种？为什么？
2. 绩效有哪些主要特征？它给你怎样的启示？
3. 请绘图说明绩效管理为什么重要。
4. 在绩效计划制订中，人力资源管理者应该扮演什么角色？部门经理应该扮演什么角色？员工本人应该扮演什么角色？
5. 简述关键绩效指标提取的主要方法。
6. 谈一谈你对战略性绩效管理的认识。

二、案例分析

E公司的"品""绩"管理[1]

E公司是一家上市公司，主营业务包括精细化工、化肥、装备制造。其化肥产品的主要消耗指标和经济效益位居全国同行业先进水平，产销量曾连续多年全国排名第一。为提升企业的管理和组织运作效率，该公司施行了"品格+业绩"的绩效管理模式，取得了良好效果。

(一) E公司原有的绩效管理模式

自2001年起，E公司对下属分公司推行以目标管理为核心的内部管控与绩效管理模式，实施过程可分为3个阶段。

1. 增强控制的逐级考核阶段

E公司对下属分公司实施了以目标管理为核心的综合考核，同时实施各行政职能机构(如财务、人力、审计、党群等)逐级向下的考核制度，考核周期均为一个月；考核主体(上级部门)根据计划目标完成情况和工作标准给下级部门打分，党群机构和职能部门所打分数的平均分为最终考核结果，考核结果与工资报酬挂钩。这种管理模式加强了总部对下属公司、下属部门的管控能力，但由此引起的管理僵化的弊端也在后期逐渐显现出来。

---

[1] 布茂勇, 郭斌. 品绩管理："品格+业绩"的绩效管理模式——以A公司为例[J]. 中国人力资源开发, 2012(5): 65-70.

2. 改善沟通的绩效互审阶段

自 2006 年起，为弥补原管理模式的不足，E 公司采取了目标与绩效互审的优化措施。一方面，总部职能部门之间就月度工作目标开展互审互查，注重协同一致并落实完成情况，以减少对下属公司不必要的干扰；各分公司之间也就工作目标、生产经营指标、安全环保等方面展开互审互查，以保障公司间产供销等环节的协同一致。这些优化措施使公司总部职能部门能从不同的角度发现问题，也促进了公司各职能部门、分公司之间的沟通与交流，改善了僵化和惰化的问题。

3. 金融危机催生的困境阶段

2008 年的金融危机对 E 公司产生了冲击，目标管理模式的缺陷开始显现。在此背景下，公司于 2009 年开始推行"品格＋业绩"的绩效管理模式(以下简称"品绩管理")。公司总部对下属公司的管理由结果控制变为过程指导，对结果只进行模糊评价，总部职能部门也由检查考核转变为服务支持。品绩管理使得公司的人才选拔和使用成效显著，激发了公司的创新活力。

(二) 品绩管理的构建与实施

1. 品绩管理的内涵

品绩考核就是对评价对象从"品"和"绩"两个方面进行综合考核。"品"是指品德、品格，指做人做事的过程，重点考察被评价对象的德行方面；"绩"是指业绩或能力，指做事的结果，重点考察被评价对象的才能方面。通过两方面评价，得出品格和业绩二维评价结果，根据结果来选人和用人。

(1) 品德高、能力强——重用、大用。

(2) 品德高、能力低——培养、善用。

(3) 品德欠缺、能力强——利用、慎用。

(4) 品德欠缺、能力低——辞退、弃用。

2. 确定品格要素

(1) 职位分类。职位分类是基于品绩管理的需要，将同属于一个职类的职位提炼出相同的评价要素，以方便实施考核。E 公司将管理干部分为董事长、副总经理、企业厂长、生产副厂长、后勤副厂长、工程技术、财务管理、产品销售、物资采购、安全生产、行政管理共 11 个大类。

(2) 品格要素的提炼。基于工作分析技术，公司针对 11 个大类职位各自承担的战略目标、部门目标、所处的地位和作用、工作职责、胜任能力素质等方面来确定品格的考核要素(见表6-6)。

表 6-6　E 公司的职位类别及品格要素

职位类别	品格要素
副总经理	远见、信心、明辨、开拓、配合、公正、敏锐、文明、严谨、尊重
企业厂长	信心、明辨、开拓、忠诚、公正、尽职、果断、严谨、主动、有序
生产副厂长	配合、公正、主动、忠诚、有序、果断、敏锐、勤奋、创新、文明
后勤副厂长	配合、公正、忠诚、主动、敏锐、严谨、守时、尊重、耐心、文明
工程技术	有序、创新、专注、忠诚、主动、勤奋、严谨、尽职、果断、谦虚
财务管理	有序、严谨、廉洁、忠诚、尽职、敏锐、主动、配合、果断、谦虚
产品销售	有序、廉洁、主动、忠诚、灵活、果断、尽职、热情、善劝、耐心
物资采购	有序、廉洁、尽职、主动、果断、忠诚、配合、严谨、文明、谦虚
安全生产	有序、尽职、果断、忠诚、主动、勤奋、严谨、配合、创新、谦虚
行政管理	有序、尽职、主动、忠诚、公正、果断、配合、敏锐、文明、谦虚

3. 确定品格要素的衡量标准

确定主要品格要素后，需要对其进行详细的行为描述，并将其转化为行为化的衡量标准(见表 6-7)。

表 6-7　品格要素及衡量标准(局部)

品格要素	杰出	良好	合格	较差
创新	持续改进工作，不怕失败，勇于创新，工作高效	对不合理现象及时提出意见并改进，效果明显	能够落实别人所提出的改进建议	工作方法单一，效率低下
公正	做事一视同仁，不徇私情，处理事情对事不对人，一碗水端平	客观对待存在的问题，能够做到一视同仁	处理事情基本恰当，未造成不良影响	处理事情受主观因素、人情因素影响，造成不良后果
果断	思路清晰，判断准确，问题处理及时、恰当、正确	判断准确，能够及时处理问题	能够处理明显问题	做事拖拉，拖泥带水
尽职	能圆满完成本职工作，并能以身作则，鼓舞士气，严格执行纪律，完成艰巨任务	能较好地完成本职工作任务，也能执行纪律，鼓舞他人	维护纪律，领导他人完成日常工作任务	有破坏纪律的情况，任务完成情况较差

注：本书对原文中的内容做了较大程度的修正。

4. 设计品绩管理的考核依据

根据职位的品格要素及其衡量标准，结合相关岗位的主要职能、权利，以及主要业绩指标来编制各岗位的任职说明书(见表 6-8)。

表 6-8 E 公司企业管理处处长岗位任职说明书(局部)

项目	具体内容
一、基本信息	部门：企业管理处
	职位：处长(1)
	分类：管理(1)
二、汇报关系	直接上级：董事长、总经理
	直接下级：企管处科长、副科长
三、职位概述	推行标准化管理、目标管理、管理职责；牵头公司组织机构设置、新管理方法的学习
四、岗位职责	1. 对因监督考核不力而造成未完成年度目标和进度负责。 2. 对标准化管理体系的运行质量负监督管理责任。 3. 对组织机构设置长期得不到高效运行负监督管理责任。 4. 对因体系运行和目标管理不力而造成其他不良影响的行为负监督责任。 5. 对明显的不合格供应商长期与企业发生业务负有监督管理责任
五、主要权力	1. 有权起草企业管理、标准化管理、目标管理等职责范围内的管理制度，并对其执行情况进行监督、审查和落实。 2. 有权对集团各单位工作目标完成情况和集团重点工作进行了解和落实，提出意见和建议。 3. 有权对集团各单位标准化管理体系运行情况进行审核和检查，提出改进建议。 4. 有权对集团各单位的工作标准和岗位职责进行评审和修订。 5. 有权对集团各单位的组织机构设置进行评审，提出改进意见。 6. 有权对各单位合格供应商的评审、管理情况进行监督检查。 7. 有权向集团各单位索取必要的各类资料、数据。 8. 有权根据职能与政府有关部门进行业务协调。 9. 有权对本部门员工进行管理、教育、考核和评价。 10. 有权对各单位管理运行中存在的问题进行分析，提出建议
六、关键业绩指标	1. 根据集团发展战略和中长期发展规划，组织拟订集团年度目标，经总经理办公会确定批准后，对年度目标进行细致分解，落实并了解年度、月度工作目标以及集团重点工作实施情况。 2. 根据集团实际需要，组织建立健全各项管理制度，及时做好管理制度的修订和完善工作，不断规范、完善和提高各项管理制度。 3. 推动集团各单位的标准化管理体系建设、实施、运行和改进，并及时引进符合企业实际的标准；组织开展集团内部标准化体系审核工作，及时联系和组织体系的外审，确保体系有效运行。

(续表)

项目	具体内容
六、关键业绩指标	4. 定期对集团各单位机构设置情况进行评审，及时对各单位机构设置调整申请调研、评审和批复。 5. 组织制定、修订、完善工作标准和岗位职责说明书，并结合体系建设及时做好工作标准、职责评审工作，对新设立单位及时完善职责和工作标准。 6. 组织学习国内、国际企业管理方面的先进经验、科学方法，结合集团实际，积极推行，不断创新，持续提高集团管理水平；及时总结、归纳先进管理经验，组织开展集团内管理创新评选活动。 7. 根据有关管理制度要求，定期组织各单位对合格供应方进行评审，实施动态管理。 8. 组织做好集团内物资流转的协调，结合市场情况，确定物资流转价格，维护集团整体利益。
七、关键品格指标	职位品格：有序、尽职、果断、忠诚、主动、谦虚 职业品格：严谨、勤奋、创新、专注
八、职位能力要求	统筹策划能力、数据分析能力、团队管理能力、组织协调能力、问题分析能力、绩效管理能力、合作协调能力、语言沟通能力
基本要求	学历：本科及以上 年龄：33~55岁 性别：男女不限 身体条件：健康、耐劳

注：本书仅按照一般惯例对表格格式进行修改，原文内容几乎没有变动。

5. 确定品绩评价主体

管理干部品格的评价主体主要包括上级评价、同级评价、下级评价、自我评价(见表6-9)。

表6-9　E公司一分公司厂厂长的评价主体

评价对象	评价主体		
	上级	同级	下级
一分公司厂长	氮肥工业副总 安全处处长 技术处处长	二分公司厂长 三分公司厂长	生产副厂长 后勤副厂长 中层管理干部

6. 品绩管理考核结果的运用

(1) 与人才管理决策挂钩。分别考核关键品格指标KCI(key character indictor)和关键业绩指标KRI(key result indictor)，计算两项指标得分后，将其换算成满分50分的标准分，并在平面坐标系内确定其位置(见表6-10)。

表 6-10 E 公司品绩管理结果的运用

KRI	KCI		
	0～16 分	17～32 分	33～50 分
33～50 分	慎用	观察	重用
17～32 分	利用	正常使用	培养
0～16 分	辞退	待用	善用

注：原文中为坐标图，为便于阅读，本书将图改为表格并做了必要的技术处理。

(2) 对关键人才的品格再分析。为确保评估结果的科学有效，E 公司对业绩上升较大的干部或重点培养的干部，还会由人力资源部门进行品格的全方位再分析，然后综合给出《品绩管理评测报告》。

(三) 下属公司品绩管理的构建与实施

品绩管理模式实施前，E 公司的下属公司之间存在本位主义严重、协同配合不够等现象。为此，公司总部于 2010 年将品绩管理的理念应用于组织绩效评价，也收到了良好效果。

1. 确定下属公司的品格要素

根据品绩管理的理念，E 公司将其下属公司的关键品格指标概括为团结、凝聚、创新等 10 个方面(见表 6-11)。

表 6-11 E 公司下属公司品绩考核表

单位名称			考核年度：	
考试模块	指标分类	考核指标	得分	总分
关键业绩指标	经济运行指标	销售收入		50 分
		利润		
		产量		
		成本		
	安全环保管理	安全量化指标		
		特种作业持证上岗率		
		应急准备与响应		
		环保节能管理		
	技术创新	创新成果		
		专利		
		新产品开发		
	项目管理	项目进度		
		项目安全		
		项目质量		
		项目开发及达产达效情况		
		投资与预算对比		

(续表)

单位名称			考核年度:	
考试模块	指标分类	考核指标	得分	总分
关键业绩指标	质量管理	一次交检合格率		50分
		优等品率		
		产品质量领先水平		
	采购管理	采购及时性		
		采购成本		
		采购质量		
	综合管理	标准化管理运行水平		
		人均产值		
		员工技能水平		
		员工思想动态		
关键品格指标	团结	共同努力以完成预定目标		50分
	凝聚	集体向心力、员工的集体荣誉感		
	士气	饱满的精神状态、奋发向上、努力工作		
	规范	按照标准进行操作、稳定生产		
	安全	具有安全意识、排除安全隐患、实现安全生产		
	成长	通过学习、实践使企业逐步壮大		
	责任	履行应尽的义务、承担自身的过失		
	大局	集体利益高于一切		
	执行	努力贯彻、施行本企业的计划		
	创新	不怕失败,结合本企业的情况不断改善、推动工作		

2. 下属公司的品绩考核

下属公司的品格考核由公司总部的企业管理处负责组织实施。以 E 公司 2011 年半年度某分公司品格考核结果为例,通过对比不同品格要素评价存在的差距,可以找出存在品格绩效须实施改进的洼地(见图 6-9),也可将得分进行横向比较。同样,对各下属公司按照考核表(见表 6-11)也可得出其业绩指标得分(见图 6-10)。

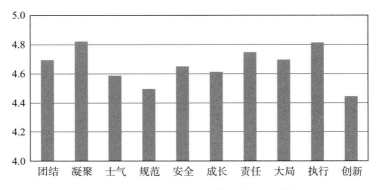

图 6-9　E 公司下属公司品格考核结果举例

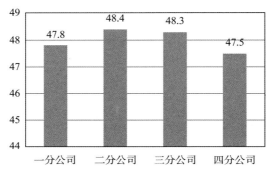

图 6-10　E 公司下属公司业绩考核结果举例

3. 下属公司的品绩考核结果

E 公司总部的企业管理处作为评价主体，评价时总体把握，全面、客观地考核企业的品格表现。品绩考核结果如表 6-12 所示。

表 6-12　E 公司下属公司品绩考核结果

序号	下属公司	KCI 合计	KRI 合计
1	一分公司	46.66	44.80
2	二分公司	47.46	48.37
3	三分公司	47.52	24.31
4	四分公司	42.31	42.47
5	五分公司	23.98	47.67
6	六分公司	45.49	22.64
7	七分公司	24.52	44.99
8	八分公司	42.07	46.66
9	九分公司	40.33	46.10
10	十分公司	46.54	40.83

4. 下属公司的品绩考核结果应用

将被考评单位的 KRI 与 KCI 得分输入品绩坐标图中(见图 6-11),以了解下属公司的绩效水平与存在的问题,并将其作为决策依据(见图 6-12)。

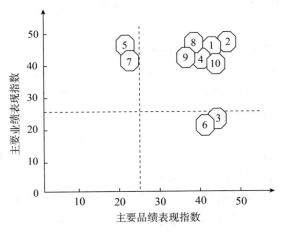

图 6-11　E 公司各下属公司品绩坐标图

注:图中六边形内的数字代表分公司;由于大小限制,图中各公司的相对位置并不十分精确,只是关系示意。

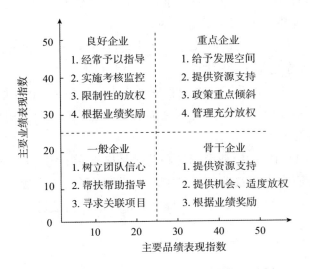

图 6-12　E 公司各下属公司组织品绩运用分析

(四) 品绩管理模式的实施效果

E 公司在推行品绩管理模式的过程中,并没有完全摒弃传统的目标管理考核,而是在目标管理的基础上增加了品格评价模块,这样可以更加客观地评价人才和下属公司的综合绩效水平。

1. 激励员工积极、主动创新

传统的目标管理考核存在"只看重结果"的缺陷，容易导致员工做事谨小慎微、拈轻怕重，工作缺少激情与创新精神，而品绩管理模式可以最大限度地激发员工工作的积极性。

2. 全面反映人才能力，为决策提供强大支持

品绩考核全面反映了考核对象的工作能力与品格要求，因此可有效观察管理干部是否具备胜任更高层级岗位的素质，从而使人才的选拔和使用更加准确。

3. 协同总部与下属公司的战略，增强总部对下属公司的柔性管控

品绩管理的创新之处，在于其关注组织和员工的软实力——品格。品格不仅涵盖能力，也包括员工对企业的文化、价值观的理解与认同程度。品绩管理协同组织与员工的品格，使总部、下属公司和员工的"人格"融为一体。

对员工的品格考核，可以使员工更好地了解岗位要求，并明确自己在企业中的角色；对各部门的品格考核，则赋予了被评价对象鲜明的"人格化"特征，使得职能部门之间的沟通更顺畅；而对下属公司品格的关注，则可以引导下属公司更加准确地理解集团公司的战略意图，进而全力以赴开展工作。

【案例分析】

1. E公司在设计、实施品绩管理之前，为什么要对人员按职位类别进行划分？这会不会导致不公平现象(不同人员的考核内容不一样)？

2. 有人认为，"将品格因素纳入考核会冲淡业绩得分，使很多能干的人得不到应有的奖励"。对此，你是怎么理解的？

3. 案例中提到"E公司总部的企业管理处作为评价主体，评价时总体把握，全面、客观考核企业的品格表现"，请问，怎样才能避免企业管理处打分时的人为因素，你有没有更好的改进办法？

4. 案例的表6-11中，关键业绩指标和关键品格指标中均有对"安全生产"的考核。在实际应用中，会不会出现双重考核现象，即只要出了安全事故，既扣关键业绩指标得分又扣关键品格指标得分？如有不合理之处，应该如何改进？

第七章

战略人力资源管理

至少从理论上讲,人力资源战略是企业人力资源管理活动的大政方针和行动纲领,因此,很多教材普遍将其放在最靠前的位置,随后再展开对工作分析、招聘、培训、薪酬、绩效等模块内容的探讨。但是,如果不先探讨战术就直接进入战略层面,往往会给读者带来很多困惑,很多问题也难以说透,所以本书将其放在了最后一章。这既可以说是对前面内容的系统拔高,也可以说是从跳出庐山的角度再回头看一看庐山。

观察问题的角度不同,思考问题的高度自然也会有所不同。

学习目标
- 掌握人力资源规划的定义、目标及内容。
- 熟悉人力资源规划的基本程序。
- 掌握人力资源战略的定义及目标。
- 了解人力资源战略制定的路径选择。
- 掌握战略人力资源管理的运作机理、内部架构。
- 熟悉战略人力资源管理的实施条件。

第一节 人力资源规划

关于人力资源规划的内涵及外延,国内外学者存在明显的分歧。国外学者关于人力资源规划的定义,普遍倾向于将其聚焦在人员供需平衡计划(employment or personnel supply and demand balance planning)上;而国内许多学者,则普遍倾向于将人员供需平衡计划视为狭义的人力资源规划(human recourse planning,HRP)。虽然国内学者也将广义的人力资源规划翻译为 human recourse planning,但其本质上的意思更像是"关于人力资源管理的规划"(human recourse management planning),即关于人力资源管理工作的中长期计划。虽然这些概念解释起来非常拗口,但作为教材,本书不得不事先做一个交代。

一、人力资源规划的定义

人力资源规划既不是一项新技术,也不代表一种新的理念。所谓人力资源规划,是指以企业发展战略为导向,以企业人力资源现状为基础的人员供需平衡计划。从实质上看,本书关于人力资源规划的定义更倾向于国外学者的观点,即将其聚焦在人员供需平衡计划领域。

二、人力资源规划的目标

相对于前面讲过的招聘、培训等模块化的人力资源管理操作,人力资源规划的眼光要长远一些,视野要开阔一些,思维方式也要更加系统化。好的人力资源规划,可以实现以下重要目标。

(1) 满足企业对人员的需求。当企业出现人员需求时,无论这些需求是长期需求还是短期需求,好的人力资源规划总能找到合适的办法予以解决。

(2) 确保人员供需的动态平衡。企业发展往往具有周期性,其对人员的需求(包括数量和质量)也在不断发生变化,简单的、亦步亦趋的招聘或培训工作是难以有效满足这些处于波动状态的人员需求的,而好的人力资源规划则可以从相对长远的角度,系统地筹划满足这些需求的策略和办法。

(3) 留住企业所需的人才。从长期来看,企业竞争的焦点在于人才。如果人才跟不上,再优秀的企业也迟早会被竞争对手甩在后面。如何留住这些人才呢?好的公司文化、好的工作安排、好的薪酬福利等,固然可以发挥一定作用,但当竞争对手也提供相应安排时,这些东西就不会再有独特的优势。此时,企业就需要进一步开发相应计划,以有效保留那些能够为企业发展做出实质性贡献的关键人物。

(4) 促进企业实现精兵简政。精兵简政并非简单的减员增效,它是一个复合词汇:既包括有长远目标的招聘,也包括对现有人员的持续培养、开发、留任和优化配置,还包括不胜任或不符合企业文化要求人员的退出机制。人力资源规划中的精兵简政,其实就是一个有长远目标的人力资源(数量及质量)及其配置(人岗匹配、人人匹配)的动态优化过程。

三、人力资源规划的内容

既然聚焦于人员的供需平衡,人力资源规划的主要内容也就相对明了了,主要包括人员招聘计划、人员配置计划、教育培训计划、人才开发计划、人才保留计划、接替晋升计划、退休解聘计划等。严格来说，这些计划并非相互独立的，比如，有目的的轮岗(人员配置)，有时就是人才开发的一种手段(见本书第三章)；人才开发和晋升，也可能是人员保留计划的一个组成部分；而接替晋升计划，同时又是人才开发计划的重要分支等。

从这个角度看，上述人力资源规划内容的划分并不符合语法或逻辑要求，之所以这样分类，一方面是帮助读者合理把握人力资源规划的概念和内涵，另一方面也便于企业在人力资源规划工作中找到合适的"抓手"。

人力资源规划的类型及其主要目标和核心内容如表 7-1 所示。

表 7-1 人力资源规划的类型及其主要目标和核心内容

类型	主要目标	核心内容
总体规划	确保供需平衡，确保动态平衡，确保精兵简政	用人理念、重点方向、基本政策、工作步调等(相当于以下工作计划的"基本法")
人员招聘计划	从内外部招聘的角度，确保及时填补职位空缺	质量、数量、渠道、预算、时间、地点、负责人等
人员配置计划	事得其人，人得其位	人岗匹配、人事匹配、人人匹配、企业需求与人才需求匹配等
教育培训计划	满足岗位要求，弥补绩效差距，改善行为态度	对象、内容、方式、目标、预算、收益、时间、地点、设施、评估方式、激励机制等
人才开发计划	挖掘人才潜能，建立合理梯队，打造核心竞争力	测评方式、选拔制度、培养与开发计划、考核与验收办法、激励机制、退出机制等
人才保留计划	培养潜力人才，保留关键人才，完善保留机制	人才开发计划(满足成长需求和成就需求)、短期留住计划(薪酬福利、工作安排)、长期激励计划(股票、分红、"黄金降落伞")等
接替晋升计划	确保后继有人，确保工作延续，激励保留人才，形成"鲶鱼效应"	后备干部的选拔、培养、考核、辅导、淘汰、任用等
退休解聘计划	精兵简政、保留人才(给长期为企业服务的人员一颗"定心丸")、示范效应(让年轻人才"看到"自己美好的未来)	辞退不胜任人员、冗余人员、不符合企业文化要求的人员，建立退休补偿计划(体现在荣誉、地位、金钱方面)等

需要注意的是，表 7-1 中只是一些比较常见的人力资源规划的内容，在实际工作中，企业可以根据需要创造性地发挥(增补或减少)，而不一定面面俱到。具体来说，即公司原有的优势，要有一定的巩固措施；公司需要改善的地方，要有一定的弥补手段；公司发展战略指明的方向，要有必备的行动计划。

四、人力资源规划的基本程序

综合现有文献以及本书创作团队的研究成果,本书将企业人力资源规划整合并凝练为 7 个主要步骤,即人力资源规划七步法,为了便于记忆,也可以称之为人力资源规划的"火箭模型",如图 7-1 所示。

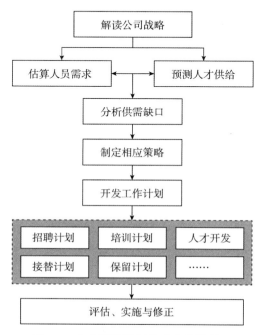

图 7-1　人力资源规划的"火箭模型"

(一) 解读公司战略

通过解读公司战略,可以明确公司未来的发展方向、工作重点以及具体的经营目标。对这些信息的深入理解是制定人力资源规划的根本前提;否则,所制订的各项工作计划就会像没有准确目标的导弹一样,根本无法指望它们会发挥多大作用。

(二) 估算未来的人员需求

根据公司在未来若干年重点发展的业务、希望达成的目标、具体的生产经营规模等情况,估算对各级各类人才的素质要求和数量要求。

(1) 需要多少高层领导,他们应该具备什么样的素质和能力?需要考虑的因素包括:公司的核心业务有哪些,以及应该被多少高层领导分管,公司经营的范围有多大(本省、全国或全世界),这些高层职位分别需要怎样的素质和能力(能力素质模型见本书第一章、第二章)等。

(2) 需要多少业务线或产品线的负责人(二级公司的总经理)？他们应该具备怎样的素质和能力？

(3) 需要多少科研、生产、销售等方面的人才？他们应该具备怎样的梯队(各层级的能力素质要求和数量要求)？

(4) 需要多少中层职能人员？他们应该具备怎样的素质和能力？

(5) 需要多少基层管理人员和一线操作人员？

将上述内容整合起来，就形成了未来几年的(应该是分阶段的)人才需求蓝图，如表7-2所示。

表7-2　20XX年SH公司人员需求蓝图(三年规划，局部)

	层级	研发	生产	销售	运营	…	层面
管理层	VP						公司总部
	后备VP						
	中层职能						
技术层	总监						
	后备总监						
	二线经理						
操作层	一线经理						
	骨干人员						
	普通员工						
管理层	总经理						二级单位
	副总经理						
	后备副总						
技术层	总监						
	后备总监						
	二线经理						
操作层	一线经理						
	骨干人员						
	普通员工						

1. VP(vice president，泛指高层副级人物)可以兼任二级单位总经理；
2. 后备VP，原则上从公司总部中层职能部门负责人、技术总监及二级单位总经理中遴选，比例大致为1∶1；
3. 本表中的二级单位人员需求为汇总数据，各子公司、分公司、参控股公司的人员需求明细见其他文件

(三) 预测未来的人才供给

人才供给可以从两个途径获得：一是内部人才的培养开发，二是从外部直接招聘。

1. 内部人才供给

主要考虑现有人才的素质能力结构、年龄结构、性别结构等，结合本公司近年来各层级的人员退出比率(退休、离职、辞退)，预测未来各层级人员可能从内部获得的素质能力和数量，这一过程称为人才盘点及趋势分析。

2. 外部人才供给

主要考虑区域人才流动情况、高等院校和职业院校(包括技工学校)的人才培养情况，甚至还要考虑目前高中、初中乃至小学的在校生数量，以及人们择业观的持续变化。比如，当人们慢慢接受了平凡的生活、厌倦了高度竞争的工作环境时，现在非常热门的银行、保险、证券等行业的人才供给将面临大幅度萎缩。除非这些行业能够提供更高、更好的薪酬福利及其他人性化安排，否则很多人宁愿选择"小康+悠闲"的岗位，而不是"有钱+没闲"的岗位。

(四) 分析人员供需缺口

将人力资源需求和内部供给的预测值加以比较，就可以初步确定本公司未来几年的人员净需求。比较的内容不仅是人员的总量，更重要的是各层级、各职类人员的具体数量(见表 7-2)。

(五) 制定相应策略

1. 需求缺口太大时的策略

当未来的人员供需缺口太大以至于按原定思路无法满足，或即使能够得到满足但成本过于高昂时，就需要企业制定较高级别(超出常规意义的人力资源管理范畴)的应对策略。比如，改变组织架构，优化工作流程，以实现精兵简政；改变管理模式，提高人员使用效率，以减少对人员的需求；改变生产运行方式，采用更多的人工智能、自动化设备、网络化软件等技术手段，以有效减少对人员的需求。

2. 冗余人员太多时的策略

当行业衰退、公司转型或技术水平实现跨越式提高(如大规模依附于移动互联技术)时，企业就有可能出现全面或结构性人员冗余。处理这种情况时，企业要采取的对策就会复杂一些，转岗培训、提前退休(俗称"内退")、下岗安置、裁员补偿等都要提前筹划，并需要与有关部门做好充分的沟通与协调工作，以最大限度地降低人员调整带来的各种风险。

(六) 制定企业人力资源规划

人力资源规划的类型及核心内容见表 7-1，不再赘述。

(七) 评估、实施与修正

正式实施前，应对人力资源规划进行可行性评估并予以完善；在实施过程中，注意对内外环境的持续扫描，以及对实施进程的科学把控，确保将运行风险降到可以接受的水平。

当内外环境变化远远超出原来的预期时，就需要对既定计划进行及时评估与修正。主动发现并纠正自己的错误是极其痛苦的，但是为了避免酿成更大的错误，这一过程又是十分必要且非做不可的。知错必改，不失为智者。

五、人力资源规划的主要方法

(一) 人员需求预测

人员需求预测主要有定性预测和定量预测两种方法。

1. 定性预测

(1) 零基预测法。零基预测法是指以企业现有员工数量为基础来预测未来对员工数量需求的方法。主要考虑的因素包括未来若干年内，每年退休的人数、离职的人数(主动或被动)、新增职位的数量等。从管理路径上看，零基预测法属于自下而上的预测方法，即从基层开始研究、汇总、上报，直至汇总出公司总的人员需求。

采用零基预测法时，主要由管理人员根据以往经验进行估算。如果公司管理规范，组织运行比较平稳，几乎没有异常的人员变动(如突然性的大规模跳槽)情况出现，零基预测也可以变成比较精准的定量预测，因此非常适用于高等院校、科研院所、行政事业单位、政府机构等类型的人员数量变动不大的组织。

(2) 驱动因素预测法。驱动因素预测法是指以对人员需求产生重大影响的主要因素(驱动因素)为基础来预测未来若干年内的人员需求。从管理路径上看，驱动因素预测法属于自上而下的预测方法，即根据公司战略分析驱动因素，再根据驱动因素分析人员需求，从公司高层一直分析到基层操作人员。驱动因素预测法可以聚焦公司战略，梳理核心业务，进而实施围绕公司战略布局而开展的外部招聘、内部培养、岗位流动等重大系列活动，因此是确保公司健康发展、促进公司战略转型的重要手段。

其他可以参考的定性预测方法包括德尔菲法、头脑风暴法、专家小组法等，此处不再赘述。

2. 定量预测

(1) 趋势外推法。当企业对人员的需求呈现出明显的规律时(比如以人员需求为纵轴，以销售额、产量等为横轴，呈现出典型的线性或非线性规律)，可以基于此规律预测未来几年的人员需求。

虽然这一需求预测方法属于定量预测方法，但如果规律并不十分显著时，就会变成一种相对定性的预测方法，其预测的具体结果(数量)仅仅是一种定性的参考。

(2) 比例分析法。比例分析法是指根据人员需求与产量、销量、收入等产出结果之间的比例，计算要实现未来的经营目标应需要多少人员。

这种方法一般只适用于标准化的作业。以军队为例，在传统的常规战争中，进攻一方和防守一方的人员比例至少为3∶1，进攻方获胜的可能性才会有一定保障。而如果运用到企业管理中，虽然用这种方法可以给出一个具体的数字，但在大多数情况下，这种方法只能算是定性预测方法。这是因为，如果卖100个苹果需要5个人，那么卖500个苹果一般不会需要25个人。之所以把比例分析法列入定量预测方法范畴，其实只是学者们的一种惯例而已。

(3) 回归分析法。回归分析法其实是一种大数据分析方法，即根据过去几年人员需求与产量、销售额、利润、技术条件等因素的关系，构建初步的数学模型，并对过去的历史数据进行回归分析，以找到人员需求与上述因素的生产函数。如果该函数通过信度和效度检验，就可以未来的经营目标(如销售额、利润等)为导向，测算未来可能的人员需求。

一般来讲，回归分析法用于宏观经济层面会有比较好的效果，因为企业间的此消彼长，在宏观层面可以相互抵充，从而确保了宏观层面的相对稳定；而如果应用于单个企业的微观层面，回归分析法在多数情况下也只能提供一种看似"非常科学"的基本参考(单纯的生产性工厂、建筑工程施工等情况除外)。

(二) 人员供给预测

1. 内部劳动力市场分析

我们前面曾经谈到，内部劳动力供给可以从人力资源盘点入手，在分析了现有人员的能力素质结构、年龄结构、性别结构之后，结合人员发展潜力评估及退出情况分析，可以给出一个大致的供给结构及数量。

2. 外部劳动力市场分析

进行外部劳动力市场分析时，需要考虑的因素包括人口年龄结构、培训教育的供给、人员跨区域(甚至跨国)流动情况、人们择业观的变化，以及本公司的影响力等。

当然，这种判断也是相对定性的，但它可以给企业指明未来工作的方向和重点。

读到这里，大家可能会对人力资源规划产生很大的怀疑——既然人力资源供需预测的方法都不怎么精确，那么实际工作中应该怎么做规划？实事求是地讲，上述任何一种方法都是不精确的，都需要相互的验证和补充。之所以把它们列入本书之中，只是想告诉大家一些基本的方法和套路。这就像学习军事理论，学过的人，不一定会打仗；但如果没有学过，就肯定成不了伟大的军事家。

第二节 人力资源战略

如果说人力资源规划侧重于人员的供需平衡，那么人力资源战略可谓针对人力资源领域的全局性谋划。虽然人力资源战略管理也不是什么全新的技术，但由于它将战略管理的思想引入了一个更加具体的领域，所以其在内容、目标和路径上也呈现出一些新的特点。

一、人力资源战略的定义

人力资源战略又称人力资源管理战略(human recourse management strategy，HRMS)，是为了实现企业的中长期战略目标，而对人力资源管理工作进行的具有全局性和系统性的长远谋划。

人力资源战略的重点是对公司战略的解读(分析机会和威胁，明确方向和重点)，对企业人力资源及其管理现状的盘点(找到优势和劣势、目标和差距)，进而制订相应的战略和战术计划。本书对人力资源战略的定义，与国内很多学者眼中的广义人力资源规划比较相似。

二、人力资源战略的目标

(一) 提高人员招聘与配置的有效性

当企业忙于填补一个个职位空缺时，虽然招聘的人员可能是非常胜任的，但从长远来看，企业的做法不一定是正确的。这是因为企业中的大多数职位都不是相互孤立的随机散点，而是以某种规律为基础组合起来的——若干相辅相成的人组成一个部门，若干相辅相成的部门组成一个业务单元，若干相辅相成的业务单元确保了企业当前的利润来源以及未来可能的盈利增长点。招聘与配置的有效性，不仅指满足今天的需要，更要着眼于企业未来的发展。从这个角度看，人员招聘和配置都应该围绕某个长远的目标而进行，即符合企业发展的战略和战术要求。

(二) 激发人员活力，挖掘人才潜能

"沉舟侧畔千帆过，病树前头万木春。"资产的闲置无疑是一种浪费，而公司人员的大量闲置则可能消磨掉公司好不容易积累起来的竞争优势。设计好的薪酬系统与绩效管理系统，可以激发员工的工作动力；建立好的人才培训体系，可以挖掘员工的素质和潜能。将现有的能力水平充分利用起来，将潜在的能力水平充分挖掘出来，是人力资源管理当中一个永恒的战略性话题。

(三) 建立与企业目标相适应的人才梯队

1938年10月，毛泽东同志在中共六届六中全会上所做的政治报告《论新阶段抗日民族战争与抗日民族统一战线发展的新阶段》中提出，"正确的路线确定之后，干部就是决定的因素"。这句话在企业里也非常适用，企业的战略目标越是宏伟，就越需要建立与之相适应的人才梯队。这句话也可以反过来说，缺乏支持性人才梯队的企业战略，怎么看都很像是"空中楼阁"。

(四) 实现企业的战略与战术目标

实现企业的战略与战术目标，是人力资源战略的根本宗旨，是人力资源战略存在的先决条件。

(五) 减少未来的不确定性，实现长期可持续发展

正如平衡记分卡的发明者、哈佛大学教授罗伯特·卡普兰和诺朗顿研究院的执行长戴维·诺顿所说："有战略无策略，成功遥遥无期；有策略无战略，失败就在眼前！"

今天蒸蒸日上的企业，明天就有可能轰然倒塌。这样的案例，在我国改革开放40多年的历程中屡见不鲜(可参阅吴晓波著《大败局》《大败局Ⅱ》)。这些著名企业的起伏跌宕可谓惊心动魄，走向毁灭的原因可谓多种多样，其中一个相对共性的规律是：在迅速膨胀的狂躁心态下制定了一个不切实际的战略目标，在缺乏有效的人力资源战略支撑的情况下，又陡然跌入可以说是万劫不复的无底深渊。

三、人力资源战略制定的路径选择

(一) 由外到内与由内到外

1. 由外到内

由外到内的路径是指在企业战略制定过程中,外部环境因素起着决定性作用,企业首先要把握好市场中的机遇,然后再制定相应的战略。纵观世界各国历史上的铁路大王、钢铁大王、石油大王、轮船大王等世界顶级垄断寡头,其成功的关键,无不是因为抓住了历史性的机遇。就连当今赫赫有名的 IBM、微软、谷歌、Facebook 等优秀企业,也同样因为顺应时势而成为时代英雄。

由于此理论特别强调企业在市场中的选择与定位,因此经常被称为定位学派,迈克尔·波特便是其中的权威性代表人物。定位学派的另一位代表人物阿尔弗雷德·钱德勒(Alfred D. Chandler)提出:"战略决定结构,结构追随战略。"根据此逻辑,人力资源战略的制定也遵循相同的路径:设计配套的组织结构以支撑战略,招募和配置相应的人才以实现战略,设计针对上述结构和人员的人力资源管理系统,为战略的成功落地保驾护航。

2. 由内到外

由内到外的路径是指企业在制定战略时应该更多地考虑自身因素,从自身所拥有的有形和无形的资源角度入手,以充分扬长避短。由于此理论倾向于把企业视为资源的组合,特别强调能够为企业带来持续竞争优势的战略性资源,因此被称为资源基础理论学派。以核心竞争力理论而闻名于世的美国学者普拉哈拉德(C. K. Prahalad)和哈默尔(Gary Hamel),便是该理论的杰出代表人物。

如果说由外到内的战略造就时代英雄,那由内到外的战略则可以成就奇才、怪才和著名的品牌。比如,秉持"唯有最好"(the best or nothing)的戴姆勒(Gottlieb Daimler)先生缔造了奔驰不朽的传奇,特立独行的乔布斯(Steve Jobs)带领苹果闯入了一个"迷幻"的世界(参见《史蒂夫·乔布斯传》)。由于由内到外的路径致力于打造独特的竞争优势,其人力资源战略的目标就是为这种独特的竞争优势"插上腾飞的翅膀",其人才理念、人才政策、人力资源活动等均应围绕此目标而展开。

(二) 自上而下与自下而上

1. 自上而下

自上而下,就是从解读公司战略开始,层层制定公司层面、事业部层面、业务单元层面的理念、政策、制度与实施计划等,此处不再赘述。

2. 自下而上

自下而上，就是从分析公司现状入手，把小问题汇总成问题族，把问题族排列成问题矩阵，然后再根据公司战略的要求制定理念、政策，根据问题的轻重缓急制订相应的实施计划。

需要注意的是，上述对两对路径的分析重在突出相互之间的差异性，目的是把问题说明白。实际上，聪明的管理者绝对不会采取单一的路径，其最终所采纳的战略一定是在综合各种分析的基础上择优制定的。正如毛泽东同志的著作《论持久战》，其中既有对国内国际局势的分析(由外到内)，也有对共产党及其所领导的人民军队的准确判断(由内到外)；既有对一些群众错误看法的批驳和纠正(自下而上)，也有站在全局看未来的高瞻远瞩和勃勃雄心(自上而下)。人力资源管理战略的制定者，一定要有相应的战略高度和娴熟的操作技巧。

第三节 战略人力资源管理及实施

20世纪末，日本企业管理中"集体主义"和"关注细节"的弊端日益暴露。一批美国学者指出：日本企业的人力资源管理陷入了一般事务性职能的困境，对人力资源的战略性认识不够，对战略性人力资源的鉴别、使用和激励都存在缺陷，这使得其核心人力资源不能发挥应有的作用，并最终导致企业缺乏突破性创新。随后，"战略人力资源管理"的概念被提了出来。

经过30多年的快速发展，战略人力资源管理目前已成为人力资源管理研究与实践的重要发展方向之一。网络经济时代，外部环境的复杂性和不确定性增多，使得企业越来越重视战略性的预见和规划。

一、战略的定义

"战略"一词最早诞生于军事领域。战，即战争；略，即谋略、施诈。两者合起来指军事将领指挥军队作战的谋略。春秋时期，孙武所著《孙子兵法》被认为是中国军事战略领域最早的巅峰之作。随着时代的发展，军事上的战略思维逐渐被运用到政治、经济、文化等诸多社会领域。

通俗地说，战略是从系统、长远的角度来谋划全局性目标的规划，战术只是实现战略的具体手段。实现战略性目标，往往意味着牺牲局部利益，甚至要放弃眼前利益(比如，打入某新兴市场前期要承受战略性亏损)。

有人说:"争一时之长短，战术就可以实现。而如果要决一世之雌雄，就需要战略性的谋划!"此话不假。

二、企业战略的定义

(一) 钱德勒的观点

以"看得见的手"闻名于世的伟大的历史学家、战略管理领域的奠基人之一阿尔弗雷德·钱德勒，在其《战略和结构》(Strategy and Structure)一书中提出，战略是对企业长期基本目标的决定，以及为贯彻这些目标所必须采纳的行动方针和资源配备。

为了说明战略的重要性，钱德勒甚至提出:"公司机构如果不遵循战略的眼光，就无效率可言。"[1]

(二) 安索夫的观点

伊戈尔·安索夫(Igor Ansoff)是对战略管理学的清晰构思做系统阐述的关键人物之一。继钱德勒的研究之后，安索夫对战略的研究进入实质性阶段。在此之前，"战略计划"还只是一个笼统的概念，很少有人知道它的确切含义。虽然一些先知先觉的公司早已开始战略计划的实践，但关于战略的理论研究仍然滞后。

对于战略计划，安索夫开发了一个复杂得令人胆怯的决策程序。此战略模型的中心是差距分析:弄清所处的位置，界定想要实现的目标，然后明确为实现这些目标而必须采取的行动。[2]

(三) 波特的观点

迈克尔·波特被认为是"当今全球第一战略权威"，是商业管理界公认的"竞争战略之父"。2005年世界管理思想家50强排行榜上，他位居第一。

1. 日本企业没有战略

在波特看来，经营的有效性是指一个企业在内部管理的很多方面都达到了非常优秀的状态。这意味着，在进行相似的经营活动时，这家企业的绩效要比竞争对手好。但是，经营的有效性只是成为优秀企业的必要条件，而非充分条件，因为管理模式很快就会被竞争对手所模仿，甚至超越。因此，追求经营的有效性不是战略。战略的本

---

[1] [美]斯图尔特·克雷纳. 管理大师50人[M]. 柳松，秦文淳，译. 海口:海南出版社，2000:52-58.
[2] [美]斯图尔特·克雷纳. 管理大师50人[M]. 柳松，秦文淳，译. 海口:海南出版社，2000:1-5.

质特点就是一个企业会比另外的企业拥有明显的差异化特征，差异化越明显，也就越难被竞争对手超越。想想百事可乐和可口可乐，这两家饮料界的巨头是否一直都在致力于塑造差异？

日本企业挑战西方企业的核心手段就是在经营有效性方面的领先，诸如全面质量管理、团队文化等。日本企业的产品质量很好，价格也很低廉，但由于缺乏差异化方面的创新性追求，因此大多数日本企业是没有战略的。[1]

2. 波特心中的战略

关于战略，波特的核心观点是"差异化的选择与定位"。当一个企业面对行业性的产能过剩的时候(实际上，任何最初利润非常高的行业最终都会走向这一宿命)，它实际上只有两种选择：要么尽快转行；要么还留在这个行业，但一定要突出差异性。此时，选择经营的有效性是错误的。这是因为，如果大家都追求管理的有效性，其结果只能是把成本和价格压得越来越低，大家都持续僵持在"赔本赚吆喝"的尴尬局面。

想想我国钢铁、水泥、煤炭、纺织等传统行业近年来的发展状况，以及不得不从顶层设计开始的供给侧改革，不由得对波特的这一思想产生无限的敬畏。

3. 如何实现经营目标

波特认为，企业的目标是取得良好的经营业绩，经营的有效性和战略的正确性都是其构成要件，但两者所发挥的作用是不同的。战略的作用是聪明地选择和塑造差异化，经营有效性的作用是在内部管理上把这种差异化所形成的优势发挥到极致。前者需要智慧，后者需要耐心和毅力。

正如迈克尔·波特所说，"有效地贯彻任何一种基本战略，通常都需要全力以赴，并辅以一个组织安排。"[2]本章所要探讨的，正是如何实现这种组织安排。

三、战略人力资源管理概述

(一) 定义

与人力资源规划一样，战略人力资源管理也不是一项突破性的创新技术。虽然学界对战略人力资源管理的定义尚未有公认的定论，但究其实质，战略人力资源管理(strategic human resource management，SHRM)就是用战略的思维和工具来统领、规划

---

[1] 注：这一观点发表于1996年，虽然有一定道理，但随着时间的推移，以及国际企业间的相互借鉴，"日本企业没有战略"的说法可能需要更详细的探讨。

[2] [美]迈克尔·波特. 竞争战略[M]. 陈小悦，译. 北京：华夏出版社，1997：48.

和实施人力资源管理工作。

有不少学者认为,战略人力资源管理就是要参与到公司战略制定中去,甚至要主导或左右公司的经营战略。其代表性观点为 Golden 于 1985 年总结的人力资源规划与战略联结的 4 种形式:①监督,很少联结,人力资源只负责传统的行政工作;②单通路式,战略规划领导人力资源规划(或相反);③互惠与相依式,双方同时进行;④整合式,两者以互动关系同时进行。[1]虽然这一观点的影响力很大,但本书认为值得商榷。

高水平的人力资源管理负责人的确可以参与到公司战略管理中去,甚至还会主导公司战略规划的制定,但这只应被视为一种类似"加分项"的最高追求,而不能把它当成战略性人力资源管理的常规模式。就相当于科比(Kobe Bryant,黑人,身高 198 厘米,人称"小飞侠")很会打篮球,但不能把所有的高个子黑人都视为篮球高手。我们应该重视战略人力资源管理的作用,但也不能将其奉为无所不能的"神器"。

(二) 立论基础

战略性人力资源管理之所以成为一种流行趋势,一方面是由于管理理论的发展,以及企业所处内外环境的复杂性和不确定性爆炸式增长;另一方面也是由于人们对"人"(即人力资源)及"对人的管理"(即人力资源管理)的认识发生了重大变化,而这些变化就成为战略性人力资源管理的立论基础。

(1) 人力资源是企业中最宝贵的资源。德鲁克认为,如果把员工视为人力资源,就必须了解这种资源的特性。当把员工分别视为"资源"或"人"时,会得到两种截然不同的答案。如果把人视为"资源",那就可以理所当然地强调使用;而如果把员工视为"人",使员工从事喜欢的工作,使他们获得成就感,进而使企业的各项工作富有成效,就会成为管理者永恒的挑战。这就是人力资源与其他资源最大的区别。[2]

(2) 人力资源管理对企业健康成长非常重要。好的人力资源管理可以把合适的人放在合适的位置上,并且可以鼓舞士气、凝聚人心,进而提高企业经营的有效性,确保企业健康成长。

(3) 各人力资源管理模块不应该是各自为战的孤立行动,它们应该形成一个有共同目标的有机整体。有效的战略人力资源管理,可以向上承接企业的战略规划,向下整合人力资源管理的理念、政策和工作实践,从而使它们形成合力,共同为实现企业战略目标而有机联动。

---

[1] 贾晓波,王宗军. 人力资源战略管理规划研究述评[J]. 统计与决策,2011(4):162-164.

[2] [美]彼得 德鲁克. 管理的实践[M]. 齐若兰,译. 北京:机械工业出版社,2006:XIV.

(三) 主要特征

与传统人力资源管理相比，战略人力资源管理更重视公司战略目标的落地，重视人力资源工作对组织变革和发展所起的关键作用，因此具备了至少两个典型特征：一是更加关注人力资源在提升企业整体效能上的战略角色；二是更加关注公司全局，而非某一工作模块的持续改善。

四、战略人力资源管理的运作机理

我们前面曾探讨过，战略人力资源管理的实质是用战略的思维和工具来统领、规划和实施人力资源管理工作。沿着这一思路，再结合钱德勒、安索夫和波特关于战略的定义，可以将战略人力资源管理的运作机理——基于CAP(Chandler、Ansoff、Porter)战略的战略人力资源管理模型表述为图7-2。

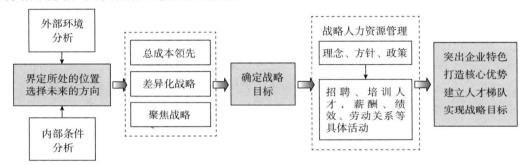

图 7-2 基于 CAP 战略的战略人力资源管理模型

五、HRP、HRMS、SHRM 三者之间的关系

人力资源规划(HRP)、人力资源战略(HRMS)和战略人力资源管理(SHRM)三者之间是什么关系呢？很多文献并没有给出清晰的说明。本书认为，三者虽然都涉及战略层面，但并非并列的平级关系，而是有层次和因果之分，如图7-3所示。

(1) 人力资源战略和战略人力资源管理属于因果关系。因为有了战略人力资源管理的思维逻辑和工作方式，才会制定出人力资源战略。反之也成立，之所以出现人力资源战略，一定是因为有了战略人力资源管理的思维逻辑和工作方式(至少是在潜意识中存在)。

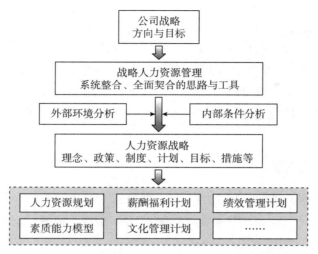

图 7-3　HRP、HRMS、SHRM 三者之间的关系示意图

(2) 人力资源规划从属于人力资源战略。从定义上看，人力资源规划侧重于从中长期的角度来满足人力资源的供需平衡，而人力资源战略则全面包含人力资源管理各模块的主要工作，因此人力资源规划从属于人力资源战略，是人力资源战略的一个重要组成部分。

六、人力资源管理的职能转变

在战略人力资源管理背景下，人力资源管理者的职能也应发生相应的变化。在综合长期研究成果和企业咨询实践的基础上，合益集团提出了图 7-4 所示的人力资源管理职能转变的演化路径。

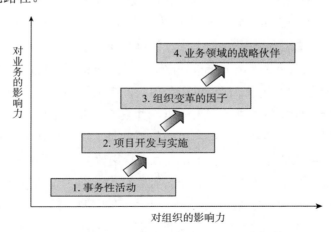

图 7-4　人力资源管理职能转变的演化路径

(一) 事务性活动

人力资源部门仅能完成基本的招聘、培训、薪资发放等基本的职能性工作，属于被动职能阶段。虽然人力资源管理理论引入中国已经40多年了，但我国许多企业的人力资源部还停留在被动职能阶段。近年来，我国开始流行人力资源管理"三支柱"模式，其中的HRBP的职位设计就是试图改变这种现状，即将原来的被动职能转变为贴近业务的主动服务。

(二) 项目开发与实施

在较好地完成事务性职能的基础上，主动查找人力资源管理存在的问题，并通过开发和实施相应项目来解决这些问题。此时的工作视角基本仍停留在人力资源管理领域，因此可视为主动职能阶段。

在人力资源管理"三支柱"模式中，人力资源专家中心(center of expertise，COE)的主要职责是，借助对人力资源领域精深的理论知识、专业技能和领先的实践经验的掌握，设计业务导向的人力资源政策、流程和方案，并为HRBP提供技术支持。从这个角度看，人力资源COE的角色已经达到了主动职能层级。当然，如果其做得好，甚至还可以慢慢进入下一个层级——组织变革的因子。

(三) 组织变革的因子

人力资源管理已达到很高的水平，此时对问题的查找已经超越就人力资源管理谈人力资源管理的水平，开始将触角延伸到组织运行的层面。通过定期或不定期的人员访谈、问卷调查、数据分析等方式，系统诊断组织运行中所存在的问题，探寻可行的变革方案，并推动高层发动和实施变革。

作为中国发动机行业最大的外国投资者，连续多年被评为"美国最受敬仰的企业"的世界500强公司康明斯(Cummins)在中国拥有30家机构，包括16家合资企业。根据曾经在该公司中国总部人力资源部工作过的冯海龙女士介绍，该公司的人力资源部下设的组织发展部(department of organizational development，DOD)，每年都会对在华各机构进行问卷调查，每个员工都可以在公司内网上通过问卷反馈自己的意见。随后，组织发展部就会对问卷信息进行深入分析，并采取相应的措施，比如，针对员工个人的发展困惑，组织针对各部门经理的"如何帮助员工进行职业生涯规划"的培训；针对一些领域职责混乱的问题，他们又会及时进行岗位分析，并采取相应对策(如机构梳理、部门调整)。而对于比较重大的问题，他们就会起草关于组织变革的研究报告，提交公司高层供决策参考。得到高层批准后，他们又会积极参与到具体的变革实施当中。

从冯海龙女士的切身体会中可以判断，康明斯公司的人力资源部至少已经达到了组织变革的因子这一层级。作为全球领先的动力设备制造商，其内部管理实力可谓名不虚传。

(四) 业务领域的战略伙伴

好的人力资源管理者并不需要以"王婆卖瓜"的方式来吹嘘自己。他们会发挥主动精神,以敬业、精准、高效的方式,为公司各业务单元提供高水平的专业化支撑,就像战略上的"好伙伴"一样。

公司发展需要做好两方面的事情:一是选择正确的事去做;二是把正确的事做好。如何选择正确的事,涉及公司的战略方向,一旦出现方向性的重大错误,就会加速公司的衰落;如何把正确的事做好,涉及迈克尔·波特所说的"经营的有效性",在正确的方向下没有把事情做好,也会使公司走向衰落。好的人力资源部门可以在这两个方面(特别是后者)都发挥很重要的作用,从而成为公司高层及各主要业务单元的战略伙伴。

七、战略人力资源管理的实施条件

虽然大家对战略人力资源管理的呼声越来越高,但除了少数几家非常优秀的知名企业(如海尔、华为、万科等),国内绝大多数企业的人力资源部门基本还停留在"职能专家"的角色上。通俗地说,就是名义上的地位很高,而实际上在公司里所处的位置却非常尴尬,几乎很难参与到公司战略的管理中。

为什么会这样呢?实施战略人力资源管理至少需要以下两个方面的必要条件,两者缺一不可。

(一) 先决条件

公司高层的重视与支持是实施战略人力资源管理的先决条件。最高管理层拥有对公司经营管理事务的决策权,如果他们对人力资源管理工作缺乏足够的重视,人力资源部门就无法实现角色上的根本转变。同时,由于缺乏相应的授权和预算支持,人力资源部门也不可能开展大规模的战略化人力资源管理行动。于是,其他部门的人员看在眼里、记在心里,顺理成章地对人力资源部门敬而远之。

(二) 累进条件

所谓累进条件,是指不是一下子就能实现的,而是需要一步步地运筹帷幄、阶梯推进的条件。具体到人力资源管理领域,就是人力资源部门想要达到战略的高度,必先从步步为营的战术积累开始。

1. 优化人力资源管理者的知识与能力结构

如果人力资源部门的人员全是科班出身,就很难出色地完成人力资源工作,因为在很多重大的业务研讨场合,你根本插不上话。因此,许多著名的大公司早已开始有意识地将有主营业务专业背景的优秀人才充实到人力资源部门,或聘请公司中的业务"大拿"做人力资源部门的高级顾问,其目的就是要从非常专业的角度去贴近业务,以更好地服务和规范业务的发展。

当然,这里所说的优秀人才并非公司里的业务"尖子"(事实上,业务"尖子"通常也不愿意到人力资源部门,否则他们根本就不是"尖子",参见本书第一章和第二章),而是对主营业务非常熟悉又愿意从事人力资源工作的专业人才。

2. 着力做好自己的本职工作

任何职能机构的工作其实都包含两个重要层面:一是战略层面,二是日常业务层面。很多企业的人力资源部门之所以不受重视,其根本原因往往在于自己。

人力资源部门的业务,通常是指招聘、培训、薪酬、绩效、劳动关系处理等日常工作,这是人力资源部门的本职工作。只有先把这些事情扎扎实实地做好了,才有资本去参与战略层面的工作。

3. 努力改变自己的形象

人力资源管理者通常被视为"万金油",似乎什么都懂,但什么也搞得不精,这是有历史渊源的。早期的国内企业,基本把人力资源视为简单的事务性工作,简单、轻松,很少出差,也不加班。因此,很多业务不精、能力不强且又有强大"背景"的人,都被调到了这里。

人力资源部要想参与战略层面的工作,就必须改变自身形象,给人以非常专业的职业印象。要懂管理学,否则就无法优化组织架构;要懂主营业务,否则就无法做好职位设计;要懂心理学,否则就无法构建素质模型;要懂人才测评,否则就无法做好员工招聘;要懂法律法规,否则就处理不好劳动关系;要懂战略管理,否则就看不透老板的心思;要懂市场营销,否则就无法真正理解公司的销售策略等。

当然,要求人力资源部门所有的人员全部把这些搞懂、搞透是不现实的,需要的是各方面人才的有机组合。但作为公司人力资源总监,在这些方面都要有较为深厚的知识和能力积累。从"专员"到"主管""经理""部长""总监"的晋升之路(各公司的头衔可能有所不同),其实也是一条不断学习、持续进步以最终达到上乘境界的人生修炼之路(请参阅本书第三章中有关培训体系的内容)。

本书所说的先决条件和累进条件之间的关系,大概可以这样理解:缺乏先决条件,就不可能实现战略人力资源管理;而如果累进条件准备不足,就不要奢望获得先决条件。用累进条件去赢得先决条件,用先决条件去开展战略人力资源管理,用战略人力资源管理去帮助企业创造辉煌业绩,是一条急不得也慢不得的沧桑正道。

本章小结

第一节,为了便于学习和讨论,对人力资源规划的定义进行了探讨,对人力资源规划的目标、内容进行了介绍。为了提高读者的实操能力,结合现有文献及企业咨询经验,总结并归纳了人力资源规划程序的七步法,并对人力资源规划的主要方法及其适用性进行了简要介绍与分析。

第二节,总结并归纳了人力资源战略的定义,分析了人力资源战略的主要目标(根据有关战略管理理论确定目标,目标明确之后,工作内容也就相对明确),以启发读者更多的思考;随后对战略制定的路径选择做了分析,以帮助读者加深理论修养,提高实操能力。

第三节,以三位战略大师的观点为基础,对企业战略进行了简要探讨,进而对战略人力资源管理的定义及理论基础进行了说明与阐述。在此基础上,对战略人力资源管理的运作机理进行了介绍,对HRP、SHRM和HRMS三者之间的关系进行了探讨,对战略人力资源管理的实施条件进行了归纳与分析。

总体来看,本章的内容更多地强调上下贯通、系统整合的思维模式,在内容上并不十分丰富,主要目的有两个:一是使读者对战略人力资源管理有较为全面的认识;二是把前面几章的内容串联起来,从而形成人力资源管理理论与实践的完整体系。

【关键术语】

| 人员供需平衡计划 | 人力资源规划 | 战略 |
| 人力资源管理战略 | 经营的有效性 | 战略人力资源管理 |

复习思考题

一、简答题

1. 人力资源规划的目标有哪些?
2. 人力资源规划有哪些主要内容?
3. 简要说明人力资源规划的基本程序。
4. 人力资源规划和人力资源战略有什么异同?

5. 什么是战略人力资源管理？

二、案例分析

F公司的战略人力资源管理实践[1]

F公司是一家地处山区的电力企业，属于某企业集团自备能源系统的一部分。随着集团公司发展战略的调整，同时根据国家有关改革政策的要求，F公司将逐步从企业集团中分离出来，最终成为一家独立的法人实体。为了应对这种巨变，F公司制定了为期三年的发展规划，人力资源管理部门也开展了相应的战略人力资源管理实践，为公司战略目标的落地提供人才支撑。

(一) 变革背景研究

F公司主要运用SWOT模型分析公司的机会、威胁、优势、劣势等。

1. 外部环境分析：机会与威胁

1) 重要机遇

(1) 制度红利。公司即将改制，未来将建立产权多元化的现代企业制度，这一分权制衡机制将为F公司开辟新的发展道路，良好的发展前景对人才的吸引力自然也会增强。

(2) 高校扩招。国内高校近年来持续大规模扩招，可供选择的相关专业毕业生在不断增加。而公司同行业企业的进入门槛较高，一般毕业生不容易进入，因此获得各方面人才比较容易。

(3) 人们择业观的变化。随着经济体制改革的不断深入，下岗的威胁逐渐显现出来，很多人的择业观从早先的追求财富逐渐转变为规避风险。而电力行业稳定的工作环境和相对优厚的福利待遇(相对于民企)，也使得电力企业有比较充足的人才供给。

2) 主要威胁

(1) 失去"靠山"，竞争加剧。改制以后，集团公司将面向社会公开采购能源，F公司将失去独家垄断的优势地位。而主要竞争对手设备先进，市场覆盖面广，营销能力强大，必将会对F公司形成直接威胁。

(2) 地理位置偏僻，人才吸引力低。F公司所在地区经济相对落后，交通不便，对人才的吸引力不足，人才招聘会有一定难度。

(3) 市场容量小，发展空间有限。由于地理位置偏僻，F公司的用户十分有限，未来的事业拓展受到限制。

2. 内部资源分析：优势与劣势

1) 主要优势

(1) 人员相对稳定。经过多年发展，公司建立了一支忠诚度高、服务意识强的员工

---

[1] 张浩亮. 某电力企业人力资源规划的具体实践[J]. 中国人力资源开发，2006(4): 78-81.

队伍。多年来，员工主动离职现象很少出现。

(2) 员工素质高。经盘点，公司中专以上学历人员占员工总数的76%。其中，大专以上学历人员占员工总数的37%。学历结构基本合理。

(3) 重视人才。公司历任领导都非常重视人才，专业技术人员锻炼机会多，在公司里的地位和待遇也相对较高。

(4) 有一定实力。多年以来，F公司注重自主设计、自主建设，积累了宝贵经验，具备较强的电力设计能力。

2) 主要劣势

(1) 前期投入不足，生产能力有限。F公司多年来基础投资不足，致使设备严重老化，主网结构不合理，供电能力(发展潜力)不足。

(2) 员工年龄偏大，知识结构陈旧。多年来，公司员工很少有主动离职，几乎全靠退休、死亡等自然减员的方式来实现新老交替，导致员工平均年龄偏大，知识结构陈旧，与市场竞争需求存在较大差距。而年轻员工尚缺乏经验，需要较长时间的培养。

(3) 市场意识淡薄，变革阻力较大。多年的国有体制保护，使F公司长期处于封闭状态，导致员工市场意识淡薄，缺乏面对竞争的心理准备。这必将对未来的变革产生阻力。

(二) 人力资源供求分析

1. 人力资源供给预测

研究发现，F公司内部的人员供给情况如下：

(1) 管理序列。缺乏经营管理、财务管理、生产管理、市场营销、物流管理等专业的高素质人才，而一般层次的管理人员偏多。

(2) 技术序列。缺乏信息自动化传输、节能监测、配电系统等专业的高层次人才，工程预算、土建项目、系统维护等专业存在人才供给不足、不能满足需要的问题。

(3) 生产序列。变电运行缺乏既懂管理又有高技能的人才；配电检修、变电检修、维修电钳工、内外线电工等，存在专业对口的技校毕业生接替人员不足的问题；随着生产设备自动化程度的提高，部分生产人员将会出现结构性过剩现象。

2. 人力资源需求预测

根据F公司的战略规划，选用多种方法预测未来三年的人力资源需求。

(1) 运行人员需求减少。三年内，F公司的生产规模可能不会有大的变化，但生产技术和工作重心可能会有所改变，对运行人员的素质要求提高，需求数量可能会减少。

(2) 销售及服务人员需求增加。由于垄断被打破，F公司一方面要维持老客户，另一方面也要加强对新客户的营销力度，因此对销售人员、服务人员的需求增加。

(3) 人员需求比较平稳。由于体制原因，大量结构性过剩人员只能靠转岗培训来予以消化，而不太可能通过大力度裁员来置换新人。因此，未来几年F公司对人力资源的需求不会有大起大落。

3. 人力资源供需平衡

(1) 定性分析。从总量来看，F公司未来几年的供给与需求在总量上差距不大。但一些与市场接轨的急需人才，如企业经营管理、财务管理、生产管理、市场营销、信息自动化传输、配电系统等方面的高层次人才比较缺乏，需要加大引进、培养力度。

生产方面，如配电检修、变电检修、维修电钳工、内外线电工及技师、管理复合型人才等，存在力量薄弱、接替人员不足的问题。部分生产人员不能满足岗位需要，三年内需要补充和调剂。今后几年的招聘计划要以此为依据，逐步实现供需平衡。

(2) 定量分析。从人员结构来看，各年供给与需求存在较大差距。到2014年年底，管理人员供给总量大于需求12人，技术人员供给总量大于需求19人，高级技师、技师和助理技师人数与需求差距较大。到2015年、2016年，以上差距与2014年相比没有大的变化。

(3) 对策分析。为解决结构上的不平衡问题，需要精简职能机构，以减少一般管理人员和技术人员的数量，并将他们逐步充实到市场营销和电力工程维修服务人员队伍中去。对于高级管理人才、高级技术人才和高技能人才，要加大培养力度，建立相应激励机制，以促进人才快速成长。

(三) F公司的战略人力资源管理

1. 总体思路

未来三年是F公司改革发展的关键时期，加大人力资源管理改革力度，实施"人才兴企"战略将是F公司的总体目标。

1) 转变经营思路，提升技术水平

加强基础投资，淘汰落后产能，逐步提高自动化水平。经过几年努力，逐步将F公司由劳动密集型企业转变为技术密集型企业，主动应对未来挑战。

2) 明确用人理念，出台相应政策

树立"以人为本"的管理理念，实施"人才强企"战略，建立科学的选人、育人、用人和留人的激励机制，提高公司的核心竞争力。

(1) 建立多通道员工发展路径，搭建各类人才成长阶梯。未来几年，公司要重点培养三支队伍，一是具有本学科带头人水平和创新技术成果的一流专家型技术人才队伍；二是具有现代营销、资本运营、财务管理、战略管理能力的高素质经营管理人才队伍；三是具有本工种带头人水平的高技能人才队伍，让F公司尽快成为区域市场供电行业中，由技术专家、经营管理专家、高技能人才组成的精英群体，如图7-5所示。

(2) 鼓励员工跨行业、跨专业、跨岗位流动。通过政策导向，鼓励员工的个性化发展，使员工个人需求与企业需求有机结合起来。进一步完善"大工种、宽作业"活动，促进员工专业素质提高。合理调整人力资源结构，减少生产、管理岗位冗员，充实营销、技术服务和产品服务队伍。

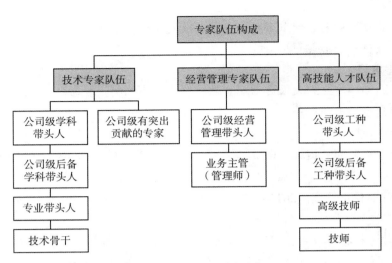

图7-5　F公司的三支队伍

2. 工作目标

1) 人才培养目标

(1) 技术专家队伍。人员数量充足、分布合理、门类齐全，占人力资源总量的30%；能级结构(高级、中级、初级)比例为1∶5∶3.5。其中，工程类技术人员在专业技术人才总量中的占比达60%。

(2) 经营管理专家队伍。法律、营销、电力市场、电网安全运行管理复合型人才要达到一定数量。

(3) 高技能人才队伍。技能人才数量适当、作风优良、技能高超，占人力资源总量的26%。其中，高级技师5人、技师50人。职工队伍素质明显提高，能适应电网建设、生产和经营的实际需要。

2) 人员配置目标

虽然F公司未来几年人员供大于求的趋势显著，但为了合理调整人才结构，仍需要引进电力系统及其自动化、战略管理、资本运营、市场营销、人力资源管理、财务管理等方面的高素质人才。因此，公司计划在三年内引进专业对口的人才29人，其中，大学生13人，中专、技校毕业生16人，劳动生产率每年增长5%左右。

专业技术空缺岗位和新增岗位的人员配置，实行内部公开竞聘。人员配置严格按照职位说明书要求选拔，新配人员的岗位胜任率达98%以上。同时，根据企业生产需要优化岗位设计，并将冗员充实到营销、技术服务和产品服务队伍中去。

3) 薪酬管理目标

进一步完善F公司的薪酬体系和绩效管理体系，增强绩效考核的引导作用和薪酬发放的激励作用。

在不同岗级之间建立合理级差，同一岗级的薪酬设上下限。根据员工绩效水平和技能等级进行考核，拉开同岗级人员的收入分配差距，使各岗位的工资(实得绩效工资)始终成为一个变量，从而达到激励先进员工、鞭策落后员工的目的，改变原来干好干坏一个样的不合理现象。

3. 主要措施

在公司内部，建立五大人力资源管理机制：引导机制、激励机制、约束机制、人才开发机制和竞争与淘汰机制。

1) 引导机制

建立引导机制的关键在于向员工清晰表达公司对员工行为和绩效的期望，主要措施如下。

(1) 修订职位说明书。2015年7月底之前，完成全部岗位职位说明书的修订工作并印发实施。

(2) 修订考核指标体系。2016年，完成对"三层次指标考核体系"(年度经营目标考核、月度经营绩效考核、日常绩效考核)的修订工作，使之进一步规范和完善。

(3) 完善培训体系。通过企业文化培训，提高员工对企业管理系统的理解与认同；通过岗位技能培训，提高员工的素质与能力水平，以保质保量完成生产任务，控制安全事故。

2) 激励机制

2007年年底前，围绕薪酬分配制度、职业生涯管理和升迁异动制度、分权与授权机制、技术培训奖励机制等建立激励机制。

(1) 薪酬分配制度。2015年12月底前，进一步完善岗位绩效工资分配办法，出台《企业岗位归级实施细则》(即本书第一章中的任职资格体系套入办法，但F公司的任职资格体系应该比较简单，便于实施)并组织实施，建立专业人才岗位晋升通道，为实施"人才强企"战略奠定基础。

(2) 职业生涯管理和升迁异动制度。三年内，逐步建立多元化的职业生涯通道，为同一个员工提供职务等级和职能等级两种不同的职业生涯路径，即一位员工可以选择成为管理者，也可以选择成为技术专家或技能专家。技术专家、技能专家可以获得和同级别管理者基本相同的报酬待遇、荣誉地位。

(3) 分权与授权机制。继续实行《项目工资管理办法》《技术监督及技术专责制度》等制度，完善分权与授权机制。

(4) 技术培训奖励机制。成立公司级员工培训工作委员会，每年完成两次培训工作并作为制度落实。同时，建立相应的人员培训基地，以及与转岗分流相配套的人员"蓄水池"。

3) 约束机制

约束机制的关键内容是以企业目标为核心的绩效考核体系和职业化行为评价体系。

(1) 修订绩效考核办法。对各类人员进行月度、季度、年度绩效考核，完善目标管理和KPI考核体系。2016年年底，修订和完善《企业员工绩效管理办法》并组织实施。

(2) 建立以任职资格体系为核心的职业化行为评价体系。参照任职资格标准，评价任职者的行为是否符合岗位要求,是否能够支撑企业目标,并取得较高绩效水平。2016—2017年,出台并完善《公司中层管理人员管理暂行办法》《公司专家管理暂行办法》《公司员工注册工程师执业资格管理暂行办法》。

4) 人才开发机制

(1) 坚持宁缺毋滥原则,科学引进人才,严把人才"入口关"。

(2) 建立有效的选拔与识别机制。将那些素质低下且没有能力者拒之于企业门外,争取最终留在公司的都是优秀人才。通过实践锻炼、学习培训、重点辅导等综合措施,使这些人才尽快成为各领域的骨干、专家。

(3) 建立动态培训机制。通过终身学习、动态培训及其他各种方法,持续提高潜力人员的整体素质和能力水平。为适应需要,从2016年开始实施职业经理人、项目负责人培训项目。三年内培养在职研究生10人以上,选送80~100名生产骨干参加省电力公司举办的电力技能培训,满足员工职业生涯发展需要。

(4) 完善人力资源管理体系,建立人才信息库。建立相应考评与奖励制度,对那些为公司提供有价值的信息、建议或创新成果者,按其贡献大小予以奖励。信息库将记录员工的入职年限、个人专长、发展规划等基本信息,以及绩效考核结果、奖惩情况等重要信息。基本信息影响岗位配置,重要信息影响薪酬、职务的升降。

5) 竞争与淘汰机制

企业不仅要有正向的引导机制和激励机制,不断推动员工素质能力和业绩水平的提升,同时还必须有反向的竞争淘汰机制,将不适合组织成长和发展需要的员工释放于组织之外。这就需要将外部市场的压力传递到组织之中,从而实现对企业人力资源的激活。

F公司的竞争与淘汰机制,在制度上主要体现为竞聘上岗与末位淘汰制度。

(1) 进一步规范竞聘上岗行为,建立公平、有效的竞争制度。2015年12月底前,修订和完善《企业竞聘上岗管理办法》并组织实施。

(2) 末位淘汰。今后,要逐步实现对年度考评排名最后的员工进行调岗、降职、降薪、下岗等处理。

【案例分析】

1. 以F公司为例,结合你所掌握的相关知识,谈一谈哪些外界因素(非企业自身因素)会影响企业未来几年人才供给?

2. 在你看来,"国有企业人员离职率低"是好事还是坏事?假如你是某国有企业人力资源部门负责人,你计划怎样应对?

3. 结合本章内容和F公司的实践,谈一谈国有企业应怎样未雨绸缪地做好高层次人才培养工作。

4. 结合F公司的案例,谈一谈人力资源规划和人力资源管理战略的区别与联系。

5. 结合F公司的案例,谈一谈你对战略人力资源管理的认识。

参 考 文 献

[1] [美]彼得·德鲁克. 管理的实践[M]. 齐若兰，译. 北京：机械工业出版社，2006.
[2] 周施恩. 企业文化建设中的七大经典败笔[J]. 企业管理，2014(4).
[3] 董克用，叶向峰. 人力资源管理概论[M]. 北京：中国人民大学出版社，2003.
[4] 周施恩. 企业文化理论与实务[M]. 2版. 北京：首都经济贸易大学出版社，2007.
[5] [美]赫伯特 西蒙A. 管理行为[M]. 4版. 詹正茂，译. 北京：机械工业出版社，2004.
[6] [美]迈克尔·波特. 竞争战略[M]. 陈小悦，译. 北京：华夏出版社，1997.
[7] 董克用. 我国人力资源管理面临的新环境与新挑战[J]. 中国人力资源开发，2007(12).
[8] 陈万思. 不同管理层次人力资源管理人员胜任力比较[J]. 中国人力资源开发，2006(3).
[9] 刘善仕，周子琛，肖祥伟. 基于微创新能力下的人力资源实践研究：以腾讯为例[J]. 中国人力资源开发，2015(12).
[10] 周施恩. 企业任职资格体系的构建[J]. 企业管理，2012(8).
[11] 杨序国. 任职资格管理3.0[J]. 企业管理，2014(2).
[12] 吴春波. 华为的素质模型和认知资格管理体系[J]. 中国人力资源开发，2010(8).
[13] 周施恩. 宝洁"八最"及其启示[J]. 企业管理，2010(12).
[14] 王家奇，汤舒俊，记凌开. 胜任力模型研究综述[J]. 湖南社会科学，2009(5).
[15] 陈云川，雷轶. 胜任力研究与应用综述及发展趋向[J]. 科研管理，2004(6).
[16] 王拥军. 关于胜任特征概念、内涵和外延的研究[J]. 中国人力资源开发，2007(11).
[17] 崔红楠. 招聘中笔迹分析的要点[J]. 中国人力资源开发，2004(3).
[18] 童天. 评价中心技术的应用[J]. 中国劳动，2005(8).
[19] 谢文静. 世界知名企业独特的用人理念[J]. 中国职业技术教育，2007(9).
[20] 洪正芹. 跨国公司是如何招聘员工的[J]. 湖南经济，2003(3).
[21] 李萍. 如何适应英美企业文化和用人理念[J]. 湖北经济学院学报：人文社会科

学版，2008(10).

[22] 黄海珍. 世界名企独特的招聘方式[J]. 人力资源，2005(6).

[23] 车桂兰. 世界知名企业独特的用人理念[J]. 铸造技术，2003(4).

[24] 肖东. 别出心裁的招聘怪招[J]. 中国中小企业，2002(4).

[25] [美]雷蒙德 诺伊 A. 雇员培训与开发[M]. 徐芳，译. 北京：中国人民大学出版社，2001.

[26] 周施恩. 盖洛普的"S 路径"模型[J]. 企业管理，2013(9).

[27] 周启元，胡世明，韦进. 论人才学与人力资源管理学的区别与联系：兼论人才学的研究对象和内容[J]. 中国人才，2003(6).

[28] 吴敬琏. 怎样才能实现经济增长方式的转变：为《经济研究》创刊 40 周年而作[J]. 经济研究，1995(11).

[29] [美]斯图尔特 克雷纳. 管理大师 50 人[M]. 柳松，秦文淳，译. 海口：海南出版社，2000.

[30] [美]加里 德斯勒，曾湘泉，文跃然，杨伟国. 人力资源管理：第 10 版·中国版[M]. 北京：中国人民大学出版社，2007.

[31] 邢伟. 基于回归分析的企业薪酬结构设计[J]. 中国劳动，2014(12).

[32] 文跃然，周欢. 从货币报酬思维走向总体报酬思维[J]. 中国人力资源开发，2015(2).

[33] 周施恩. 用事实说话：大薪酬的解读与反思[J]. 中外企业文化，2009(8).

[34] 刘昕. 华为的发展历程及其薪酬战略[J]. 中国人力资源开发，2014(10).

[35] 李艺，钟柏昌. 绩效结构理论述评[J]. 技术与创新管理，2009(5).

[36] 王艳艳. 绩效管理的理论基础研究：回顾与展望[J]. 现代管理科学，2011(6).

[37] 白晓君，孟凡波. 标杆管理的得与失[J]. 企业管理，2003(11).

[38] 程慧君. 战略性绩效管理在我国的应用与展望[J]. 中国商贸，2010(4).

[39] 王建民，钱诚. 哈佛大学战略绩效管理：实践与启示——以肯尼迪政府学院为例[J]. 科学管理研究，2009(10).

[40] 周施恩. 企业文化的铁三角：一个关于企业文化根基的探讨[J]. 企业研究，2006(4).

[41] 布茂勇，郭斌. 品绩管理："品格+业绩"的绩效管理模式——以 A 公司为例[J]. 中国人力资源开发，2012(5).

[42] [美]迈克尔 波特. 竞争战略[M]. 陈小悦，译. 北京：华夏出版社，1997.

[43] 丛龙峰，杨斌. 论战略人力资源管理对战略形成的影响[J]. 管理学报，2012(11).

[44] 贾晓波，王宗军. 人力资源战略管理规划研究述评[J]. 统计与决策，2011(4)：

162-164.

[45] 韩树杰. 实现战略人力资源管理的梦想：访中科三环高技术股份有限公司副总裁、著名人力资源专家张玮[J]. 中国人力资源开发，2010(2).

[46] 王雅洁，马树强，高素英. 基于中国情境的战略人力资源管理选择动因研究[J]. 管理学报，2013(4).

[47] 张浩亮. 某电力企业人力资源规划的具体实践[J]. 中国人力资源开发，2006(4).

[48] 杨河清，张琪. 人力资源管理[M]. 2版. 大连：东北财经大学出版社，2010.

[49] 赵曙明. 人力资源战略与规划[M]. 北京：中国人民大学出版社，2008.

[50] 文跃然. 人力资源战略与规划[M]. 上海：复旦大学出版社，2007.

[51] [美]杰弗里 梅洛. 战略人力资源管理[M]. 吴雯芳，译. 北京：中国财政经济出版社，2004.

[52] 詹姆斯 沃克 W. 人力资源战略[M]. 吴雯芳，译. 北京：中国人民大学出版社，2001.

[53] 张明辉. 人力资源管理从入门到精通[M]. 北京：清华大学出版社，2016.

[54] [加]亨利 明茨伯格. 卓有成效的组织[M]. 魏清江，译. 北京：中国人民大学出版社，2007.

[55] 云绍辉. 互联网时代职位分析新思路[J]. 企业管理，2016(4).

[56] 王小明，罗莉. 企业战略性职位分析方法的创新研究[J]. 中国行政管理，2010(4).

[57] 宗艺东. 基于库克曲线应对国企人才流失的措施[J]. 企业管理，2015(3).

[58] 刘昕. 从薪酬福利到工作体验——以IBM等知名企业的薪酬管理为例[J]. 中国人力资源开发，2005(6).

[59] 周施恩. 如果是你，怎样组织培训？[J]. 企业管理，2018(4).

[60] [美]戴尔 卡内基. 人性的弱点全集[M]. 袁玲，译. 北京：中国发展出版社，2004.

[61] [日]大前研一. 专业主义[M]. 裴立杰，译. 北京：中信出版社，2006.

[62] [美]伯恩斯. 领导学[M]. 常健，等译. 北京：中国人民大学出版社，2013.

[63] [美]曼昆. 经济学原理[M]. 7版. 梁小民，梁砾，译. 北京：北京大学出版社，2015.

[64] 张维迎. 博弈论与信息经济学[M]. 上海：格致出版社，上海人民出版社，2012.